IT 리얼 비즈니스

CIO는 어떻게 비즈니스에 가치를 더하고 소통하는가
IT 리얼 비즈니스

초판 1쇄 2015년 1월 28일

지은이 리차드 헌터, 조지 웨스터맨
옮긴이 전성민
발행인 최홍석

발행처 (주)프리렉
출판신고 2000년 3월 7일 제 13-634호
주소 경기도 부천시 원미구 길주로 77번길 33 나루빌딩 401호
전화 032-326-7282(ft) **팩스** 032-326-5866
URL www.freelec.co.kr

편 집 고대광
디자인 김혜정
ISBN 978-89-6540-094-3

이 책은 저작권법에 따라 보호받는 저작물이므로 무단 전재와 무단 복제를 금지하며, 이 책 내용의 전부 또는 일부를 이용하려면 반드시 저작권자와 (주)프리렉의 서면 동의를 받아야 합니다.

책값은 표지 뒷면에 있습니다.

잘못된 책은 구입하신 곳에서 바꾸어 드립니다.

CIO는 어떻게 비즈니스에 가치를 더하고 소통하는가
IT 리얼 비즈니스

리차드 헌터, 조지 웨스터맨 지음 전성민 옮김

프리렉

THE REAL BUSINESS OF IT: How CIOs Create and Communicate Value
by Richard Hunter and George Westerman
Original work copyright © 2009 Gartner, Inc. and George Westerman
All rights reserved.
This Korean edition was published by Freelec in 2015 by arrangement with Harvard
Business Review Press through KCC(Korea Copyright Center Inc.), Seoul.

이 책은 (주)한국저작권센터(KCC)를 통한 저작권자와의 독점계약으로 프리렉 출판사에서 출간되었습니다.
저작권법에 의해 한국 내에서 보호를 받는 저작물이므로 무단전재와 복제를 금합니다.

리차드로부터

내 형제인 마크 헌터(Mark Hunter)와 제프리 사갈린(Jeffrey Sagalyn)에게 이 책을 바친다. 그들 모두 실재하지만, 측량할 수 없는 존재라는 점에서 소중하게 생각한다.

조지로부터

이제 막 삶이라는 리얼 비즈니스(real business)의 여정을 시작한 클레어(Clare)와 헨리 웨스터먼(Henry Westerman)에게 이 책을 바친다. 그들이 하는 모든 일을 통해 위대한 가치를 창출하고 소통하기를 소망하며

감사의 글

비즈니스 서적을 집필해 본 사람들은 누구나 그 작업이 팀으로 이루어지는 노력임을 알고 있다. 이 책에 기여했던 팀에는 많은 사람들이 함께 했으며, 그들 모두에게 감사를 표한다.

이 책을 위해 아낌없이 시간을 할애하고 통찰력을 보여 준 경영진에게 깊은 감사를 드린다. 이 경영진에는(순서 무관) 랜디 스프래트(Randy Spratt), 존 해머그렌(John Hammergren), 괸뽀 체링(Gonpo Tsering), 디터 슐로써(Dieter Schlosser), 켄 베너(Ken Venner), 귀도 사키(Guido Sacchi), 샘 콜센(Sam Coursen), 더그 부쉬(Doug Busch), 조 안토넬리(Joe Antonellis), 케빈 바스코니(Kevin Vasconi), 레베카 로즈(Rebecca Rhoads), 칼 박스(Karl Wachs), 큐머드 칼리아(Kumud Kalia), 마브 아담스(Marv Adams), 알 누어 램지(Al-Noor Ramji), 래리 봉팡테(Larry Bonfante), 카말 베르와니(Kamal Bherwani), 에밀리 애쉬워스(Emily Ashworth), 짐 배링턴(Jim Barrington), 래리 로(Larry Loh), 부치 레오나드슨(Butch Leonardson), 트레이 루이스(Trey Lewis), 존 페트레이(John Petrey), 카라 슈내퍼(Cara Schnaper)가 포함되었다.

만약 이들의 공헌이 없었다면, 집필할 내용조차 없었을지도 모른다. 특히 본 논의에 참여하도록 이끌어 준 관용의 정신에 깊은 감사를 드린다. - 그들에게는 다른 이들로부터 많은 것을 배웠고, 받은 만큼 아낌없이 되돌려 주기 원하는 명백한 인식이 있었다. 이들 경영진과 가졌던 대화는 개인적으로 보나 직업적으로 보나 고무적이었다.

이 프로젝트를 위해 2006년 리차드와 공저자인 티나 누노(Tina Nunno), 로버트 애컬리(Robert Akerley)가 함께 쓴 가트너 이그제큐티브 프로그램(Gartner Executive Program)의 보고서를 시작으로 가트너에 있는 리차드의 동료들은 방대한 자료와 함께 용기를 주었다. 리차드는 특히 마크 맥도널드(Mark Macdonald), 데이브 아론(Dave Aron)에게 감사를 표하며, 마크 맥도널드로부터 처음으로 '가치 함정(value trap)'이라는 용어를 듣게 되었다. 데이브 아론으로부터는 과제를 통해 얻은 가치 측정 방법에 관한 연구를 많이 참조하였다. 그리고 마이클 스미스(Michael Smit)의 가트너 비즈니스 가치 프레임워크(Gartner Business Value Framework)에 관한 연구는 어디에서 가치가 나타나고 어떤 방식으로 측정되는가에 관해 리차드에게 큰 영향을 끼쳤다. 그는 메타 그룹(Meta Group)의 운영/성장/혁신 가치모델(run/grow/transform value model)의 창시자인 루이스 보일(Louis Boyle)과 그 모델 개발에 상당한 공헌을 한 오드리 아펠(Audery Apfel), 카시오 드레이퓌스(Cassio Dreyfuss), 로버트 핸들러(Robert Handler), 빌 마우러(Bill Maurer), 켄 맥지(Ken McGee)에게 감사를 표하고 싶다. 경영진 프로그램 연구 조사에서 리차드의 현재와 과거의 동료들, 즉 바바라 맥널린(Barbara McNurlin), 앤드류 러셀존스(Andrew Rowsell-Jones), 매리 메사그리오(Mary Mesaglio), 헤더 코렐라(Heather Colella), 척 터커(Chuck Tucker), 패트릭 미핸(Patrick Meehan), 다이안 베리(Diane Berry), 릴리 모크(Lily Mok)는 이 책에 포함된 많은 연구 조사에 대해서 소중하고 건설적인 비평과 함께 통찰력과 지원을 아끼지 않았다. 리차드가 이 팀과 함께한 시간은 그가 직업인으로서의 삶의 연장선 상에서 중요한 시기였다. 리차드는 동료인 짐 호커(Jim Hocke)에게도 깊은 감사를 표한다. 2006년 10월 가트너의 심포지엄/IT 엑스포 컨퍼런스의 발표 시간 중간에 있었던 토론에서 리차드는 짐에게 다음과 같은 말을 한 적이 있었다. 네 단어로 요

약하자면: "그것은 모두 그들에 관한 것(it's all about them)"이다. 내슈빌에 있었을 때에는 이런 이야기를 들었다. "방에서 노래를 만들 때 둘이 있었다면, 그 둘은 공동 작곡가이다." 이런 차원에서 본다면, 짐의 경우에는 그것이 모두 누구(who)에 관한 것인지 알아내는 일에 대한 공적을 함께 나눌 수 있겠다(성실성까지 꼭 그렇다는 것은 아니지만).

마찬가지로 MIT 슬론 경영대학원 정보시스템 연구 센터에 있는 조지의 동료들은 특히, 연구 조사 초반에 많은 조언을 제공하며 관심을 가져왔다. 피터 웨일(Peter Wei)은 비 IT 경영진뿐만 아니라 IT 경영진에 관한 연구 조사 초기 단계의 공동 연구가였다. 피터(Peter)와 조지(George)는 수많은 논의와 분석 회의를 통해 IT의 효과적인 비즈니스 관리감독의 중요성과 의미를 보다 깊게 연구했을 뿐만 아니라, IT 가치의 선순환 개념을 개발하기 위해 공동으로 작업하였다. 척 깁슨(Chuck Gibson)은 이 책의 초안을 읽고 소중한 의견을 주었다. 지니 로스(Jeanne Ross), 스테파니 왜너(Stephanie Woerner), 잭 라카트(Jack Rockart), 닐스 폰스타드(Nils Fonstad), 앤 쿠아드그라스(Anne Quaadgras)는 연구 조사 관련하여 유용한 조언을 제공했으며, 크리스 포그리아(Chris Foglia), 티 휴잇(Tea Huot), 에리카 라슨(Erika Larson)은 필요 시 언제든 도움을 주고자 했다. 특별한 감사를 전하고 싶은 가트너의 마크 맥도널드(Mark McDonald)는 IT 역량과 리더십에 관련된 CIO 연구 조사에 관해 공동으로 연구하였고, 그들의 메시지를 올바르게 전달받는 데 있어 항시적인 조언가 역할을 해주었다. 버드 매타이젤(Bud Mathaisel), 마틴 컬리(Martin Curley), 말비나 니스먼(Malvina Nisman), 그리고 IT 가치 창출과 소통에 관해 자신의 아이디어와 통찰력을 공유해 준 모든 인터뷰 대상자들, 그뿐만 아니라 이들 개념에 대해 우리가 발표하는 동안 아이디어와 사례를 아낌없이 공유해 준 많은 IT와 비즈니스 리더들에게도 감사를 표한다.

마지막으로 조지는 적시에 특별한 통찰력을 보여준 텍사스 대학의 신디아 비스(Cynthia Beath)에게 감사를 표한다. 2004년에 CIO의 효과성에 대해 연구하기를 원한다고 언급했을 때, 그녀는 나에게 강의를 통해 알고 있는 비IT 경영진을 대상으로 먼저 시작해 볼 것을 제안했다. 비 IT 경영진의 관점은 그 이후 우리가 파악한 내용들의 기반이 되었으며, 효과적인 CIO는 부서를 보다 더 잘 관리 한다는 것을 이해하는 데 도움이 되었다. 즉 그들은 회사 내 다른 사람들이 가치를 창출하고 감독하는 데 있어 해당 역할을 수행하는 데 도움을 준다.

특별히 우리는 가트너의 편집자인 헤더 레비(Heather Levy), 하버드 비즈니스 프레스의 브라이언 슈레트(Brian Surette)와 잭클린 머피(Jacqueline Murphy)가 보여준 전문가적 식견과 격려와 관리 역량에 대해 감사를 드리며, 연재 비즈니스 서적 작가인 켄트 라인백(Kent Lineback)의 조언에도 감사를 전한다.

소개

이 책의 저자는 IT 관리와 IT 비즈니스 가치를 개선하는 것에 대해 연구하며 CIO와 기타 리더들에게 조언하는 일로 10년이라는 많은 시간을 보냈다. 그 기간에 이 경영진들 대다수를 지배해버린 한가지 이슈가 있었는데, 그것은 바로 기업이 IT 투자를 통해서 얻은 가치가 투자 가치를 넘어서는지에 관해 CIO가 어떻게 보여줄 수 있는가 하는 것이었다.

세계적으로 수년간, 비즈니스에 의한 모든 자본 지출(capital spending)의 약 절반 정도는 가치가 불명확하다는 사실에 일부 독자들은 깜짝 놀랄 수도 있다. 사실 IT 지출이 일종의 지표가 된다면, 비즈니스 리더들은 IT가 가치를 갖고 있다는 사실을 반드시 알아내야 한다. 문제는 그들이 종종 그 가치를 어디에서 찾아야 하고 또 그것을 어떻게 측정해야 할지 모른다는 것에 있다. — 또한, 많은 경우 CIO가 또 다른 IT 전문가 이외의 누구라도 이해할 수 있는 관점으로 가치를 표현하기가 어렵다.

우리와 함께 일해 왔던 CIO 중 다수는 자신과 그의 팀 스스로 비즈니스 성과에 대한 근본적인 기여자라는 사실을 소통하지 못한 채 좌절하고 있다. 경영진의 다른 구성원이 자신들을 안으로 못 들어오도록 지속적으로 압박을 가한다고 느낀다. CIO의 확신 중에 가장 좌절감을 주는 것은 기회만 있었더라면, 비즈니스 성과를 상당히 개선시킬 수 있었을 것이라는 확신이다.

이러한 이슈는 심각한 것이며 지속적이면서 사실상 증가하고 있기 때문에 몇 년 전부터 우리는 특정 CIO들에게 관심을 모으기로 하였다. 그들은 근무하는 기업에 진정한 가치를 제공하고 소통하는 경영진임과 동시에 동종업계 경쟁자와 동료로부터 인정받는 사람들이었다. 처음에는 이러한 CIO가 존재한 다는 사실과 더불어 가치 창출과 소통 방법이 다른 이에게도 잠재적으로 유용할 것이라고 가정하였다. 사실상 지금에서야 확신하는 내용이지만, 이런 CIO는 모든 CIO 중 극히 일부이며 그들이 적용한 실무와 원칙이 전 세계 모든 분야의 기업에 보다 널리 채택됨에 따라 그 수가 증가하고 있다는 것이다. 그 실무와 원칙은 이 책에 기술되어 있다.

가장 주목할만하고 고무적인 것은 이들 CIO가 성공하도록 만든 개념과 실무에서 발견된 강력한 유사성이다. 이들 CIO가 성공한 길은 명확할 뿐만 아니라 놀라우리만큼 공통적(common)이다. 이는 평범하다(ordinary)는 의미가 아니라, 공유한다(shared)는 의미에서다. 특히 이러한 이유로 우리는 이것을 보다 널리 공유해야 한다고 생각하며 그것이 바로 이 책을 쓰게 된 배경이다.

- MIT CISR이 수행한 CxO 연구 조사 및 인터뷰. 이것은 이미 2005-2006년에 조지 웨스터먼(George Westerman)과 피터 웨일(Peter Weill)이 발표했던 IT의 효과적인 비즈니스 관리 감독의 중요성과 IT 선순환의 개념에 관한 연구 조사에 상당 부분 기여를 했다. 4장에서 그 내용을 다루도록 한다.
- 2001년 이후 매년 가트너 이규제큐티브 프로그램에서 실시하는 'CIO 아젠다(CIO Agenda)'는 마크 맥도널드(Mark McDonald)의 리더십을 통해 가장 최신의 자료를 제공한다. 이 CIO 연구 조사는 종류면에서 세계 최대 규모로써 (2009년 조사 대상 1,500명 이상 참여) CIO의 우선순위, 예산, 역량, 배경, 열망에 대한 수많은 정보를 제공한다. 조사 결과는 가트너와 MIT CISR에서 분석하였으며, 이 분석을 통해 효과적인 거버넌스, 프로젝트 수행, 관계들은 효과적인 IT 운영 서비스 제공이라는 기초 위에서 예측된다는 사실과 이들 요소에 관련된 기업 역량은 기업 수준의 다양한 성과와 관련된다는 사실을 이해할 수 있었다.

- 2005년도에 시작한 매우 유능한 CIO들과의 심층 인터뷰에 포함된 회사는 다음과 같다. 매케슨(MaKesson), 프리스케일 세미컨덕터(Freescale Semiconductor), 컴퓨크레디트(CompuCredit), 브로드컴(Broadcom), 가트너(Gartner Inc.), 보잉 임플로이 크레디트 유니온(Boeing Employee Credit Union), R.L.포크 앤컴퍼니(R.L.Polk &Co.), 샤프 헬스케어(Sharp Healthcare), 미국 교직원 퇴직연금기금(TIAA-CREF), DKSH, 인텔(Intel), 아날로그 디바이스(Analog Devices), 셀라니즈(Celanese), 스테이트 스트리트 코퍼레이션(State Street Corporation), TRW, 솔렉트론(Solectron), BT, 노바티스(Novartis), JM 패밀리(JM Family) 등이다. 이 인터뷰 중 많은 경우 COO나 CEO같이 경영진 내 다른 구성원들과의 인터뷰를 통해 보완되었으며, 첫 대화 이후에 이들 CIO가 적용했던 실무와 원칙이 그들과 기업을 어떤 방향으로 이끌고 있는지 파악하기 위해 2008년에 해당 CIO들과 후속 인터뷰를 통해 추가 보완되었다.

- 관련 주제에 관한 연구 조사를 위해 우리와 동료가 개발한 기타 CISR 및 가트너 사례 연구 자료들. 가트너 이규제규티브 프로그램 연구 조사자들은 조사 프로젝트를 위해 매년 약 150회의 심층 CIO 인터뷰를 가진다. CISR 연구 조사자들도 유사하게 생산적인 활동을 보이고 있다. 우리는 인터뷰 과정의 직접적인 참여자이자 자료에 대한 검토자로서, 또는 동료의 연구로 도움을 받는 행복한 수혜자로서, 많은 혜택을 받고 있다.

- MIT CISR의 행사와 가트너의 CIO 아카데미를 통해 수백 명의 IT 및 비 IT 경영진 대상으로 개념을 알려왔던 경험과 수많았던 일대일 방식의 논의 내용.

우리는 이 연구 조사를 통해 CIO와 기업을 위한 가치로 향하는 것이 입증된 경로가 있음을 강하게 확신하게 되었다. 한마디로, 이런 사실을 알게 된 것은 놀라운 일이다. 집필 시점 기준으로 50년이 채 안 된 IT 관리 규범이 기업 성과에 기여하는 것을 스스로 입증하며 가장 중요한 방향으로 성숙해 가는 양상은 분명히 확인되고 있다. 물론 우리가 새로운 IT 시대의 시작점에 살고 있고 그 규범 내에서 일하는 전문가임을 자처하는 것만으로는 그 중요성을 암시하기는 어렵다. 21세기 초반의 IT는 모든 분야, 즉 공공 및 민간을 막론하고 세계 모든 곳에 있는 거의 모든 기업이 성공하기 위한 주요 요소였기 때문에 궁극적으로는 모든 직원과 고객, 즉 우리 모두를 풍요롭게 할 것이다.

우리는 독자들과 이러한 좋은 소식을 나누게 됨을 기쁘게 생각하며, 기업과 조직, 자신에게 더 큰 성공을 보장하기 위해 이 길을 따랐던 CIO들에게 앞으로 더 많은 이야기를 기대해 본다.

차례

제1장 IT 가치로 향하는 길로 들어서라 — 21

안 좋은 소식과 좋은 소식 — 23

다른 생각으로 시작하기 — 25

성공적인 IT 리더는 특정한 방식과 순서로
가치를 소통한다 — 27

가치 함정을 피하라 — 29

IT가 비용에 합당한 가치를 제공한다는 것을 제시하라 — 30

IT가 비즈니스 성과를 어떻게 개선하는지를 제시하라 — 33

당신이 어떻게 IT 자체를 넘어서는
가치를 보유하고 있는지 제시하라 — 34

아래에서 위로(from the bottom up)
IT 가치에 대한 인식을 구축하라 — 35

제2장 가치 함정을 피하라 — 41

가시성 함정 — 43

변명 함정 — 55

15

역할 함정 63

가치 함정을 만드는 행동을 변화시켜라 69

제3장 비용에 합당한 가치를 보여라 73

IT의 성과를 측정하고 소통하라 75

동료 그룹과 비교하여 IT 성과를 벤치마킹하라 88

기업 내 다른 사람들이 IT를 잘 활용하도록 도와라 105

연결하라: 한 기업의 사례 109

비용에 합당한 가치에 대해 지속적으로 보고하라 113

선순환을 마스터하라 115

IT에 대한 비즈니스 가치에서 선순환은 중요하다 118

중요한 것을 이해함으로써 선순환을 시작하라 120

가장 중요한 것에 집중하라 122

기회 개발을 위해 배운 것을 활용하라 135

새로운 가치의 원천을 찾아라 137

기회가 식별되면, 새로운 IT 가치의 원천을 탐색하라 140

단일한 접근 방법이 모든 기업에
항상 적절한 것은 아니다 147

브로드컴: 최적화는 IT를 '공기처럼' 되게 한다 149

샤프 헬스케어: 기업 최적화에 기반한 내부용 정보 제공 152

LFSCo: IT를 통한 계속적인 체질 개선 155

DKSH: 가치 제안에 정보를 포함하기 157

제6장 / 투명하게 IT투자를 평가하고 선정하라 163

적정한 편익에 집중하기 위한
비즈니스의 운영, 성장 그리고 혁신 166

금전적 편익(hard benefits)과
비금전적 편익(soft benefits)을 산정하라 173

IT 투자를 손익 보고서와 연계하라 176

투자를 위한 명확한 기준을 수립하라 179

인텔(Intel)의 IT 우선순위화 프로세스는
구조화되고 투명하다 183

제7장 / 기술, 비즈니스 프로세스, 조직적인 변화를 통합하라 187

이것은 모두 비즈니스 성과에 관한 것이다 189

변화의 모든 방면에 대해 시작부터 체계적으로 검토하라 191

조직 변화를 체계화하기 195

투명성을 구축하고 프로젝트 실행을 파악하라 200

제8장 제공된 가치를 측정하라 207

기업 대부분이 지금 편익을 측정하지 않아도
측정할 만한 좋은 이유가 있다 208

CIO는 IT 투자의 편익을 측정하지 않을 수 없다 209

성공적인 회수를 위한 여건 만들기 211

회수 운영 위원회(harvest steering group) 구성하기 212

측정은 4가지의 주요 구성요소를 포함한다 214

선순환 연결하기 221

선순환 개선을 어디에서 시작하는가? 224

제9장 CIO 플러스 227

CIO 플러스는 이루어질 수 있다 229

CIO 역할은 강력한 발사대와 같다 231

오, 당신이 가야 할 곳 233

CIO(그리고 그 역할을 좋아하는 CIO) 236

CIO 전문가 238

확장형 CIO 241

IT를 겸하는 CxO	247
비 IT CxO	249
자신의 진로를 그려보기	251

제10장 / CIO가 되기에 지금처럼 좋은 때가 없었다   255

기억하라: 모든 것이 비즈니스 성과에 관한 것이다	256
비용에 합당한 가치를 보여라	256
비즈니스 성과에 대한 투자로써 IT의 가치를 보여라	257
NOTES	261

[01]
IT 가치로 향하는 길로 들어서라

인텔의 직원 뉴스레터에는 만우절 때마다 우스갯소리가 실리곤 했는데, 그것은 누가 보더라도 불가능한 것이었다. 1998년 4월 1일 '인텔의 IT 부서가 인텔 공헌상(Intel Achievement Award) 수상'이라는 헤드라인을 보자 모든 직원은 웃고 말았다. 물론 IT 부서 직원들은 제외하고 말이다.[1]

대부분의 IT 조직이 이처럼 공개적으로 당혹스러운 일을 겪진 않을 것이다. 하지만, 당신의 IT 팀이 아니었다는 사실로 안도의 한숨을 내쉬기 전에 자신에게 물어보자. 최근에 IT 부서가 아닌 동료 중 누구라도 당신에게 다음과 같은 이야기를 한 적은 없었는가?

- "IT 관련 비용이 왜 그리 많이 소요되는가?"
- "많은 회사는 IT에 큰 비용을 들이지 않고도 성공한다."
- "부서에서 모든 IT 업무를 직접 수행했을 뿐인데 훨씬 더 빨리 결과를 얻는다."
- "아들은 집에서 무선 네트워크를 구동시키는데 15분이면 된다. 당신들은 왜 그리 오래 걸리는가?"
- "모든 IT 업무를 아웃소싱함으로써 비용을 절감할 수 있었고, 더 나은 서비스를 제공할 수 있게 되었다."

당신이 만약 이 책의 독자층인 IT 경영진이고 앞에서 말한 지적을 종종 듣게 된다면 아마도 1998년 인텔의 IT 팀이 가졌던 문제와 같은 문제를 가졌을 가능성이 크다. 우리는 이러한 상황을 다음과 같이 볼 수 있다.

관리자들은 비즈니스 전반에 걸쳐 IT로부터 가치를 원하고 있지만, 당신이 그 가치를 제공하지 못하고 있다고 확신하는 상황이다. 또한, 당신과 다른 비즈니스 리더들이 관련된 곳에서 IT를 통해 얻을 수 있는 가치의 잠재력에 관한 더 이상의 논의가 없는 상황이다. IT가 비즈니스에 중요한 전략적 무기가 될 수 있다고 생각하고 IT에 대한 전략적 레버리지 포인트(Leverage Point), 즉 효과를 극대화하는 지점을 찾고자 경영진을 대화에 참여시키길 원하지만, 이는 헛된 바람이 된다. 비즈니스 혁신을 위해 IT가 가진 잠재력에 관한 논의를 시도해 보지만, 조용한 침묵만이 있는 그런 상황이다.

만일 상황이 이렇다면 당신은 혼자가 아니다. 많은 기업 내 CIO들은 IT에 대한 논의를 차 상위 경영층으로 전달하지 못하는 것에 대해 좌절하고 있다. 많은 기업의 비즈니스 경영진 입장에서 볼 때 IT 팀들은 충분한 가치를 제공하지 못한다고 느낀다. 이들 경영진은 표 1-1에서 보는 바와 같이 IT 조직에 대해 이해하지 못하고 좌절감을 느끼며 심지어 분개하기도 한다.

많은 비즈니스에서 IT가 제공하는 가치 측면이나 IT 가치가 소통되는 방식에서 볼 때, IT에서 뭔가 잘못되어 간다는 사실을 알지 않고서는 이러한 고충을 알 수가 없다. 확실한 것은 이러한 고충에 대해 모두 동조하는 경영진이라면 누구나 IT 조직의 잠재력을 통한 기업 성과 개선에 의문을 품고 있다는 것이다. 이들 경영진은 IT를 필요악 즉 IT 기능을 담당하는 직원들은 마치 모든 자원을 있는 데로 삼키며, 아무런 성과물도 내놓지 못하는 블랙홀(Black Hole)을 운영한다고 믿기 때문에 지속적으로 감시하고 통제해야 하는 비용으로 생각한다.

표 1-1 MIT 슬로언 경영대학원 최고 경영자 과정인 '비 IT 경영진을 위한 IT' 참가자들의 공통된 이슈

- IT 비용이 너무 많다.
- IT는 블랙홀이다.
- 프로젝트는 기대와 달리 실패한다.
- IT에 고객 관점이란 존재하지 않는다.
- 더욱 현명하게 지출하기를 원한다.
- 아웃소싱을 해야 하는가?
- IT 주변에는 거대한 미지의 위험 요소가 존재한다.
- IT와 비즈니스 간에는 신뢰가 부족하다.
- CIO가 하는 말을 이해할 수가 없다.

IT 가치가 불명확할 때, 곤란에 빠지는 것은 IT 조직만이 아니다. 뛰어난 IT 역량은 세일즈나 마케팅 같이 21세기 비즈니스 성공을 위해 매우 중요하므로 경영진이 IT의 가치를 제대로 인식하지 못할 때 회사 전체가 곤란에 빠지게 된다. 이럴 때 기업은 자체적으로 보유한 가장 중요한 영향력의 잠재 원천이라 할 수 있는 것 중의 하나를 포기하게 되는 것이다.

안 좋은 소식과 좋은 소식

안 좋은 소식은 해결해야 하는 문제가 IT 임원, 즉 당신의 문제라는 것이다. CIO가 제아무리 IT 가치를 제대로 인식하는 방법을 배우는 건 경영진이 할 일이라고 생각하더라도, 현실적으로 그 가치를 제공하고 소통하는 것은 IT의 책임이다. 이는 명확하다. 또한, 연구 조사 결과, 더 많은 가치를 제공함에서 가치를 보여주는 것이 매우 중요하다는 사실이 밝혀졌으며, 특히 비즈니스가 IT에 효과적으로 개입하려면 IT가 제공하는 가치를 성공적으로 소통해야 한다. 좋은 소식은 바로 당신의 문제이기 때문에 직접 해결할 수 있다는

것이다. 왜냐하면, 지금까지 모든 산업 영역의 크고 작은 기업들을 통해 당신이 해낼 수 있다는 사실을 거듭 목격해 왔기 때문이다.

이 주제에 대한 연구 조사에는 IT 경영진과 비 IT 경영진을 대상으로 한 설문 조사 결과와 논의된 내용을 포함하였다. 여기에는 이 책에 프로필이 있는 수십 명의 CIO를 대상으로 한 심도 있는 인터뷰 내용이 담겨 있으며, CIO의 보고 대상인 다른 몇몇 C 레벨 임원들과의 인터뷰 내용까지도 포함하고 있다. 우리는 컴퓨크레디트(CompuCredit)와 모네타 코퍼레이션(Moneta Corporation)사의 귀도 사키(Guido Sacchi), 브로드컴(Broadcom)사의 켄 베너(Ken Venner), 프리스케일 세미컨덕터(Freescale Semiconductor)사의 샘 콜센(Sam Coursen), 인텔(Intel)사의 더그 부쉬(Doug Busch), 스테이트 스트리트 코퍼레이션(State Street Corporation)사의 조 안토넬리(Joe Antonellis), 피델리티 인베스트먼트(Fidelity Investments)사의 메리 아담스(Mary Adams), 레이시언(Raytheon)사의 레베카 로즈(Rebecca Rhoads), 셀라니스(Celanese)사의 칼 박스(Karl Wachs), BT사의 알 누어 램지(Al-Noor Ramji), 다이렉트 에너지(DirectEnergy)사의 큐머드 칼리아(Kumud Kalia), U.S 테니스 협회(U.S Tennis Association)의 래리 봉팡테(Larray Bonfante), 노바티스(Norvatis)사의 짐 배링턴(Jim Barrington), 매케슨(McKesson)사의 랜디 스프래트(Randy Spratt)과 같이 성공한 CIO와 경영진들의 사례를 토대로 조사하기 위해 고심해 왔다. 의심할 여지 없이 이 CIO들은 기업에 가시적인 가치를 제공하였고 때로는 더욱 폭넓은 가치를 제공할 수 있는 직위로 이동하였다.

이처럼 큰 성공을 이룬 경영진들이 달성했던 바를 당신도 달성하도록 돕는 것이 우리의 목표이다. 그것은 바로 회사 안팎으로부터 IT 조직이 진정한 가치를 제공하고 있다고 인정받는 것이다. 즉 기업을 최적화된 비용으로 운영

할 뿐 아니라 지속적인 성공과 성장을 위해 필수적인 역량을 제공한다고 인정 받는 것이다.

지금 당장은 이 CIO들의 방식대로 할 수 없을 것이다. 하지만, 지금부터 그 방식에 대해 설명하는 게 우리 목적이다. 이는 실제로 특정한 방법과 순서로 이루어지며 다음 장부터 기술하겠다.

세상에 가치 있는 일 중에 쉬운 일은 없다. 이 책에서 기술하는 가치를 향한 여정에는 당신과 팀, 그리고 비즈니스 전반에 있는 동료를 포함하여 모든 이들의 노력이 필요하다. 이 노력에는 보답이 따르기 때문에 가치가 있다. 이는 당신과 직원, 비즈니스에 성공을 안겨 준다. 당신과 IT 팀이 비즈니스에 더욱 나은 결과를 제공하는 데 이바지하고 있다는 사실로 더욱 존중을 받게 되고 IT가 제공하는 가치에 대해서도 더욱 인정받게 된다.

다른 생각으로 시작하기

IT 가치의 딜레마에서 벗어나려면 IT 조직에 대한 패러다임의 변화와 같이 간단하면서도 심오한 것에서부터 시작한다. 이러한 패러다임의 변화를 제1규칙(rule number 1)으로 요약할 수 있다. 바로 '이것은 IT에 관한 것이 아니다.'라는 내용이다. 이는 당신이 IT의 내부 성과를 소통하든지, 비즈니스 운영과 재무에 미치는 IT의 영향력을 소통하든지 간에 모든 것은 결국 비즈니스 성과에 관한 것이라는 사실이다.

그 규칙을 마음에 새기고 규칙에 따라 실행하면 IT 가치에 관해 비즈니스의 다른 이들이 생각하는 방식에 많은 변화가 있게 된다. 그 점에 관해 인텔보다 명확하게 설명할 수 있는 기업은 없다.

1998년 4월 1일에 있었던 만우절의 당혹스러운 농담 사건 이후, 인텔의 IT 리더들은 그들의 방식이 변화될 필요가 있다고 느꼈다. 그들이 극복해 낸 이야기는 고무적이다. 더그 부쉬(Doug Busch)의 전임 CIO였던 루이스 번스(Louis Burns)는 IT 부서의 근본적인 혁신에 착수했다. 목표는 인텔의 성공에 IT가 핵심적으로 이바지한다고 회사 안팎에서 인정받는 것이었다. 이 두 명의 CIO는 일련의 과제, 즉 인프라 통합, 측정 방법 개선, 투명한 거버넌스 체계, 지속적인 프로세스 개선을 강조하는 과제에 착수하였다.

모든 실행에는 투자 대비 더 나은 가치를 제공하는 데 중점을 두었다. 적정한 품질과 적정한 가격에 적정한 서비스를 제공하며, IT 인력들은 편하게 일하는 방식으로 수행하면서 말이다. 이 CIO들은 혁신 전반에 걸쳐 서비스 품질과 비용 내에서 IT 성과가 정확히 어떻게 변하는가에 관해 IT 안팎으로 소통하는 것을 중요하게 여겼다.

그들의 과제로 IT 서비스 제공은 완전히 탈바꿈하였으며 회사 내 다른 이들이 IT 성과와 IT 인력에 관해 그 동안 가져왔던 인식도 함께 바뀌었다. 개인용 컴퓨터(PC)의 총 소유비용은 50% 이상 절감되었다. 인프라 단위원가와 서비스 품질은 외부 벤치마크를 통해 측정되었는데, 이 또한 상당히 개선되었다. 2003년까지 IT 성과에 대한 만족도 역시 월등히 개선되었으며 조사 대상 인텔 직원의 80% 이상이 IT 부서를 기술 전문가, 기술 제공자이며, 벤더가 아닌 전략적 비즈니스 파트너라고 평가하였다. 이러한 개선 사항들은 IT 투자의 절대 금액이나 매출 대비 투자 비율이 축소된 상황에서 이루어진 것이다.[2]

인텔은 IT 역량 개선을 통해 많은 혜택을 얻게 되었고, IT 부서 직원들도 예외가 아니었다. CIO인 더그 부시(Doug Busch)는 다음 단계로 인텔의 신규 비즈니스 부문 중 한 곳에 기술 사무소(Technology Office)를 설립하였다.

그 외 IT 부서 직원들은 회사 안에서뿐 아니라 업계에서도 널리 명성을 얻게 되었다. 또한, IT 부서는 회사 전체의 변화 프로그램을 주도하는 모험적인 도전을 맡아 줄 것을 요청받았다. 그 도전이야말로 5년 전 웃음거리였을 바로 그것이었다.[3]

성공적인 IT 리더는 특정한 방식과 순서로 가치를 소통한다

우리가 연구 조사를 통해 발견한 사실 중 주목할 부분은 바로 성공한 CIO들의 집단은 가치를 달성하고 소통하면서 상당히 유사한 방식을 취한다는 것이다. 산업이나 회사 규모, IT 예산으로 표현되는 회사의 매출 대비 비율과도 무관하다. 공공이나 민간 영역 기업에서도 마찬가지고, 호황기와 불황기에도 마찬가지다. 그야말로 단순히 IT 가치를 어떻게 창출하고 소통하는가의 문제이다.

우리는 이것이 다소 과장된 것임을 안다. 많은 IT 조직은 서비스 대상인 비즈니스와 마찬가지로 자신들의 환경이 유일무이하다고 믿는다. 다른 곳에서 효과가 있다고 자신에게 효과가 있는지는 전혀 별개라고 생각한다. 하지만, 이 책에서 설명한 방법론은 효과가 있을 것으로 확신한다. 이 방법론은 신기술을 반대하는 단호한 경영진을 설득할 수 있다거나, IT 리더들과 경영진 내 다른 구성원 간에 서로 불신과 의심으로 점철됐던 긴 시간을 곧장 뒤바꿔 주는 마법의 주문이 아니다. 이는 수많은 사례와 비즈니스를 통해 증명됐던 IT 가치를 창출하고 소통하기 위한 방법론이다. 이는 비즈니스의 경우, IT 관리 역량을 구축하고, 개인들의 경우 리더로서의 신뢰성을 확보하는 방법으로 적합하다 할 수 있다.

이것은 마치 IT에게 구원과도 같은데, 왜냐하면 12단계 프로그램(일종의 중독이나 강박으로부터의 회복 프로그램)이나 종교의 개종, 그 밖에 다른 방법을 통해서 이루어지든 그 모든 구원은 공통적인 과정을 거치기 때문이다. 이는 당신이 최악의 상황을 경험했고 그 상황에서 머물지 말아야 한다는 것을 인식하면서 시작된다. 사고방식과 습관이 문제에 이르게 된 경위를 이해하고 변화할 것을 서약함으로써 변화가 시작된다. 자기 자신이나 다른 사람들에게 피해를 주었던 부분을 인정한다. 그리고 나서 작은 노력에서 시작해서 큰 도약을 이루면서 당신이 원하는 사람이 되는 방법과 그러한 사람이 되었을 때 보상받는 방법을 배우기 시작한다.

우리는 연구 조사와 경험을 바탕으로 IT 조직 역시 매우 유사한 과정을 거친다는 것을 발견하였다. IT 리더인 당신과 IT 팀 전체에 적용할 수 있는 이 방법론을 대강 몇 가지로 표현해 볼 수 있다(그림 1-1 참조).

- **1단계** 가치 함정(Value Trap)을 피하도록 당신의 생각을 변화시켜라. IT 지옥으로 가는 길은 좋은 의도로 포장되어 있다. 가치 함정을 피하라. 즉 좋게 보이는 사례가 실제 IT로 하여금 가치를 제공하고 소통하는 데 방해가 될 수 있다.
- **2단계** IT가 비용에 합당한 가치를 제공한다는 것을 제시하라. 'Cheap Information Officer'라는 말처럼 당신과 당신 팀을 통해 IT 조직이 적정한 품질 수준과 경쟁력 있는 비용으로 적정한 서비스를 제공하고 있음을 보여라.
- **3단계** IT가 비즈니스 성과를 어떻게 개선하는지를 제시하라. 'Chief Improvement Officer'라는 말처럼 당신과 당신의 팀을 통해 모든 이로 하여금 IT 투자와 비즈니스 성과 개선 간에 연관 관계를 맺도록 도와라.
- **4단계** 당신이 어떻게 IT 자체를 넘어서는 가치를 보유하고 있는지 제시하라. 'CIO-plus'라는 말처럼 IT 그 자체를 넘어선 가치를 제공하면서 경영진에서는 동료로서 역할을 수행하라.

성공한 CIO는 단계를 생략하지 않고 순서를 바꾸지도 않는다. 그들은 IT가 비용에 합당한 가치를 제공하기 전까지 IT의 잠재적인 영향력이 전략적 무기라는 사실을 굳이 입증하려 하지 않는다. 그들은 가치 함정을 피하며 경영진으로 하여금 IT가 제공하는 가치를 인식하고 가치에 관여하도록 꾸준히 노력한다.

그림 1-1 IT 가치를 향한 경로

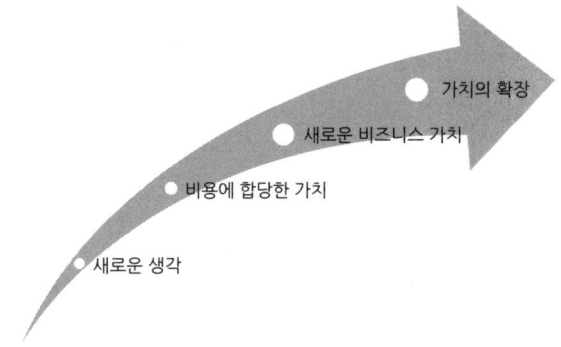

다음 장부터 이 모든 단계를 세부적으로 다룰 것이다. 이 장에서는 가치 함정부터 간단하게 소개하고자 한다.

가치 함정을 피하라

가치 함정이 당시에는 옳게 보일지 몰라도 결국, 문제로 발전하게 되는 CIO의 실무와 행위를 말한다. 이는 IT가 가치를 전달하지 못하게 방해하고 다른 비즈니스 부서 사람들이 전달된 가치를 인식하지 못하도록 방해한다. 가치 함정이란 신뢰할 수 없는 서비스를 제공한다든가 해결하기 어렵다든가 하는 명백한 오류에 관한 이야기가 아니다. 가치 함정은 더욱 서서히 영향을 미친다. 예를 들어, "비즈니스는 IT의 고객이며 고객은 항상 옳다."라는 말은 오랜 시간 동안 신뢰할 수 없는 서비스를 받으며 IT에 대해 불만족이 많은 경우에는 맞는 것처럼 보인다. 하지만, 이러한 가치 함정은 오랜 기간을 거치게 되면서 결국 실패를 위한 IT 조직을 만들게 되는데 이는 고객들이 가끔은(특히 전문가가 아닌 영역에 대해서) 틀릴 수도 있으며, 동료를 '고객'이라고 부르면서 IT 부서와 비즈니스 부서를 서로 갈라 놓기 때문이다.

가치 함정에 사로잡힌 IT 조직은 내부 지향적인 성향을 보이는데, 이는 잘못된 것이다. 현실을 고려할 때, 비즈니스 성과가 목적이지 IT 그 자체는 결코 목적이 될 수 없기 때문이다. 가치 함정을 극복하려면 가치의 구상과 소통을 위해 사용한 용어와 개념을 함께, 자신이 현재 변화가 이루어지는 환경, 즉 새로운 생각과 새로운 행동과 새로운 역량을 요구하는 환경에 속해 있다는 사실을 IT 팀 스스로 깨달아야만 한다. 가치 함정에 대해서는 2장에서 심도 있게 논의해보자.

IT가 비용에 합당한 가치를 제공한다는 것을 제시하라

IT에 대한 비즈니스 가치를 제대로 인식하려면 단순히 관점을 바꾸는 것 외에 더 많은 것이 필요하다. 많은 기업 내 경영진이 IT가 창출한 가치를 제대로 인식해야 할 상황이라면, 긴 시간이 걸리더라도 실망하지 말아야 한다.

경영진이 IT가 가치를 창출한다는 사실을 명확히 이해하더라도 '그들의' IT 조직은 가장 중요한 비즈니스를 위해 '특정한' 가치를 창출하고 있다는 것을 제시할 필요가 있다(사실 많은 CIO를 인터뷰했는데, 그들은 경영진의 리더들이 중요한 성공 요소로 여긴 특정 성과를 제공하지 못하거나 심한 경우, 완강히 거부했던 CIO를 대체하고 영입한 위기관리(turnaround) CIO들이었다. 보통은 새로운 CIO의 경우, 우물에 독을 뿌리는 것으로 인식된 CIO보다 인식을 변화시키는 것이 더 쉽다).

성공한 CIO들은 비용에 합당한 가치를 제시함으로써 IT의 가치를 입증하고 개선하기 시작한다. 그들은 언행일치로 IT 팀이 회사에서 우선 공급자(preferred provider) 역할을 담당하고 있다는 사실을 매일 분명히 한다. 그들은 비즈니스 부서 사람들이 인식할 수 있도록 중요한 서비스와 결과 측면에서 IT 운영 성과를 보고한다. 그들은 IT 운영 비용을 서비스 품질과 수량으로 연계한다. 또한, 그들은 단위원가(unit cost)와 표준 성과 측정지표(standard performance metrics)를 사용하여 해당 서비스를 다른 조직이나 기업과 합리적인 방법으로 비교한다.

많은 IT 조직들은 내부 고객들에게 총 비용 내역서나 비용 청구 내역서를 제공한다. 어떤 경우에는 하나의 숫자로 무수히 많은 항목을 모아서 표현하게 된다. 그런 경우 고객은 IT 비용에 영향을 미치는 요소나 총계에 미치는 영향을 이해하지 못하며 그 비용이 합리적인지도 알 수 없다.

반대로, 성공한 CIO들은 비용과 성과를 투명하게 하고 비교할 수 있도록 한다. 충분한 데이터를 제공함으로써 어디서 비용이 발생하며 특히 IT 서비스의 이용 양상이 변화할 때, 전체 비용 중 어느 부분에 영향이 있는지 보여준다. 현재 사용 중인 용량을 제시하고 조직이 어느 영역에서 적게 사용하는지 제시하며, 서비스 수준이 낮더라도 절감된 비용으로 충분히 양호한 서비스를 제공할 수 있는 곳은 어디인지 제시한다. 다시 말해서 고객이 비용을 통제하는 데 이용할 수 있는 정보를 제공한다. 또한, IT가 단순히 비용이 아니라는 점을 항상 강조한다. IT를 활용할 때, 비용이 발생한다고 해도 말이다.

가장 성공적인 CIO들은 비용과 성과를 벤치마킹함으로써 경쟁 조직과 비교한다. 특정 IT 조직의 경우, 외부 벤치마킹이 타당하지 않을 수도 있다. 하지만, 대부분의 IT 팀은 벤치마킹 실무를 통해 효과를 본다.

> "사람들은 운영 오류가 발생했을 때 실수하기를 바라지 않는다. 그 과정을 면밀히 검토해야 하며 근본 원인 분석(root cause analysis)를 통해 왜 에러가 발생하는지 알 수 있다. 지표를 통해 개선 여부도 확인할 수 있다."[4]
> 카라 슈내퍼(Cara Schnaper), EVP, 테크놀로지 & 오퍼레이션 (Technology & Operation), TIAA-CREF

대부분의 경우, 벤치마킹을 하면 IT 조직의 성과는 공개 시장(open market)을 통해 비슷한 비용에 제공될 수 있는 것과 서로 경쟁 관계에 있음을 알 수 있다. CIO는 현재 경쟁력이 떨어지는 영역에 대해서는 성과의 격차가 가시적 수준이라는 점과 IT 리더십 팀이 그 격차를 신속하게 해결할 것이라는 점을 강조할 수 있다. 어떠한 방법이든 CIO는 좋은 이야깃거리를 갖게 되며 IT 팀은 신뢰성이 향상된다.

이쯤에서 'Chief Information Officer'는 'cheap(가격이 싼) information officer'로 칭해질 수 있다. 서비스가 딱히 저렴하지 않을 수도 있다. 어떤 서비스라도 결국 일정 비용은 수반되며 어떤 경우는 비용이 더 소요된다. 매우 높은 성과는 그것이 무엇이든지 혹은 누가 그것을 제공하든지 간에 항상 많은 비용이 소요된다.[5] CIO가 비용에 합당한 가치를 성공적으로 소통할 때 기업은 품질(내부 사용자와 외부 고객 만족 포함)과 성과의 적절한 균형을 위해 경쟁력 있는 비용에 제공 받고 있음을 알게 된다. 또한, IT 비용을 절감하는 방법은 단순히 IT 지출을 삭감하는 것이 아니라, 과도한 서비스 품질이나 사용으로 비즈니스 성과가 개선되지 않는 영역에서 IT 서비스 품질이나 사용을 조정하는 것이다.

비용에 합당한 가치를 소통하는 것은 필수 불가결한 출발점이다. 비용에 합당한 가치라는 것이 확인되고 나서야 추가적인 논의도 가능하다. 비용에 합당한 가치는 결코 당연한 것이 아니다. 그것은 매월 또는 매 분기, 지속적으로 확인해야 한다. 그러나 IT 가치가 관련되는 곳은 엔드게임(endgame)과는 거리가 멀기 때문에 CIO들은 다음 단계로의 진입을 준비해야 한다. 만일 IT가 비용에 합당한 가치 문제로 영원히 남게 되면 IT는 단순히 비용으로써 인식될 것이다. 잘 관리된다 할지라도 말이다.

> "신뢰성은 당신이 비즈니스에 관해 자유롭게 이야기할 수 있게 한다. 이것은 엔드게임이 아니다." [6]
> 부치 레오나드슨 (Butch Leonardson), CIO, 보잉 임플로이 크레디트 유니온 (Boeing Employees Credit Union)

IT 가치를 비용에 합당한 가치 이상의 측면으로 인식하지 못한다면, 성장을 위한 IT 투자를 극대화할 수 있는 기회를 놓칠 수 있다. 따라서, CIO는 비용에 합당한 가치를 보여 준 후에 다음 단계로 넘어가야 한다. 우리는 3장에서 CIO가 비용에 합당한 가치를 소통하는 방법에 대해 논의하고자 한다.

IT가 비즈니스 성과를 어떻게 개선하는지를 제시하라

효과적인 IT 리더들은 비즈니스 담당자를 잘 관리할 뿐만 아니라, 그들로 하여금 IT 투자에 관해 올바른 결정을 하도록 도우며, 그 결정은 비즈니스 성과에서 운영 개선과 재무 개선을 가능하게 한다.

IT 조직은 경영진으로 하여금 그들의 요구사항을 이해하고 투자 대상을 결정하여 프로젝트를 실행하며 성과가 실현되는 것을 보장하도록 함으로써 '선순환 구조(virtuous cycle)'를 만들며 이는 가시적으로 IT에 대한 투자 가치를 극대화한다. 앞서 말한 4가지 주요한 선순환을 숙달함으로써 각 과제의 결과가 개선되고 새로운 개별 프로젝트와 함께 학습과 가치를 지속적으로 향상시키는 역량을 갖게 된다. 여기서 CIO는 'chief improvement(개선) officer'로 칭할 수 있다.

4장부터 8장까지는 CIO들과 비즈니스 경영진 담당자들이 선순환의 요소를 어떻게 적용할 수 있는지 보여준다. 4장과 5장에서는 CIO들과 그들의 동료가 정보와 자동화를 잘 활용해서 가치 증대를 위한 기회 식별 시에 이용할 수 있는 기술을 논의한다. 그리고 6장에서는 이러한 기회들에 대한 우선순위를 정하는 기술을 제시하고, 7장에서는 실행 시 성공을 도와주는 도구를 제시하며, 8장에서는 제공된 가치, 즉 성과물(harvest)을 측정하는 단순하면서도 효과적인 방법을 제시한다.

당신이 어떻게 IT 자체를 넘어서는 가치를 보유하고 있는지 제시하라

CIO들이 비즈니스 성과에 집중해서 그것을 전달하면, 사람들은 머지않아 그들을 단순히 기술 조직의 리더가 아닌, 가까이서 조직의 전문 영역 이상의 것에 기여할 수 있는 역량을 가진 비즈니스 경영진으로 인식하게 된다. 일반적으로 변화는 서서히 이루어지지만, 결국 중대한 차이가 발생한다. 많은 CIO에게 이런 변화의 조짐으로 처음 나타나는 것은 CEO의 참모진 회의에 참석하도록 요청받는 것이다. 이는 IT 영역 외의 중요한 비즈니스 과제를 다루도록 요청받게 되면 보다 확실해진다. 때로는 CIO들이 모든 과제를 비즈니스 과제로 다루고 비용에 합당한 가치를 보여주며 모든 IT 투자로부터 얻어지는 비즈니스 성과에 대한 개선사항을 측정하게 될 때, IT를 넘어선 책임감을 갖게 된다. 책임의 범위가 확장된다는 것은 IT가 제공하는 가치를 비즈니스가 이해하고 인정한다는 것을 말한다. 그리고 해당 CIO는 비즈니스 리더가 된다. 단순히 기술로 문제를 해결하는 전문가는 아니라는 것이다. 이렇게 인정을 받으면, 컴퓨크레디트(CompuCredit)의 전임 CIO였던 귀도 사키(Guido Sacchi)의 경우처럼, CIO에서 CEO 자리로 순조롭게 임명될 수 있고 또 그렇게 되었다. 귀도 사키(Guido Sacchi)의 프로필은 이 책 후반부에 있다.

CIO의 개인적 가치와 비즈니스 경영진의 구성원으로서 이 가치를 표현하는 것 – CIO-plus(CIO 플러스) –은 9장에서 논의하고자 한다.

아래에서 위로(from the bottom up) IT 가치에 대한 인식을 구축하라

우리는 많은 CIO가 전략적 무기로써 IT의 잠재력을 논의하는 자리에 경영진을 참여시킬 기회를 얻지 못하거나 설령 기회를 얻더라도 아무도 들어주지 않는다고 토로하는 것을 들어왔다. 대부분 그러한 CIO들은 과정상의 단계를 생략하려고 한다. 그들은 비용에 합당한 가치를 제공하지 못함으로써 신뢰성을 구축하지 못했고 그러다 보니 전략적 가치에 대한 당위성을 입증할 것이라는 희망조차 갖지 못하였다. 다음 단계로 넘어가기 전에는 각 과정의 기초를 튼튼히 하고, 꾸준하게 가치에 대한 인식을 구축해야 성공할 수 있다.

버드 매타이젤(Bud Mathaisel)은 솔렉트론, 포드, 디즈니(Solectron,

Ford, Disney)에서 연이은 CIO로서 성공하였는데, 그는 IT 가치로 향하는 과정을 에이브러햄 매슬로(Abraham H. Maslow)의 유명한 욕구 단계 모델(hierarchy of needs model)에 비유한다. 그는 이렇게 이야기한다. "IT 가치에 다가가는 가장 좋은 방법에 대해 생각하고 있을 때, 점점 더 매슬로(Maslow)의 욕구 단계 모델에 빠져들기 시작했다. 이것은 신뢰성과 더불어 경제적이면서 매우 수준 높은 품질의 서비스를 제공하는 능력에서 시작한다. 그 능력을 바탕으로 매우 흥미 있는 무언가를 하고자 구축 방법에 관한 의미 있는 대화에 참여해 달라고 요청받는 것도 매우 중요하다. 왜냐하면, 당신이 신뢰성 있고 효율적인 방법으로 서비스를 제공하지 못하는 경우, 비즈니스 파트너는 다른 대비책을 세우게 되거나 약간의 불신을 갖게 되는데 이렇게 되면 그들은 더 이상 당신과 함께하지 않을 것이기 때문이다."[7]

결국, 이렇게 가치를 향한 경로를 따르는 CIO는 다른 경영진 구성원의 전략적 동료가 된다. 그들은 다른 CIO들이 하는 것과 똑같은 일을 많이 하지만, 훨씬 큰 영향력을 갖게 된다. 그러한 영향력은 전체 IT 팀으로 확산된다. IT 관리자와 직원, 그리고 그들이 머무는 조직은 가치를 향한 과정을 밟아감으로써 직접적인 혜택을 얻는다. 그들은 자신의 조직이 기술과 훈련을 통해 더 많은 가치를 달성하도록 돕는데 이것은 효율성을 향상시키고 비즈니스 프로세스를 재설계하거나 비즈니스 리더들(심지어 고객)로 하여금 기술에 투자하여 더 많은 것을 얻도록 도움으로써 이루어진다.

이 책에서 인터뷰한 대다수의 CIO는 지난 몇 년 동안 비즈니스 내에서 그들의 책임 범위가 확장된 사람들이다. 이는 CIO가 다른 경영진과 마찬가지로 비즈니스 가치를 전달하는 역할로 인식될 경우에만 가능하다. 그는 훨씬 더 많이 전달할 수 있는 기회를 가진다. 앞서 설명했던 과정을 따른 CIO는 보통 1, 2년이라는 짧은 기간에 다른 경영진 구성원과 논의하는 분위기를 크게 개선함으로써 추가적인 이익을 위한 단계를 형성하였다.

귀도 사키는(Guido Sacchi)는 재무 서비스 제공업체인 컴퓨크레디트(CompuCredit)의 IT 팀을 위해 처음부터 그 과정을 따랐다. 그때가 2002년 후반, 그가 CIO로서 시작할 무렵이었다.

> 이 회사에 도착했을 때는 IT 위기관리(turnaround)가 필요한 상황이었다. 기존의 낡은 것으로는 새로운 비즈니스 성장의 시대를 계속 유지시킬 수 없었다. 나는 이런 상황을 회복시키고 지속 가능한 성장 기반을 마련하는 임무를 갖고 오게 되었다.
>
> 나는 비즈니스 부서와 함께 많은 시간을 할애하여 비즈니스 요구 사항에 관한 논의를 지속시키고자 하였다. 그들에게 '이것은 인프라 구축에 관한 것이 아니다. 성장을 가능하게 하는 것이다. 비용 지출에 관한 것도 아니다. 이것은 새로운 고객 발굴에 관한 것이다.'라고 이야기하곤 했다.
>
> 이곳에 왔을 당시에는 지표(metric)라는 것이 없었다. 도저히 믿기 어려운 사실이었다. 회사 경영은 완벽하게 데이터 기반이었으며, 회사 내에서 모두를 위한 지표를 생성하고 있었다. IT만 제외하고서 말이다! 나는 약 6개월 후에 일부 지표를 보고하기 시작했다. 정제되지 못하고 부족했던 지표를 되돌아 볼 땐 부끄럽지만, 사실에 근거하기 위해 최선을 다하고 있음을 경영진에게 보여주기 위한 솔직한 시도였던 것이다. 지금은 다른 경영진과 예산 협의를 할 때 별 차이 없이 당당하게 진행한다.
>
> 나는 처음부터 비즈니스 용어에 중점을 두려고 하였다. 그것은 IT 비용 대 계정 항목, 운영비 대 매출 증가, 비즈니스 운영 비용 대 비즈니스 혁신 비용 같은 것들이었다. 그 초점을 전환만 해서 모두 IT로 소통 함으로써 몇 달 만에 성과 측면에서 놀라운 차이가 발생했다. 예를 들면, 우리

업무는 네트워크를 지속적으로 증설만 하는 것이 아니라, 에이전트를 생산성 있게 만드는 것이다."[8]

몇 년 후, 사키(Sacchi)는 컴퓨크레디트(CompuCredit)에서 기업 전략의 수석 부사장이라는 직함을 얻게 되었다. 집필 중인 이 시점에 그는 모네타 코퍼레이션(Moneta Coporation)의 CEO로 있으며 그 회사는 소비자와 파트너들에게 온라인 거래를 위한 대체 지불 방법을 제공하고 있다. 그는 IT 가치에 대해서 컴퓨크레디트(CompuCredit)에서 얻은 교훈을 통해 자신과 전 회사, 새로운 회사를 잘 일으켜 세웠다.

사키(Sacchi)처럼 성공한 CIO들은 IT 가치 제시를 위한 전 과정을 처음부터 끝까지 따르는 사람들이다. 그들은 매 단계의 성공을 기반으로 다음 단계에 이르고자 노력한다. 그렇게 하지 않는 CIO들은 예측 가능한 문제에 봉착하게 된다.

- IT가 비용에 합당한 가치를 낮게 제공하는 경우, 경영진은 위기관리 CIO를 찾거나 IT는 전기 같은 유틸리티, 즉 추가적인 비용을 더 들이지 않고 전등 켜는 데 필요한 최소 수준까지 축소되어야 하는 비용일 뿐이라고 결정해 버린다.

- CIO와 그의 팀이 비즈니스 관리 감독(oversight)을 위한 투명한 메커니즘을 만드는 데 실패하면 IT는 다른 경영진의 구성원으로부터 의심의 눈초리를 받게 된다. 왜냐하면, 적정한 성과에 대해서 적정 비용을 지불하고 있는지 알 방법이 없기 때문이다. 모든 IT 조직에게 있는 피할 수 없는 문제와 어려움을 보지만, 그 가치를 명확히 보지는 못한다.

- CIO와 그의 팀이 다른 경영진의 구성원과 동일한 관점에서 비즈니스를 논의할 수 없다면 IT 조직은 아웃사이더나 주문 받는 직원 같은 조직이 될 운명이다. 즉 기업을 운영할 때 완전한 참가자는 결코 될 수 없다.

- CIO와 그의 팀이 IT 투자를 비즈니스 성과에 대한 특정한 개선과 서로 연관 짓지 못하면, 경영진은 경쟁 우위가 다른 곳에 있는지 찾으며 비즈니스를 차별화하기 위해 IT가 적용될 수 있는 방법을 무시하게 된다.

많은 CIO는 자신과 해당 기업을 상기 설명 중 한 가지나 그 이상에 해당한다고 볼 것이다. 만약 그렇다면, 당신은 혼자가 아니다. 하지만, 지금까지 우리는 IT 담당 임원에게 있어 이것은 피할 수 없는 운명임을 명확히 했다고 믿고 있다.

2장에서는 IT 가치로의 여정에 대한 출발점을 기술한다. 즉 IT 팀 구성원이 만들어 내는 가치를 인식하고 설명하기 위해 그들이 사용하는 내용과 언어를 바꾼다.

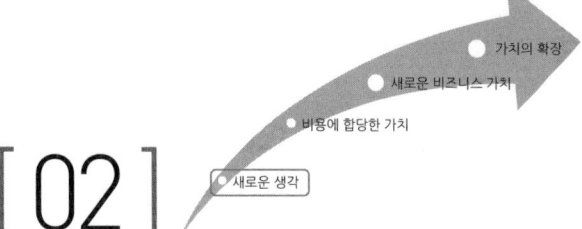

[02]

가치 함정을 피하라

"상황을 바꿀 수 없다면 자기 자신을 바꾸어야 한다."

– 빅터 프랭클(Victor Frankl)

가치 함정이란 좋게 보이지만, 혹은 최소한 나쁘게 보이지는 않지만 결국 문제를 일으키게 되는 믿음과 습관을 말한다. 가치 함정에 빠진 조직은 마치 골프 코스의 모래 함정(벙커)에서 벗어나고자 노력하는 전형적인 서툰 골퍼의 모습과도 같다. 그가 볼을 쳐 내려고 하면 할수록, 공은 점점 더 모래에 빠져들게 된다. 때로는 볼을 집어서 더 좋은 지형에 옮기는 것이 볼을 빼내는 유일한 방법이 될 수 있다.

가치 함정은 IT 조직과 다른 조직 간에 장벽을 만들어 본질적으로 IT의 가치를 감소시키거나 IT를 통한 가치 제고를 제한시키는 방향으로 대화를 이끈다. 또한, 가치 함정은 IT 조직과 다른 비즈니스 조직과의 관계에 관해 밑바탕에 깔린 추정으로써 일반적으로 경영진뿐만 아니라 IT 리더들의 머릿속 깊이 스며들어 있다.

알버트 아인슈타인(Albert Einstein)이 언급한 바와 같이 정신 이상이란 같은 행동을 반복하면서 다른 결과를 기대하는 것이다. 가치 함정을 만드는 행동은 다른 시대, 즉 IT에 대한 다양한 기대가 있었던 시대에는 통했다. 하지만, 그러한 행동은 이제 더 이상 바람직한 결과로 이어지지 못한다. 그것은 단지 함정일 뿐이며, 성공을 위한 지침이 될 수 없기 때문이다.

표 2-1 가치 함정(value traps)

가시적 함정(visibility traps)
- 우리는 성과에 대해 굳이 언급할 필요가 없다. 그 자체가 말해 주기 때문이다.
- IT는 비즈니스를 수행하기 위한 비용이다.
- IT 관리자는 기업에게 대단한 기술을 제공한다.

변명 함정(excuse traps)
- 어떠한 것도 완벽한 것은 없다(특히 IT처럼 복잡한 것은).
- 당신이 우리의 규칙을 따르지 않으면 잘 된다고 보장할 수 없다.

역할 함정(role traps)
- '비즈니스 부서는 IT 부서의 고객이다.
- 고객은 항상 옳다.

이러한 가치 함정에서 벗어나려면 기존의 관습을 깨고 실질적이며 인식된 가치를 창출하는 새로운 관습을 개발해야 한다. 새로운 사고방식과 IT 관리에 대한 새로운 규칙도 필요하다.

이 장에서는 IT 팀을 가치 함정(표 2-1 참조)으로 빠져들게 하는 관습적인 사고방식에 대해 논의하고자 한다. 그러한 습관 탓에 인식된 가치가 훼손되고, IT 조직이 실질적인 가치를 제고시킬 수 있는 능력을 제한한다는 것을 설명할 것이다. 마지막으로 IT 가치를 가시적으로 창출하고 소통하기 위해 다른 관점에서 생각하는 방법을 논의하며 마무리하고자 한다.

가시성 함정

가시성 함정은 IT 팀이 다른 조직의 사람들에게 제공한 가치를 인식하고 소통하는 관점에 관한 것이다. 모든 소통은 하나의 발상에서 시작하기 때문에 가시성 함정에 관한 논의로 시작하는 것이 적절할 것 같다.

> "우리는 성과에 대해 굳이 언급할 필요가 없다.
> 그 자체가 말해 주기 때문이다."

최근에 가진 한 CIO와의 대화에서 자신은 자랑하는 것을 별로 좋아하지 않기 때문에 제공 서비스의 지표 상태가 좋더라도 해당 서비스의 상대적 품질과 비용에 관해 별도로 보고하지 않는다고 했다. 물론 겸손은 최고의 미덕이다. 하지만, P. T. 바넘(P. T. Barnum), 리차드 브랜슨(Richard Branson), 도널드 트럼프(Donald Trump)가 보여준 바와 같이 과거뿐만 아니라 현재 시점에서 성공하고 있는 모습을 볼 때, 겸손은 비즈니스 측면에서 그다지 유용한 미덕이 아님을 분명히 보여주고 있다. 세일즈팀의 팀장이 회사 내 다른 사람들에게 신규 판매 캠페인의 성공에 관해 홍보하는 것을 도외시함으로써 자랑할 기회를 놓칠 것인가? 마찬가지 이유로 마케팅팀의 팀장이 잠재 구매자에게 자사 상품이 가격과 기능, 성능 면에서 얼마나 경쟁력 있는지 말할 수 없는가? 제조팀의 팀장이 생산된 상품의 품질 개선이나 원가 절감에 대해 강조할 수 없는가?

경영진도 다른 사람들과 마찬가지로 자신이 관심 있는 것을 볼 것이다. IT 관련 비용이 관심 받게 되는 때는 경영진이 차지백(charge back) 보고서를 받아 보거나 서비스상의 변경을 요청하는 경우이다. 간혹 발생하는 서비스 장애는 관심의 대상이 되기 쉽다. 어찌 되었든 경영진이 IT 가치에 관심 가질 수 있는 기회를 갖지 못한다면, 그 가치는 인식하기 어렵게 된다.

비즈니스 경영진은 IT 성과의 좋은 면을 보려고 노력할 필요가 없는 사람들이다. IT 성과는 매우 명확하면서도 경영진이 쉽고 빠르게 이해할 수 있도록 표현되어야 한다. 인터뷰 대상이었던 성공적인 CIO들은 모두가 예외 없이 IT가 전달하는 가치에 관해 경영진에게 정기적으로 보고하고, 또 자주 보고한다. 좋은 가치를 제공한다는 사실을 아는 CIO들은 모든 사람에게 그것을 알릴 필요가 있다. 더 나은 가치를 제공하려고 분투하는 CIO들은 무엇이 문제인지 알고 있으며 업무 개선을 위해 열심히 노력하고 있다는 사실을 명확히 해야 할 필요가 있다. 어떤 방법이든지 간에 새로운 소식은 당연히 알려야 하며, 이를 통해 다른 비즈니스 부서 사람뿐 아니라 IT 부서 내 모든 사람에게 가치에 관한 중요한 메시지를 어느 정도는 전할 수 있기 때문이다.

"우선 정말 훌륭하고, 똑똑한 사람들을 고용하였다. [내부 Broadcom] 고객들이 원하는 바를 가능하게 하는 데 집중하였다. IT 직원은 고객과 있도록 하였다. IT 직원이 수행하는 일상적인 업무의 80퍼센트를 프로세스로 정의하여 시간과 노력을 최소화하였다. 그리고 나서 우리는 엄청난 마케팅을 하였다. 그제야 사람들은 우리가 무엇을 하고 있는지 알게 되었고, 우리를 참여시키기 원했다."[1]

켄 베너(Ken Venner), CIO, 브로드컴(Broadcom)

MIT의 정보 시스템 연구 센터(MIT CISR, Center for Information Systems Research)가 153명의 비 IT 경영진을 대상으로 수행한 연구 조사에 따르면, 다른 면에서 유능한 CIO들이라도 비즈니스 경쟁자들이 보기에 좋은 관리 감독 메커니즘을 갖고 있지 않다고 느낀다면 그다지 유능하지 않

게 비칠 수 있다고 한다.[2] 만일 CIO들이 비 IT 경영진에게 IT에서 진행되는 일이 무엇이며, IT에 대한 결정을 더욱 잘하는 방법이 무엇인지에 이해하는 데 도움을 주지 않으면, 그 경영진은 항상 IT 성과에 대해 조금은 불안한 마음이 있을 것이다. 만일 CIO들이 자신의 성과에 대해 알리지 않으면 비즈니스 경영진들은 가장 명백한 것, 통상적으로 부정적인 내용에 집중하게 된다. 반대로 고군분투하는 IT 조직의 CIO들의 경우, 견고한 비즈니스 관리 감독 메커니즘을 실행한다면 훨씬 효과적으로 조직의 성과를 개선할 수 있다는 사실을 알게 된다. 당신이 명확하게 하지 않더라도 나쁜 소식을 숨기기는 어렵다. 명확한 관리 감독이 가능해지면 모두로 하여금 무엇을 먼저 개선할지 집중하도록 도울 수 있으며 개선되는 모습 또한 쉽게 볼 수 있게 해준다.

"IT는 비즈니스를 수행하기 위한 비용이다."

몇 년 전, 우리 중 한 명은 중견 재무 서비스 회사의 IT 리더십 팀에 도움이 될 수 있는 전략 워크숍을 주도한 바 있다. 이 회사는 어떻게 해야 IT가 가치를 증대시킬 수 있는가의 문제로 워크숍을 시작하였다. 한 시간 동안의 토론이 끝났지만, 리더십 팀의 구성원들은 회사의 IT를 최소 비용으로 운영하고 있다는 사실 외에 가치 증대를 표현할 다른 방안을 찾을 수가 없었다.

그들은 누구보다 이것을 잘해 왔다고 믿어왔기 때문에 다른 경영진이 IT가 기여하는 바를 그다지 높게 평가하지 않는다는 사실에 혼란스러웠다. 그러나 IT 팀의 기여가 단지 저비용 IT 운영 측면에만 강조된다면 가치를 낮게 평가받는다고 해서 놀랄 일만은 아니다.

회사의 비용을 통제 관리하며 운영하는 것이 중요하다는 사실에는 이견이 없다. 특히 대규모 비즈니스를 위한 IT는 비용을 절감한다고 해도 그 비용 자체가 낮은 게 아니다(어떤 대형 제조사는 매출의 약 1.5퍼센트에 해당하는 총 IT 지출(예산)에 대해 자랑스러워할지 모른다. 이는 보통 제조업체 평균보다 약 25퍼센트 가량 낮은 수치이다.[3] 하지만, 현재 기준으로 제너럴 일렉트릭(General Electric)사 매출의 1.5퍼센트는 약 25억 달러에 이르는 수치이며 이는 다른 회사 입장에서 보면 무시할 수 없는 금액이다). 모든 비즈니스는 호황기나 불황기나 관계없이 필요에 의해서 비즈니스를 계속 유지하려면 필수적이지만, 매출과 바로 연계되지 않는 많은 일을 해야 하며 이런 유형의 일들은 비용 효율적으로 이루어져야 한다. 많은 IT 인프라 서비스(전화 발신음이나 대부분의 정보 보안 서비스 등)뿐만 아니라, 감사나 규정 준수 같은 비즈니스 활동들(예를 들면 사베인 옥슬리(Sarbanes-Oxley)법 등)이 바로 그런 범주에 속한다. 이를 보통 '비즈니스 운영 활동(run-the-business activity)'이라고 표현한다.[4] 이런 활동에 대한 가치 측정 방법은 '성과에 대한 비용(price for performance)'이며, 최적의 비용으로 적정한 품질 수준을 달성하였는가이다(당신의 경영진은 샤베인 옥슬리(Sarbanes-Oxley)법을 얼마나 준수하기를 원하는가?).

2007 MIT CISR 조사 결과에 따르면 영리회사(for-profit company)는 IT 비용으로 매출의 5.8퍼센트를 지출하며 이 비용의 72퍼센트는 비즈니스 운영 활동을 위해 사용된다.[5] 어느 기업이나 이러한 유형의 활동에 드는 비용을 절감하는 것은(서비스 품질은 수용할 만한 수준이라는 가정하에) 타당성 있는 목표가 될 수 있다. 높은 성과를 내는 IT 조직의 경우, 비즈니스 운영 활동 비용을 50퍼센트로 절감시킬 수 있으며, 이러한 자원을 비즈니스 개선에 사용할 수 있다. 정말로 그렇게 가시성 있게 하는 것이야 말로 비용에 합당한 가치에 대해 IT 조직이 설명함에 있어 주요한 성공 요소 중 하나라고 볼 수 있다. 비용에 합당한 가치는 3장에서 논의한다.

하지만, 그것도 어느 정도까지라고 한다면 IT 조직이 기여하는 가치는 심각하게 제한받게 된다. 성공적인 비즈니스는 단지 운영만 하는 것이 아니라, 성장한다. 이는 현재의 시장과 고객 세그먼트로부터 발생하는 이익을 증대시키는 것을 의미한다(혹은 공공 분야 조직의 경우, 그 영역과 수위 또는 임무의 범위를 확대시킨다는 것을 의미한다). 자주는 아니지만, 비즈니스는 '변혁(transform)'하며 이는 새로운 고객 세그먼트를 목표로 새로운 가치 제안과 함께 새로운 시장에 진입함을 의미한다. 만일 IT가 비즈니스 성장(grow-the business)과 비즈니스 변혁(transform-the-business) 과제에 대해 기여하고 있다는 사실을 입증하지 못하면, 비즈니스를 더욱 실현 가능하게 하고 성공할 수 있도록 하는 활동에 참여할 수 없다.

IT가 단지 비즈니스를 위한 비용이라고 말하는 것은 IT를 전기 같은 시설, 즉 차별화되지 않는 것으로 치부하는 것과 다를 게 없다. 그러한 것은 비즈니스를 위해 필요한 기본적인 기능을 유지시키는 것 외에 기업의 성공을 위해서 아무런 도움도 되지 못한다.

데이터베이스 관리자의 가치는 비용을 넘어선다.

최근 한 동료가 다양한 IT 기능의 상대 공헌 가치를 산정하는 방법에 대한 가이드라인을 요청 받았다. 예를 들면, 비즈니스 분석, 데이터베이스 관리, IT 보안 같은 것이었다. 이것은 마치 자동차 엔진과 변속기의 상대 공헌 가치를 정량적으로 평가하는 것과 다를 바 없다. 자동차가 제공하는 성과는 운송이라는 하나의 유형이며, 엔진과 변속기 두 가지 모두에 절대적으로 의존한다. 각각 공헌의 합계로써 비용을 계산할 수는 있지만, 가치는 그 방법으로 계산할 수 없다(마케터는 여기서 각 자동차가 구매자에게 미치는 외관과 기능에 대한 상대적인 매력도를 정의하기 위한 방법론이 존재하는 것을 알고 있다. 이러한 방법론은 특정 IT 서비스를 위해 필요한 서비스 수준에 적용될 수 있지만, 우리는 아직 그러한 것을 보지 못했다).

이는 성공적인 IT 조직이 대화의 틀을 다시 잡는 하나의 이유다. 성공적인 IT 조직은 서비스 관점과 그 서비스가 제공하는 성과의 관점으로 다른 비즈니스 부서 사람들에게 보고한다. 그 서비스에 기여하는 IT 구성 요소의 관점이 아니라는 것이다.

IT를 이러한 관점에서 생각하도록 조장하는 CIO는 가치를 증대시키는 IT의 역할을 묵살시키도록 비즈니스에게 요청하는 것과 본질적으로 다를 바 없다. 이는 IT뿐만 아니라 전체적인 관점에서 비즈니스를 볼 때, 많은 경우 실패가 예상될 따름이다.

"IT 관리자는 기업을 위해 대단한 기술을 제공한다."

대부분 IT 조직은 대체로 기술적인 용어로 소통하고 있고, 관리하는 장비의 성능으로 성공이냐 실패냐를 판단하는 환경에 익숙해져 있다. 그래도 요즘에는 기업의 비즈니스 모델이나 IT가 기업의 성공을 위해 어떻게 기여하는지 이해하지 못하는 IT 직원을 만나기 어렵다. 그럼에도, 여전히 많은 IT 조직에 비즈니스가 아닌, IT 장비의 성능을 고집하는 성향이 남아 있으며, 이러한 성향은 다른 비즈니스 부서 사람들에게 가치를 소통하는 것을 어렵게 만든다. 이는 다른 가치 함정과 마찬가지로 변화된 환경, 즉 IT가 장비 운영에 뿐만 아니라 획기적으로 개선된 기업 성과에도 기여하리라 기대하는 환경에서는 더 이상 통하지 않는 행동이다.

이 장에서의 기본적인 메시지, 사실상 이 책의 기본적인 메시지는 간단하다. 즉 IT 성과와 가치를 논의하는 올바른 방법은 IT 장비의 성능이 아닌, 비즈니스 성과와 비즈니스 결과에 대해 IT가 기여하는 바를 강조하는 것이다.

CEO는 다음과 같이 내게 말했다. "당신은 성공적으로 기술을 적용해 왔다. 그렇지만, 당신의 임무는 공장에 변화가 적용되고 이를 경영진과 직원들이 수용하고 지지하는가를 확인하는 일이다."[6]

로버트 프루(Robert Proulx), CIO, 봄바디어(Bombardier)

"많은 CIO는 자신들이 고객 중심적이라고 생각하지만, 실은 그렇지 않다. CIO의 대시 보드를 보라. 보드 상에 표시되고 있는 것은 무엇인가? 보드에 표시되어야 하는 것은 신규 판매, 종료 속도, 그리고 제품을 출시하고, 종료하는데, 얼마나 걸리는가에 관한 것이어야 한다. 많은 IT 조직은 다음처럼 표현되는 지표(metric)를 갖고 있다. '우리의 가동 시간은 99.99퍼센트에 이릅니다. 우리는 매우 빠른 성능을 제공합니다.' 하지만, 생각해 보라. 건물의 배관이 제아무리 훌륭하다고 해서 누가 거들떠나 보겠는가?"[7]

부치 레오나드슨(Butch Leonardson), CIO, 보잉 임플로이 크레디트 유니온(Boeing Employees Credit Union)

이것은 일부이지만 많은 IT 조직의 사례, 즉 네트워크 가동 시간처럼 IT 장비 중심의 관점에서 운영 현황을 보고하는 것과는 다른 얘기다. 또한, IT 서비스 기능을 유지 보수하는 기술자에게는 그 장비의 기능에 관한 세부 정보가 있어야 최고 성능으로 튜닝하고 유지 보수할 수 있다는 것에 동의한다. 하지만, 이는 '가치'에 관한 것이 아니라 '유지보수'에 관한 것이다. 이는 내부 지향적인 관점이다. 우리가 여기서 관심 가진 바람직한 성과를 위해 장비 비용을 지불하는 '사용자'와 이렇게 소통해서는 안 된다. 일부 CIO들과 다른 많은 IT 전문가들은 기술이 적용되면 자신의 임무가 끝난다고 믿는 것처럼 행동한다. 문제는 다른 경영진이 볼 때에는 비즈니스가 원하는 결과와 보상을 받아야 그 임무가 끝난다고 생각하는 것이다. IT 팀이 단지 기술만을 제공할 때에는 동일하게 기술 관점에서 인식되며 가치로써 인식되지 않는다.

어떤 사람은 비즈니스의 변화에 대한 성공 여부는 비즈니스 경영진의 책임이라고 주장할 수도 있으며 우리는 그러한 관점에 공감한다. 그러나 MIT CISR 연구 조사 대상이었던 110명의 비 IT 경영진은 비즈니스 프로세스와 조직의 변화는 비즈니스의 책임이 아니라 IT의 책임이라고 밝혔다. 이런 경영진은 궁극적으로는 변화를 이끄는 레버를 당겨야 할 사람이 자신이라는 것은 알고 있지만, IT 리더가 자신에게 정확히 어떤 레버를 당기며 왜 당겨야 하는지 이해할 수 있도록 도와주길 원한다.[8]

"기관 고객과 중요한 미팅을 하게 될 때에는 고객이 이 비즈니스가 기술 비즈니스라는 것을 알고 있기 때문에 IT 팀이 함께한다. 우리는 운영과 기술 측면에서 품질과 효율성 중심의 지표들을 제시함으로써 비즈니스를 이끌어 갈 수 있다. 고객은 그것을 알며, 일선 부서도 알고 있다." [9]

카라 슈내퍼 (Cara Schnaper), EVP, 테크놀로지 & 오퍼레이션(Technology & Operations), TIAA-CREF

이후의 장에서는 CIO가 어떻게 하면 IT의 성과를 보다 의미 있게 보고할 수 있는지 상세히 논의하고자 한다. 현재로서는 다른 모든 것이 그러하듯이 IT 운영이 고려되는 곳에서 가치를 소통한다는 것은 그것이 IT가 아니라 모두 비즈니스에 관한 것을 기억하는 것이다. 장비의 성능이 아닌 비즈니스와 고객이 이해하고 경험하는 것에 관한 것이다.

IT의 구현과 비즈니스 성과 간의 차이를 설명하기 위해 운동과 운동 기구로 얻을 수 있는 각각의 가치를 예로 들어 설명하고자 한다.

운동 기구는 어떤 가치가 있는가?

상식 있는 사람들은 운동의 가치를 의심하지 않는다. 심지어 거의 운동하지 않는 사람들조차 운동이 건강과 활력, 외모를 좋게 하고 그 외에도 좋은 장점들이 많다는 것을 알고 있다. 이것이 운동의 가치인 것이다. 그렇다면, 운동 '기구'의 가치는 무엇인가?

만일 많은 IT 조직들이 자신의 성과를 측정하는 것과 동일한 관점에서 그 가치를 측정한다면, 운동 기구가 사용된 주당 시간과 운동 기구가 지원하는 다양한 운동 강도 세기 등으로 표현할 수 있겠다. 그러나 이러한 측정 방법은 모두 운동 기구의 성능에 관한 것이지 가치의 원천인 그 기구를 사용하는 사람 측면의 성과가 아니다.

우리는 운동 기구의 가치를 하나의 자산으로써 평가해야 하는가? 물론 해당 기구는 구매, 판매, 감가 상각이 될 수도 있다. 그러나 이러한 의미에서 기구의 가치는 그것을 구매한 사람의 요구에 따라 달라지는 것은 아니다. 자산이라는 측면에서 운동 기구와 텔레비전은 대략 동등하다 할 수 있다. 그러나 그것을 통해 제공하는 가치는 서로 동등하지 않다는 점은 확실하다.

궁극적으로 운동 기구의 가치는 운동 기구의 작동이 아니라, 운동하는 사람이 얻는 효과, 즉 운동 결과(outcome)로 측정되어야 한다. 특히, 더 세련되고 멋진 옷을 입기 위해 더 빠르게 달리며, 더 오래 달리며, 더 무거운 무게를 들어 올리는 능력처럼 운동 기구 소유자의 성과(performance)에 미치는 효과로 측정된다. 하지만, 운동 기구의 가치는 그 운동 기구를 이용해 얻게 되는 운동의 가치와 어떻게 다른가? 그것은 바로 운동 기구는 관련된 특정 방법을 통해 운동의 효과와 효율을 높인다는 것이다. 소유자는 특정 환경에서 스케줄에 따라 일정 비용으로 특정 능력 향상에 중점을 두고 운동할 수 있다(특정한 성능이 중요한 영향을 미치게 되는 예로서 올림픽 스키 선수나 프로 사이클 선수의 운동 기구가 있는데, 그들이 운동할 때 사용하는 기구는 정말 정교하다). 따라서 가치를 측정하는 방법은 그 운동 기구가 다른 대안 제품보다 성능을 더 많이, 그리고 더 효율적으로 향상시키는지 보는 것이다.

이 비유는 운동 기구의 가치를 소통하기 위해 사용될 수 있다. 누구도 운동 기구를 사고자 할 때, 러닝 머신의 벨트가 빙글 빙글 잘 돌아가는 것을 염두에 두지 않는다. 오히려 3개월 후 대형 파티에서 새 옷을 입은 자신의 모습을 상상할 것이다(표 2-2 참조). 물론 그것은 영업 사원이 판매한다.

그러나 당신의 IT 팀이 판매하는 것은 무엇인가? 많은 비즈니스에서 IT 전문가들(그리고 비즈니스 전반에 있는 그들의 동료)이 기술적으로 중요한 투자를 다루는 비즈니스 과제를 논의할 때 사용하는 언어는 장비의 기능과 특징 쪽으로 치우쳐 있고, 바람직한 비즈니스 성과와는 동떨어져 있다. 너무도 많은 경영진과 CIO들이 공급망 재구성(supply chain reconfiguration)을 말하고자 할 때, 'ERP 프로젝트'나 'SAP 프로젝트'라고 하며, 고객을 발굴하고, 유치하고, 확보하는 능력을 향상시키고자 할 때 'CRM 프로젝트'라고 이야기한다. 이것은 운동 프로그램을 '러닝머신 프로젝트'라고 칭하는 것과 다를 바 없다.

표 2-2 운동 기구의 가치는 사용자에 미치는 효능으로 측정된다.

운동 기구 중심의 지표 (가치 함정)	운동 사용자 중심의 지표
• 주 당 운동 기구 사용 시간 • 사용자 당 소비된 칼로리 양 • 운동한 근육 군	• 운동 프로그램 시작 후 빠진 몸무게 양 • 목표 몸무게까지의 무게 • 최대 벤치 프레스 무게 • 100/200/500미터를 달리는 시간 • 운동한 이후 얼마나 멋지게 보일까?

이런 식으로 잘못 칭하게 되는 결과는 뻔하며 그리 바람직한 것이 아니다. 2004년 가트너와 포브스닷컴(Forbes.com)이 실시한 조사 결과에 따르면 경영진이 조직도상 높은 위치에 있을수록 대형 프로젝트가 실패할 경우 IT에 책임을 물을 가능성이 더 크다는 사실을 발견하였다. 응답한 CEO 중 94퍼센트는 프로젝트 실패에 대해 IT에 책임을 물을 것이라고 했다.[10] 프로젝트가 모두 IT에 관한 것이라고 암시하는 말을 사용함으로써 그러한 인식을 하게 만든 것이다.

비즈니스 성과에 대한 강조는 비즈니스 과제를 논의하는 데 사용하는 언어에서 시작한다. 이러한 의미에서 어떠한 프로젝트도 IT 프로젝트라 할 수 없다. 어떠한 프로젝트도 기술을 전달하지는 않는다. 모든 프로젝트는 비즈니스 성과(performance) 개선을 달성하는 비즈니스 결과(outcome)에 주안점을 둔 비즈니스 과제이며, 그렇지 않으면 경영진의 안건에 포함될 수 없다.

나는 상사인 COO에게 100만 달러 규모의 데이터베이스 업그레이드에 대해 보고하였다. 그는 아무도 데이터베이스는 관심 없으니, 다른 사람들이 관심 갖는 방법으로 보고하라고 지시했다. 그래서 우리는 그 프로젝트를 '기업 기초 확보 프로젝트'(enterprise foundation project)로 칭하고 모두에게 이야기했다. "이것은 우리의 기초다. 기초가 튼튼하지 않으면 그 집도 튼튼하지 않다."[11]

트레이 루이스(Trey Lewis), CIO, 대학생 선교회(Campus Crusade for Christ)

그림 2-1 완전한 비즈니스 관점의 IT 프레젠테이션

뉴욕시 감사원   정보 시스템 사무국

사이버세틀(CYBERSETTLE)

비용 절감과 생산성 향상을 넘어 혁신으로부터의 진정한 가치 창조
- 뉴욕시는 2004년 시스템 도입 이래 약 5천3백만 달러를 절감함
- 3,600건 이상의 클레임을 중재했으며, 금액으로는 3천3백4십만 달러를 절감함
- 사이버세틀이 없었다면, 동일한 클레임 건으로 시에서 약 8천6백4십만 달러의 비용을 지출했을 것임
- 사이버세틀에서 해결된 클레임 건수는 지난 3년 간 161% 증가함. 2008 회계연도에는 전년도 중재 건수와 중재 금액 대비 2배가 될 것임.
- 사이버세틀은 시민이 다니는 보도에 관련된 클레임부터 시작하여 4개 범주를 포함함. 그 4개 범주는 자동차, 개인 상해, 학교, 재산 침해임
- 사이버세틀은 뉴욕시를 위한 클레임 처리 과정을 완전히 변화시켰음

정보시스템 사무국 경영 수련회
2008.6.6

출처 : 뉴욕시 감사원. 자료 사용이 허가됨

그림 2-1을 보라. 이것은 뉴욕 감사원의 CIO인 마이클 보트(Michael Bott)가 그의 IT 관리팀을 대상으로 2008년 6월에 발표했던 프레젠테이션 자료이다. 이 차트에서 유일하게 기술로 표현되는 것은 제목에 있는 "사이버(Cyber)"라는 단어뿐이다(이 단어는 뉴욕 거리의 보도 관련 상해에 관한 클레임 중재를 자동화하기 위해 IT 팀이 개발한 시스템 이름(CyberSettle)을 나타낸다).

> "직원 누구도 IT 자체만으로 작성된 제안서를 제시하지 않는다. 그들은 비즈니스 관점에서 정의된 이슈나 기회를 제시하며 IT는 중추적인 기능 중 하나이다." [12]
>
> 존 해머그렌 (John Hammergren), 회장 겸 CEO, 매케슨(McKesson)

표 2-3 모든 과제는 비즈니스 과제라는 메시지를 확실히 이해시켜라.

이렇게 표현하지 말고,	이렇게 표현하라.
• ERP 솔루션 • 네트워크 가동시간 • 애플리케이션 개발 수명 주기 • IT 인프라 구축 • CRM 구축	• 제조 혁신 • POS 가동 시간 • 제품 개발 수명 주기 • 비즈니스 성장 지원 • 고객 획득 및 유지

표 2-3은 비즈니스 경영진과 IT 지원 과제에 대해 이야기할 때, 그들이 이해하기 쉽도록 비즈니스 성과 중심적인 몇 가지 표현들의 예를 보여준다. 이 어구들은 단순한 마케팅 '스핀(세일즈 기법)'이 아니다. 과제의 본질과 목적에 관해 보다 더 정확하게 서술한다고 볼 수 있다.

변명 함정

변명 함정은 IT 팀의 실행과 서비스 제공이 사용자에게 어떻게 인식되는가에 관한 것이다.

"어떠한 것도 완벽한 것은 없다(특히 IT처럼 복잡한 것은)."

고객에게 인정받고자 하는 IT 조직은 신뢰성 있는 서비스를 제공해야 하는 것은 당연하다. 그러나 기존의 많은 IT 조직들은 형편없는 서비스를 제공하거나 완전히 실패하거나 혹은 납기 일자나 예산을 초과하기 일쑤였고, 경영진은 누군가에게 책임 지우기를 도외시하며 암암리 그런 실패들을 묵인해왔다.

1994년, 스탠디쉬 그룹(Standish Group)의 IT 프로젝트 관리에 관한 획기적인 연구에서는 모든 IT 프로젝트의 대략 80퍼센트가 부분적으로 실패하거나 아니면 완전히 실패하는 것으로 추정하였다.[13] 그 이후 상황은 좋아졌지만, 모두 좋아진 것은 아니다. 최근의 가트너 연구결과는 중간 규모(예산 규모 35만 달러 이상)과 대규모(100만 달러 이상)에 대한 IT-인에이블드(IT-enabled) 프로젝트의 실패 비율을 약 20퍼센트로 추정하고 있으며 실패 비율과 높은 실패 비용은 프로젝트의 규모가 커지면 커질수록 증가한다고 밝히고 있다.[14] 그 정도의 실패는 눈에 띄지 않고 넘어갈 수가 없는 수준일 것이다. 가트너의 2008년 CIO 아젠다(Agenda) 조사에는 1,401명의 CIO가 응답했는데, 경영진과의 관계 측면에서 응답자의 36퍼센트는 "위험에 빠져 있고" 22퍼센트는 "재 구축 중"이라고 대답했다.[15]

IT 조직이 서비스를 제공할 때 실패하는 데에는 많은 원인이 있다. 거기에는 IT 프로세스나 비즈니스 과제 파이프라인을 엉성하게 관리하거나, 비즈니스의 우선순위와 위험에 대해 IT의 우선순위와 위험으로 오인하는 것도 포함한다. 아마도 가장 중요한 원인은 단순히 20세기 후반 대부분에 걸쳐 IT의 역할과 범위와 구현이 급격히 발전하고 있었던 반면, 많은 경영진은 기술과 역량을 이해하지 못했고 그들이 더 좋은 무언가를 더 많이 요구할 수 있었다는 사실조차 몰랐다는 데 있을 것이다. 즉 많은 IT 조직에 있어서 서비스 미달(underdelivery)은 오랫동안 지속된 관습이며 이러한 관습에 대해 그들은 대가를 치른 적이 없었다.

그러나 사실은 그 대가를 치르고 있다. IT 팀은 "어느 누구도 완벽하지 않다."라고 생각할 수도 있다. 하지만, 다른 비즈니스 부서 사람들은 "그렇게 자주, 크게 문제가 생기는 존재는 믿을 수 없다."고 여긴다. 더 문제가 되는 것은 경영진이 IT로부터 얻는 것이 무엇이든지 간에 기대에 부응했다는 생각을 더 이상 쉽게 받아들이지 않는다는 것이다. 그들은 획기적인 성과를 내고자 IT를 사용하는 다른 회사들을 보게 된다. 즉 그들은 제 3자로부터 IT 서비스를 계약할 수 있다는 것을 알고 있다. 이렇게 변화된 인식에 부응하지 못하는 IT 조직은 가치 함정에 빠진 것인데 가치에 대한 다른 논의가 가능 하려면 그전에 빠져나와야 한다. 새로운 규칙이란, IT 팀은 실패했을 때에도 그렇지만, 현재의 성과가 가장 최선이라고 여기며 현실에 안주하는 것처럼 보여서는 안 된다는 것이다.

서비스 관리 연구 조사자들은 조직이 실패로부터 극복하는 방법이 고객의 지각과 충성심을 형성해 나가는 과정에서 생긴 실패 그 자체만큼 중요하다는 사실을 발견했다.[16] 실패가 발생하면 IT 관리자는 선제적으로 고객에게 다가가 그들의 고충에 대해 인지하고 있으며 그것을 최소화하기 위해 어떤 조치라도 하겠다는 것을 보여 주어야 한다. 그리고 나서 앞으로 그런 문제를 최소화하기 위해 가시적인 조처를 해야만 한다.

완벽함은 아니더라도, 탁월함은 있어야만 한다. 기업 내 다른 모든 영역에 있는 관리자와 마찬가지로 IT 관리자는 지속적으로 IT 성과를 개선하기 위해 노력해야 한다. 또한, 반드시 그렇게 노력하는 것으로 보여야만 한다. 그런 노력에는 가치를 보고함으로써 가치를 향상시키는 것이 있으며, 3장 초반에서 다룰 것이다. 또한, 선순환 즉 기회 평가, 투명한 투자 결정, 실행 및 회수의 단계를 숙달하는 것을 포함하며 5장 초반에서 다루도록 하겠다.

"당신이 우리의 규칙을 따르지 않으면, 잘 된다고 보장할 수 없다."

규칙은 이유가 있어서 존재한다. IT와 그 밖에 다른 곳에 규칙이 없다면, 위험이 발생할 확률이 높은 상황이 초래될 것이다. 하지만, 규칙이 예외에 대한 이해나 기회가 거의 없이 완고하게 적용된다면, 그 규칙과 그 규칙을 만든 사람은 장애요인이 되어 버린다.

많은 IT 전문가들은 엔지니어링 관련 배경을 많이 보유하고 있다. 그들은 복잡한 메커니즘을 설계하고 제작함으로써 자신의 경력을 시작하게 되며 보통은 그들이 구축한 대상이 높은 신뢰성과 높은 예측 가능성을 제공해야 하는 환경에서 일하게 된다. 이 전문가들은 처음부터 완벽하게 동작하는 대상을 구축해야 한다는 것에 대한 엔지니어적인 편견을 갖고 있다. 이러한 편견은 많은 경우 경험을 통해 강화되는데, 특히 미션 크리티컬한 기술 요소의 실패가 뒤따르게 되는 경험을 하는 경우 더욱 강화된다.

반대로 비즈니스 관리자는 일반적으로 엔지니어처럼 생각하지 않는다. 그들은 '충분히 좋은(good enough)'이 좋은 시작이며 그 과정은 보통 처음 시도에서부터 뭔가를 완벽하게 만드는 것이 아니라 매일 조금씩 더 잘 만들어 가는 것이라고 믿는 경향이 있다. 사실 전사적 품질 관리(total quality management, TQM)와 식스 시그마(six sigma) 같은 유명한 비즈니스 방법론이 매력적인 이유 중 하나는 개선을 위해서 반복적이며 단계적인 접근 방법에 의존한다는 것인데 그것은 대부분의 조직에서 첫 시도에 모든 것을 제대로 하려는 것보다 완벽을 향해 발전해 나가기가 훨씬 쉽다는 사실을 인정해 주기 때문이다.

이렇게 엔지니어링과 비즈니스 관리의 관점 차이를 알게 됨으로써 IT 직원들이 왜 규칙이 있어야 하는지에 대한 소통 없이 규칙과 기준만을 완강히 적용하고자 할 때 가치 함정이 발생한다는 것을 이해할 수 있다. IT 리더들은 혼돈 상태의 IT 환경에서 신뢰성 있고 비용 효과적인 서비스를 제공하는 것의 어려움을 알고 있다. 기술의 사일로화(Silos), 스파게티같이 복잡하게 꼬여 있는 수많은 인터페이스의 코드, 낡은 기술, 비즈니스 프로세스로의 불명확한 연계 등은 관리하기 어렵게 복잡해져만 간다. 신뢰성은 떨어지고 비용도 증가하고, 위험도 증가하고 있다. 유지 보수는 신규 과제를 위해서도 모자란 자원들을 너무나 많이 요구하고 있다.

이러한 문제에 대해 유능한 IT 리더들이 내리는 해답은 기초를 개선하는 것이다. 즉 기존의 복잡한 기술 요소들을 유연하게 작동하고 잘 설계된 기술 플랫폼으로 발전시키는 것이다.17 하지만, 대부분의 기업이 그것을 한 번에 할 수는 없다. 일반적인 접근 방법은 기업의 기술 기반이 점차 올바른 방향으로 발전함에 따라, 그 기업을 가이드하기 위한 기술 아키텍처와 함께 일련의 표준을 수립하고 적용하는 것이다.

지금까지는 순조로울지라도 IT에서 관리하기 쉽고 효율적인 기술 기반을 만드는 데 불가피한 상충 효과가 생기는 경우, 비즈니스 리더는 장애물을 만나게 된다. 그들이 볼 때, 필요한 모든 비즈니스 사례는 위선적 관료주의의 실행으로 보일 뿐이다. 모든 표준은 또 하나의 쓸모없는 규칙이 되어 IT 업무는 쉽게 만들어 주지만, 그들의 업무는 더 어렵게 만들어 버린다.

이것은 복잡한 가치 함정이다. 그 이유는 두 집단이 동일 관점에서 생각하지 않더라도 궁극적으로는 효율성과 유연성을 가진 기술 기반에서 강한 이해 관계를 갖는데, 이러한 경쟁의 이해관계 때문이라기 보다는 불확실한 미래의 손실 위험(downside risk)과 매우 가시적인 현재의 기회 위험(opportunity risk) 사이에 상호 균형을 유지하고자 하기 때문이다. 이 문제가 특히 어려운 이유는 도래 여부와 결과 모두 불확실한 미래 위험의 중요성은 경시하는 반면, 현재의 가시적인 위험은 과대 평가하는 것이 사람의 보편적인 속성이기 때문이다.

문제 해결을 위해서는 공식과 비공식적인 협상이 모두 필요하며, 6장에서 논의할 투명한 투자 메커니즘도 필요하다. 무엇보다도 CIO는 'C-I-No'가 되어서는 안 되며, 이는 기술로 지원되는 비즈니스 적용 시험에 있어서 영구적인 장애요소가 될 뿐이다.

> "내가 직원들에게 처음 말한 내용은 'No라고 하지 말라.'는 것이었다. 그들은 완강하고 대하기 어려운 사람들처럼 보였다. 그래서 아무도 그들과 같이 일하려 하지 않았다. 일단 No라고 말하는 것을 멈추었더니, 우리를 보는 비즈니스의 견해가 바뀌게 되었다. 그다음, 우리는 애초에 규칙이 있었던 이유에 대해 설명을 시작할 수 있었다."
>
> **한 첨단 기술 회사의 CIO**

일전에 어떤 현명한 사람이 우리에게 와서 "기술적인 이슈는 없고, 사람의 이슈만 있다."라고 얘기한 바와 같이, 이 가치 함정은 기본적으로 IT 조직에 있는 직원과 그들의 기술 역량과 태도, 그리고 그들이 다른 비즈니스 부서 사람들과 상호 작용하는 방식에 대한 것이다. 앞서 표 1-1에서 보여준 조사 결과를 상기해 보라. 거기에는 MIT 슬로언 경영대학원 최고 경영자 과정인 '비IT 경영진을 위한 IT' 참가자들의 주요 이슈들이 있다. 그 목록을 다시 한번 보면, 대부분의 이슈가 IT 조직과 다른 비즈니스 부서 사람들과 소통이 부족했음을 보여 주고 있다.("CIO가 하는 말을 이해할 수 없다(Our CIO speaks a foreign language)."라는 표현은 이 점에서 볼 때 결정적인 한방이나 다름없다).

- IT 관련 비용이 너무 크다.
- IT는 블랙홀이다.
- 프로젝트는 기대와 달리 실패한다.
- IT에 고객 관점이란 존재하지 않는다.
- 더욱 현명하게 지출하기를 원한다.
- 아웃소싱을 해야 하는가?
- IT 주변에는 거대한 미지의 위험 요소가 존재한다.
- IT와 비즈니스 간에는 신뢰가 부족하다.
- CIO가 하는 말을 이해할 수가 없다.

규칙이 장애요인이 되지 않도록 하기

한 최고 경영자가 어디에선가 소형 모바일 디바이스 기능에 대한 내용을 읽고 즉시 모든 영업사원에게 하나씩 보급해주기 원한다고 가정해 보자. 이때 만약 CIO가 "그렇게 할 수 없습니다. 왜냐하면, 그것은 많은 보안 위험이 있고, 우리 설계 영역도 아니기 때문입니다."라고 한다면, 최고 경영자가 듣게 되는 것은 결국 이런 저런 소리로 포장된 '안됩니다(No)'라는 단어일 것이다. 그렇게 되는 순간 IT는 장애요인으로 낙인 찍히게 될 것이고, 그 최고 경영자는 해당 규칙을 우회할 다른 방법을 찾기 시작할 것이다. CIO는 최고 경영자가 처음에 생각했던 것보다 투자가 위험할 수 있다는 것을 설명함으로써 더 적은 고민으로 비슷한 결과를 얻을 수 있다. 이렇게 말해보자. "좋은 아이디어군요! 어떻게 하면 적용이 가능할지 한번 알아보죠." 그리고 그와 일하면서 다음 내용을 검토하라.
(1) 신기술 적용으로 비즈니스의 성과가 어디에서 개선되며, 어떻게 개선될 것인가와 (2) 신기술 적용에 따른 혜택을 얻는 데 필요한 비용, 즉 구매, 교육, 비즈니스 프로세스 변화를 포함한 모든 비용과 (3) 위험요소, 예를 들면 디바이스 분실이나 오용에 따른 잠재적인 비즈니스 영향도 등이 있다.

그 시점에서 경영자 스폰서는 과제 수행 여부를 결정할 수 있다. 필요에 따라 IT 조직은 일에 착수하거나 그렇지 않을 수도 있다.

적어도 스폰서를 하는 경영자는 자신의 언어를 통해 중요한 IT 이슈를 이해하기 시작할 것이다. 그는 앞으로 프로젝트를 생각할 때 무의식적으로 그러한 IT 이슈들을 포함하기 시작할 것이다. 또한, IT 팀이 비즈니스 성과 개선을 실현하기 위해 하는 만큼 또는 그 이상을 세일즈 팀이 해줘야 한다는 사실을 알게 될 것이다. 더할 나위 없이 그 IT 팀은 항상 No라고 대답하는 팀과는 달리 현명한 의사 결정을 도우며 좋은 아이디어를 적용시킨다는 명성을 얻게 될 것이다.

소통은 장비가 아니라 적정한 인력과 기술을 요구하는데, 가트너 이그제큐티브 프로그램(Gartner Executive Program) 2009 CIO 아젠다 조사를 통해 가장 유능한 CIO들과 그렇지 않은 CIO들이 생각하는 상대적인 우선순위에서 현격한 차이를 나타내는 분야가 IT 직원들이 관련된 곳이라는 사실이 밝혀졌다. 그림 2-2에서 보는 바와 같이 가장 유능한 CIO들은 직원의 자질 향상에 대해서 모든 CIO 중에서 가장 높은 우선순위를 매겼다.

그림 2-2 2009, 기업 유효성(enterprise effectiveness)별 CIO 전략

가장 유능한 CIO들은 직원 자질에 더 높은 우선순위를 부여한다.

CIO가 생각하는 전략의 상대적 우선순위

전략	리더 (leader)	도전자 (challenger)	근접 추종자 (close follower)	후기 추종자 (late follower)
비즈니스 성장을 가능하게 하는 프로젝트 수행	1	1	5	9
비즈니스& IT 전략과 계획과의 연계	2	3	1	6
IT 비용 절감	3	2	2	2
IT 직원 유치, 개발, 유지	4	7	12	11
IS서비스의 품질 향상 및 정보 사용 확대	5	6	7	5
IT조직 내 비즈니스 스킬 구축	6	11	9	15
기업 변화 과제 주도	7	12	10	13
IT프로세스 개선 이행	8	13	13	7
유연한 인프라 개발 및 관리	9	4	4	6
사회 기반 시설	10	8	11	10
IT 거버넌스 개선	11	5	3	1
위험 및 위험 노출 관리	12	14	14	12
IT 운영 통합	13	9	8	8
비즈니스 및 IT 관계 개선	14	10	6	3

출처: 가트너 이그제큐티브 프로그램 2009 CIO 아젠다 조사

역할 함정

역할 함정은 관계에 관한 것이다. IT 전문가들은 전통적으로 조직에서 맡았던 역할이 암시하는 바를 인식해야만 한다.

"'비즈니스'는 IT의 고객이다."

당신은 세일즈 팀, 마케팅 팀 또는 제조팀의 팀장이 다른 비즈니스 부서를 '고객'이라고 부른 것을 들어본 적이 있는가? 또 자신의 기능을 비즈니스와 '연계한다(aligning)'는 것을 들어 본 적이 있는가?

기업 내에서 기업의 제품과 서비스를 구매하는 사람을 제외하고 다른 사람을 '고객'이라고 표현하는 사람은 IT 부서 직원들이 유일하다. 또한, 기업 내에서 "비즈니스와 연계한다."라고 말하는 사람도 IT 부서 직원들이다(아마도 세일즈팀 팀장은 자신의 팀 기능을 새로운 전략이나 새로운 가치 제안과 연계한다고 얘기했을 것이고 제조팀 팀장은 새로운 주요 성과 지표와 연계한다고 이야기해왔을 것이다. 하지만, '비즈니스'와 연계한다는 것은 무엇인가?).

이러한 관점은 IT 부서에 좋을 게 없다. 기존의 '데이터 처리(data processing)' 조직은 비즈니스 내 다른 사람들과 대부분 일상적인 연관성이 거의 없는 사람들로 채워진 조직이었으며, 이제는 시대적 유물이 되었다. 그 시절은 지나갔지만, 그 사고방식은 교묘하게 남아서 건전하지 못한 방식으로 다른 비즈니스 부서 사람들과 IT 조직을 분리시키고 있다.

경영진이 궁극적으로 IT로부터 원하는 것은 연계도 아니고, 고객처럼 대우받는 것도 아니다. 경영진은 성과를 원한다. 바로 매출 증대, 이익 증대, 시장 점유율 증대 같은 것이 경영진이 원하는 결과다. 만약 IT팀이 이러한 성과에 관해 이야기하고 전달하는 것을 돕고자 한다면, 그때는 '비즈니스와 연계한다.'는 것은 이슈가 아니다. 그러나 연계 자체가 목표이고, 논의의 대상이되는 경우, 그 IT팀은 사실상 중요한 결과에 주안점을 두지 못한다는 뜻이다.

언어는 강력하다. 우리가 말하는 것은 우리가 생각하는 바를 형상화한다. 또한 다른 사람들이 우리를 어떻게 생각하는지 확실히 형상화한다. 이러한 관점에서 비즈니스 부서를 '고객(customer)'이라고 부르는 것은 IT가 비즈니스의 일부가 아니라는 생각을 쉽게 전달하게 된다. 이는 IT 조직을 하나의 '벤더(vendor)'로 만들어 버리고, 바람직하지 않은 뜻을 내포하는 조직으로 만들어 버리게 된다. 우선, 벤더의 이해 관계는 고객의 이해 관계와 결코 정확하게 일치하지 않으며, 막상 일이 닥치게 되면 벤더는 고객의 이해 관계보다 자신의 이해 관계를 우선시 할 수도 있다. 또한, 벤더를 감독해야 한다. 즉 고객은 항상 벤더 위에 머물면서 우리의 요청대로 서비스를 제공하고 있는지 확인해야 한다. 많은 사람의 마음속에 벤더는, 심지어 그들이 믿을만한 벤더라고 할지라도 동료가 아니며 앞으로도 결코 그럴 수 없는 관계로 생각한다.

그 표현은 IT 부서 직원들에 대해서도 부정적인 뜻을 내포하게 되는데 가장 중요한 것은 이로 인해 IT 직원들과 다른 비즈니스 부서 사람들 사이에 불필요하고 바람직하지 못한 구분이 생기며 더 심해진다는 것이다.

이것은 IT 직원들로 하여금 적절한 일을 하기보다 자금 조달(funding)이나 차지백(chargeback)에 더 많이 집중하게 한다. '비즈니스 부서'를 고객으로 생각하는 것 역시, IT 부서는 고객이 원하는 것이라면 뭐든지 해야만 한다는 생각을 하게 하는데 이것은 매우 심각한 이슈이므로 다음 절에서 별도의 가치 함정으로써 논의하고자 한다.

브리티쉬 텔레콤 (British Telecom)의 알 누어 램지(Al-Noor Ramji)는 이를 다음과 같이 표현한다.

> "나는 그들이 내게 진짜 돈을 지불하지 않는 한 '고객 응대(costumer facing)'이라는 용어를 허락하지 않는다. 직원이 동료를 의미하기 위해 고객이라는 단어를 사용했다는 것은 우리 조직에서 일어나고 있던 사실이었다. 만일 당신이 내게 달러(greenback)를 지불하면, 당신은 고객이 맞다. 하지만, 만일 당신이 블루 달러(blue dollar)라고 칭하는 것을 준다면 그것은 단지 내부적인 비용 이관일 뿐이다. 그것은 진짜 돈이 아니다…"

> "대부분의 지출 결정은 나를 통해서 이루어지지만, 예산은 여전히 비즈니스 부서가 보유하고 있다. 그들은 내가 없으면 IT에 대한 비용을 지출할 수 없고, 반면에 나는 그들이 없으면 비용을 지출할 수 없다. 우리가 이러한 파트너십 모델을 갖고 있다는 것은 매우 중요하므로 어느 측도 자기가 원하는 대로 할 수 없는 것처럼 보인다."[18]

IT 리더는 어떤 믿을 만한 외부의 벤더만큼 경제적으로 서비스를 제공할 수 있음을 보여 줄 수 있어야 하고 또 그래야만 한다(또는 그 일을 해 줄 수 있는 누군가를 찾는다거나). 그것이 '비용에 합당한 가치'라는 의미이며 다음 장의 주제이다. 그러나 IT 리더는 그보다 더 앞서 나아가야 하며 다른 비즈니스 부서 사람들을 '고객'이라고 부르는 게 머지 않아 방해만 될 것이다.

우리는 '세일즈팀 팀장의 규칙'을 간단한 테스트로 제안함으로써, CIO와 그의 팀원들이 사용하는 언어가 적절한지를 확인하고자 한다. 즉 세일즈팀 팀장이 그러한 관점에서 말하지 않는다면, CIO도 그래서는 안 된다.

> "결국, 가장 중요한 것은 나는 비즈니스 경영진이라는 것이며 다른 여타 경영진 못지 않게 매출과 순익에 전념했다."
>
> 귀도 사키(Guido Sacchi), CEO, 모네타 코퍼레이션(Moneta Corporation)(전 CIO, 컴퓨 크레디트(CompuCredit))

세일즈 팀장의 규칙이 모두 맞는 것은 아니다. 이 책이 후반부에서 우리가 논의하는 것처럼, CIO는 거버넌스를 논해야 하고, 세일즈 팀장은 그럴 필요가 없는 타당한 이유가 존재한다. 그러나 그 규칙은 IT가 수행하는 대부분의 업무에 적용되며, CIO가 비즈니스를 논하기 위해 사용하는 언어에 대해 자신의 의지가 얼마나 확고한지 점검하는 좋은 수단(gut check)이 된다.

> "고객은 항상 옳다."

다른 비즈니스 부서 사람들을 IT 부서의 고객이라고 생각하며 비즈니스와의 연계에 집중하는 것은 IT 부서로 하여금 고객은 항상 옳다라는 생각과 고객 지향적인 업무라면 어떠한 요청에도 바로 응답해야 한다는 생각을 하게 한다. 그러나 보다 큰 계획이 없는 상황에서 아무런 의문 없이 모든 요청에 서비스를 제공하는 것은 가치 함정이다. 시간이 흐르면서 IT를 주문 접수원으로 내세우게 되는 것은 대부분의 성숙한 기업들이 기 보유하고 있는 복잡하고 불안정하며 비용이 높은 레거시 환경을 만들어 내게 된다. 이는 미래를 위해 필요한 것을 제공하는 IT의 능력을 저하시킨다. 심지어 IT 서비스에 대한 요구사항이 명백하게 관리되는 경우라고 해도 서비스를 제공한다고 달려들게 되면 나중에 요구사항이 더 많아져서 감당이 안 될 상황이 될 것이다.

이러한 위험들은 궁극적으로 민첩성에 관한 것이며, 1990년대 첨단 기술 제조사인 텍트로닉스(Tektronix)에게 있었던 일로 생생하게 설명된다.

몇 년 동안 IT 조직은 비즈니스가 원했던 바를 요구만 있으면 언제든지(on demand) 제공했다. 각각의 새로운 요구사항은 기존의 시스템들을 임시로 패치하고 그들을 더 복잡하고 문서화되지 않은 거미줄 같은 인터페이스로 연동시켰다. 그것은 IT 부서로 하여금 기업의 크고 작은 요구사항에 대해 서비스를 제공하기에 점점 더 어렵고 오래 걸리도록 만들었다.

물론 IT 부서는 이렇게 눈에 띄게 떨어진 대응력으로 비난을 받았다. 결국, 이런 사태는 수장에게까지 왔는데, 그것은 시스템이 다른 부문의 시스템과 너무 조밀하게 내부적으로 얽혀 있어서 해당 부문을 분리할 수가 없다는 사실을 경영진이 발견하고 나서다. 그것은 모든 사람의 이목을 집중시켰다. 경영진은 IT 투자로부터 필요한 가치를 창출할 목적으로 기업의 IT 시스템과 거버넌스 프로세스를 개선하기 위해 많은 투자를 해야만 했다.

브리티쉬 텔레콤(British Telecom)의 CIO인 알 누어 램지(Al-Noor Ramji)가 "만약 그들이 비용을 현명하게 지출하지 않는다면, 우리는 그것에 대해 논쟁을 해야 한다."라고 말한 바와 같이, 비즈니스 경영진은 비즈니스 성과가 어떻게 변화해야 하는지 설명할 때, 말하고자 하는 바를 확실히 이해하고 있다.

그러나 목표 달성을 위해 시스템과 비즈니스 프로세스가 어떻게 변해야 하는지에 대해서는 그가 틀릴지도 모른다. 비즈니스로 하여금 원하는 결과를 명확히 하도록 돕고 기술이 지원하는 비즈니스 프로세스 변화에 의미 있는 조언을 제공함으로써, IT 리더들은 고객이 요청한 것뿐만 아니라, 고객 자신이 진정으로 원하는 바를 얻도록 도울 수 있다. 우리는 그 방법에 대해 5장과 6장에서 다루고자 한다.

거절하는 것(pushing back)이 모든 사람은 IT의 규칙을 따라야 한다고 주장하는 것과 다르다는 점을 주목하라. 두 가지에 대해 균형을 맞추는 것은 복잡한 프로세스이며, 이는 그 상황에 따라 다르며, 자원을 요청하는 사람과 당신의 관계에 따라 다르다. 효과적으로 거절하는 것은 효과적인 서비스를 제공함으로써 생긴 신뢰성을 바탕으로 시작한다.

가치 함정을 만드는 행동을 변화시켜라

표 2-4는 가치 함정에 관한 우리의 논의를 요약한 것이다. 거기에는 IT의 오래된 믿음, IT에 대한 새로운 현실과 각 가치 함정에서 벗어나고자 취할 수 있는 변화를 보여 준다.

모든 가치 함정에서 기본적으로 겪는 오류는 비즈니스 성과가 아닌 IT 장비를 논의의 중심에 놓는 것이다. 하지만, 이것은 모두 비즈니스의 성과에 관한 것이지, 장비의 성능에 관한 것이 아니다.

다음으로, 우리는 성공한 CIO들이 가시적인 IT 가치로의 여정에서 두 번째 단계에 진입하는 방법을 살펴 볼 것이다. 즉 IT 조직을 사실로 보나 평판으로 보나 비용에 합당한 가치를 전하는 조직이자, 믿을 만하고 비용 효과적인 서비스의 제공자임을 확고히 하는 것이다.

우리는 각 프로세스에 대한 전략을 만든다. 이는 공급망, 제조 등이며, 각 프로세스는 프로세스 오너와 함께 묶이도록 한다. 그래서 사용자가 당신에게 요청하기에 쉬운 수천 개의 작은 수정을 하느라 힘들이지 않고, 더 큰 과정에 집중할 수 있다. 아무리 작은 수정도 ROI란 없다.
샘 콜센(Sam Coursen), CIO, 프리스케일 세미컨덕터(Freescale Semiconductor)

표 2-4 가치 함정과 새로운 현실

IT의 오래된 믿음	새로운 현실	변해야 하는 것
우리는 우리 성과에 대해 언급할 필요가 없다. 즉 그 자체가 말해 주기 때문이다.	사람은 자신에게 영향을 가장 많이 끼치는 것만 생각하며, 보통 그것이 문제가 된다.	끊임없이 측정하고 주위에 성과를 알려라. IT의 성과를 비즈니스 성과에 연계된 관점으로 표현하라.
IT는 비즈니스를 수행하기 위한 비용이다.	IT가 단지 비용이라면, 그것은 지속적으로 절감되어야 한다.	비용을 표현할 때에는 가치와 성과를 함께 표현하라.
IT 관리자는 기업을 위해 대단한 기술을 제공한다.	기술은 성과가 아니다. 기술은 CIO가 가치가 아닌 비용과 문제에 대한 공적을 인정받도록 해 주는 것이다.	IT의 가치는 비즈니스 수행 방식의 변화에서 기인하므로, IT 리더는 비즈니스 변화가 이루어지도록 도와야 한다. 최소한 비즈니스 리더가 당겨야 하는 레버가 무엇인지는 알려주어야 한다.
어떠한 것도 완벽한 것은 없다(특히 IT처럼 복잡한 것은).	급박한 상황이 닥쳤을 때, IT가 실패하면 신뢰받을 수 없다. 오류가 어느 정도 발생해야 많은 것인지를 논의하지 않는다면, 이미 항상 너무 많은 것이다. 또한, 서비스 복구 시에 고객 중심을 염두에 두지 않으면, 오류가 있을 때마다 반감이 생길 것이다.	IT의 성과는 오류를 측정하고 오류로부터 학습하며, 지속적이고도 가시적으로 개선되어야 한다. 또한, IT 부서는 오류를 처리할 때에 고객 중심의 '서비스 복구(service recovery)'를 실행해야 한다.

당신이 우리의 규칙을 따르지 않으면, 잘 된다고 보장할 수 없다.	이유 대신에 규칙에 집중하는 것은 IT 부서에 도움이 안 된다. 만약 비즈니스 리더가 규칙에 대해 합리성을 찾아 볼 수 없다면, IT는 장애요소가 되는 것이다.	모든 사람은 규칙이 존재하는 이유에 대해서 이해한다. IT 부서는 예외 요청을 고려하기 위한 유연한 방법과 필요한 경우 기준을 변경하기 위해 선조치하는 방법을 갖고 있다.
"비즈니스 부서"는 IT 부서의 고객이다.	IT 부서는 동료여야 하며 벤더가 되어서는 안 된다.	세일즈팀 팀장의 규칙(head-of-sales rule)을 사용하라. -IT를 특별하고 다른 것과 동떨어진 무언가로 인식하게 하지 마라
고객은 항상 옳다.	비즈니스 경영진은 특정한 기술이 아니라, 비즈니스 변화를 원한다. 또한, 그들은 중요한 기능이라고 하더라도 조직 계획에 직접적인 대가가 없는 것에 대해서는 보통 지불하지 않으려 한다.	비즈니스 부서가 요청하는 것뿐만 아니라, 그들이 성과 개선을 위해 필요한 것에 집중하도록 도와라. 특정 비즈니스 부서가 스스로 요청할 필요가 없는 기본 인프라와 기능의 투자에 관해 자금을 유치해야 하는 당위성에 대해 설명하라.

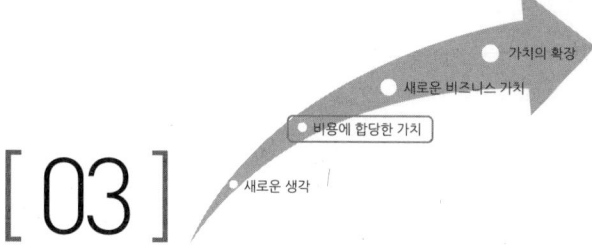

[03]
비용에 합당한 가치를 보여라

"돈 낭비는 저절로 고쳐진다. 이제는 더 낭비할 것이 없기 때문이다."
– M.W. 해리슨(M.W.Harrison)

우리가 아는 최고의 CIO 중의 한 명은 자신의 첫 번째 CIO직에 대한 이야기를 들려주었다. 그는 IT가 어떻게 하면 회사에 보다 전략적인 모습이 될 수 있는지를 상위 부서에 설명하는 프레젠테이션을 힘들여 준비했었다. 그는 IT가 회사를 위한 새로운 경쟁 우위 측면에서 효력이 있는 효율성과 시너지를 창출할 수 있음을 주장하고 있었다. 발표 내용은 바로 회사가 기존 시스템과 프로세스를 재구축해야 한다는 것이었고, '전략적 대화를 위한 자리에 참석하게 해달라.'는 것이었다.

 프레젠테이션 시작 후 5분 정도 지나서 청중의 반응을 보니 냉소적이고 무관심했다. 자신의 메시지가 무시되리라 판단되자 그는 일단 빨리 정리를 하고 더 나은 기회를 기다리기로 마음먹었다. 얼마 지나지 않아, 최고 경영진들이 참석한 비즈니스 부문과의 간담회에서 그는 이전의 냉담한 반응의 원인은 무엇이었는지를 물었다. 그 대답은 직설적이었으며, 그로서는 잊혀질 수 없는 것이었다. "당신은 당신의 자체 비즈니스를 운영할 수도 없다. 그런데 당신이 왜 우리 것에 관여하도록 놔두어야 하는가?"

그 CIO에 따르면, 그가 경험했던 그 무엇보다 가장 중요한 교훈이었다. 만약 IT가 명시적으로 잘 관리되지 않았다면, 즉 그 당시에 인식된 바와 같이 비용은 높고, 서비스 수준은 낮았더라면, 그는 결코 다른 조직 사람들에게 영향을 미치는 신뢰성을 확보하지 못했을 것이다. IT의 성과를 개선하는 것만이 그가 비즈니스 리더로서 필요한 리더십과 변화 관리 자격을 보유하고 있음을 보였을 것이다.

그 CIO는 그 교훈을 맘속 깊이 새기고, 회사 내 IT 조직의 성과를 개선하고자 다짐했다. 그것은 그가 CIO를 연임하거나 더 높은 수준의 권한을 가진 CIO 플러스로 자리를 옮겨 가면서 그에게 함께 했던 교훈이었다.

> *IT가 미래의 비즈니스 성과에 대한 투자라는 것을 증명하기 전에*
> *비용에 합당한 가치를 보여라.*

기업의 IT 조직이 비용에 합당한 가치를 제공하게 될 때, 기업은 경쟁력 있는 비용으로 필요한 IT 서비스의 품질을 얻게 된다. 그리고 모든 사람은 이것을 알고 있다. 사실상 이는 IT 조직이 어떠한 유능한 외부 공급자보다 바람직한 대안이며 필수 기능들을 충분히 잘 수행하고 있음을 의미하는 것이다.

이는 IT가 기업에 기여하는 가치를 인식하기 위한 필수적인 출발점이다. 만일 기업이 IT가 비용에 합당한 가치를 제공하고 있다는 사실을 알지 못한다면, 가치에 대한 더 이상의 논의는 불가능하다.

만일 문이 닫혀 있다면, 그것은 문을 여는 방법이다.

비용에 합당한 가치란 IT 조직이 적정한 품질 수준과 경쟁력 있는 가격으로 적정한 서비스를 제공하고 있음을 의미하는 것이다. 그리고 다른 비즈니스 부서 사람들은 이것을 알고 있다.

비용에 합당한 가치를 제공하기 위한 필수적인 3단계는 다음과 같다.

1. 다른 비즈니스 부서 사람들에게 의미 있는 관점에서 IT의 성과를 측정하고 소통하라.
2. 동료그룹에 비교하여 IT의 성과를 벤치마킹하라.
3. 다른 사람들이 IT서비스 이용량을 관리하는 데 도움이 되도록 데이터를 제공하라.

각 단계에 대해서는 차례대로 논의해보자.

IT의 성과를 측정하고 소통하라

인생과 비즈니스에는 측정할 수 없는 가치가 많이 있음에도 측정되지 않으면 개선될 수 없다는 것은 여전히 사실로 남는다. 다른 비즈니스 부서 사람들에게 의미 있는 관점에서 IT의 성과를 측정하고 소통함으로써, IT 부서는 자신의 역량을 강화하는 것과 날마다 비용에 합당한 가치를 더 많이 전달하는 것에 주안점을 두고 있음을 보여준다.

한편으로 비용에 합당한 가치를 증명하기 위한 지표가 존재하지 않는다면 경영진은 당연히 IT가 가치를 전달할 수 없다고 믿게 되며, 이 순간 IT 조직은 곧바로 가치 함정에 빠지게 된다. IT가 가치를 전달할 수 없다는 인식이 맞을 수도 있고 틀릴 수도 있지만, 누구도 확실히 말할 수 없다면 그 인식이 옳다고 봐야 한다.

선수들은 점수를 알고 있다

세상의 모든 경영진은 자기 점수가 몇 점인지 모르는 사람이 있다면 그는 선수가 아니라고 생각한다. 최고 수준의 성과를 내는 사람들은 항상 그들의 숫자를 알고 있다. 최고 수준의 성과를 내는 조직으로 인정받으려면 IT 부서는 점수를 알아야 하며 최신 분기에 대한 판매 수치에 관해 소통해야 한다.

"IT는 내부 운영 지표가 필요하다. 그리고 이 지표는 견고한 기반이 갖춰져야 한다. 그렇지 않으면 허세와 잘못된 방향 지시를 위한 하나의 활동이 될 뿐이다." [1]

귀도 사키(Guido Sacchi), CEO, 모네타 코퍼레이션(Moneta Corporation)(전임 CIO, 컴퓨크레디트(CompuCredit))

단순한 성과 측정이어서는 안 된다

오직 기술만 제공하는 것은 가치 함정 중 하나라는 사실을 상기하라. IT 성과 측정은 기술에 대해 거의 모르거나 전혀 모르는 비즈니스 경영진에게 의미가 있어야만 한다(또한, 그들은 IT의 성과를 이해하기 위해 마땅히 기술을 알아야 할 필요는 없다). 하지만, IT 리더는 쉽게 그 사실을 잊고 장비 중심의 관점에서 성과를 보고하게 된다. 특히, 장비 중심의 숫자들은 즉시 사용할 수 있으며 IT 내에서 널리 사용되기 때문이다.

IT 가치 인식을 방해하는 소통의 예로써, 표 3-1에 있는 지표들을 고려해 보자. 이는 익명의 회사에서 경영진에게 보고를 위한 IT 부서의 월간 보고서를 발췌한 내용이다.

이 지표들은 모두 예외 없이 장비 성능에 관한 것들이다. 엄밀한 의미에서 그런 것들은 시스템을 유지 보수하는 책임이 있는 기술자를 제외한 누구에게도 보여서는 안 되는 것들이었다. 이 차트에는 비 IT 경영진으로 하여금 타 비즈니스 부서에 미치는 IT 성과의 영향을 알 수 있게 해주는 것이 전혀 없다. 가용성에 대한 목표 지표는 서비스 품질에 대한 측정치인데, 명확하게 5개 영역 중 2개 영역에서 만족하지 않았다. 한 경우는 약 10퍼센트가 떨어졌다. 그러나 이것이 IT 외부에 있는 사람들에게 무엇을 의미한다는 것인가? 가용성이 떨어지는 경우, 어떤 비즈니스 기능이 영향을 받고, 그 결과는 무엇인가? 그 문제에 관해 목표 달성의 백분율이 아닌 실질적인 목표는 무엇이었는가? 이 점에 대해서 차트로 설명할 방법은 없다. 명확한 사실은 해당 IT 조직은 비즈니스 성과에는 전혀 관심이 없고, 오직 장비의 성능에만 관심이 있다는 것이다.

표 3-1 경영진 보고를 위한 IT 부서의 월간 보고서

성과 측정 시스템 신뢰성	계획된 가용성 백분율
랜 접속율(LAN connectivity)	〉=97.9%
유닉스(UNIX)	〉=99%
오라클 데이터베이스(Oracle database)	〉=99%
페이징 (Paging)	〉=91%
폰 스위치 (Phone switch)	〉=99%

적정한 지표란 가시적인 서비스에 대한 품질과 비용에 관한 것이다

비용에 합당한 가치를 보여주기 위해 사용된 측정치를 통해 조직이 적정한 품질 수준과 적정한 비용에 적정한 서비스를 제공하고 있음을 소통해야 한다.

- **적정한 서비스** 비즈니스 성과에 매우 중요하며 어떤 점에서는 사용자에게 가시적이다. 적정한 서비스란 이메일처럼 단순할 수도 있고 인프라 업그레이드처럼 복잡할 수도 있다.
- **적정한 품질** 수준은 비즈니스 부서가 필요로 하는 서비스 품질 수준을 영위하고 있음을 의미한다. 그것은 필요 수준 이상에 대해서는 비용을 지불하지 않으며, 품질이 낮아져도 비즈니스 성과에 용납할 수 없는 영향을 주는 수준보다 더 낮은 품질은 제공하지 않는다는 것을 의미한다.
- **적정한 비용** IT서비스가 경쟁력 있는 단위원가 체계라는 것을 의미한다(제공 서비스 단위 당 비용).

마지막으로, 비즈니스 내 거의 모든 사람이 IT를 사용하기 때문에 IT 지표는 모든 사람이 IT를 보다 잘 사용하도록 돕는 것이어야 한다. 측정치가 행동에 영향을 미치지 않는다면 그것은 의미 없는 것이며 그 행동은 다시 IT 총비용에 영향을 미치게 된다. 이는 중요한 내용으로 이 장의 후반부에서 다루도록 하겠다.

비용에 합당한 가치를 얻는 데 있어서 IT 성과에 대해 다른 비즈니스 부서 사람들과 소통하기 위한 최선의 IT 지표는 이 모든 기준을 충족한다. 예를 들면, 표 3-2는 프리스케일 세미컨덕터(Freescale Semiconductor)의 CIO인 샘 콜센(Sam Coursen)이 공유한 지표를 나타내며 이는 2007년 10월 업계 컨퍼런스를 통해 발표된 자료에서 발췌한 내용이다.

표 3-2 프리스케일 세미컨덕터(FreeScale Semiconductor)의 IT 지표들

IT 서비스	비용 지표	서비스 수준 지표
PC	• PC당 비용 • 데스크톱/랩톱 비율	• 설치 시간 • 문제 해결 시간
이메일	• 메일 박스 당 비용 • 메일 박스	• 가용성 • 메시지 전달 시간
헬프 데스크	• 연락당 비용 • 연락 수/사용자	• 문제 해결 시간 • 사용자 만족도
인프라 서비스 • 음성 네트워크 • 데이터 네트워크 • 서버 • 텔레콤	• 총 비용= 단위원가 X 수량	• 가용성 • 성능
비즈니스 애플리케이션	• 비용/기능 점수 • 비즈니스 영역별 비용	프로젝트 • 일정 계획 대비 수행 • 예산 대비 수행 • 운영 시스템 결함
		지원 • 문제 해결 시간

출처: 샘 콜센 (Sam Coursen), 프리스케일 세미컨덕터 (Freescale Semiconductor), "프리스케일(Freescale)의 최고 수준의 IT 구축", 업계 발표 자료, 2007년 10월. 사용이 허가됨

이 서비스들은 모든 IT 조직이 보고를 위해 반드시 선택해야 하는 지표는 아니다. 이 지표 중 일부는 개선될 수도 있다(예를 들면, 가용성 백분율에 대해서는 다운타임 시간으로 대체될 수 있는데, 이것이 보다 쉽게 비즈니스 영향도로 변환될 수 있다). 하지만, 이 지표는 대부분의 조직을 위해 좋은 후보 지표가 될 수 있는 특징을 어느 정도 갖고 있다.

- 이 지표는 직접적이든(이 지표는 비즈니스 부서 직원이 사용하기 때문이다.) 간접적이든(이 지표는 직원이 관여하는 것을 가능하게 하는 서비스에 의존적이기 때문이다. 예를 들면, 애플리케이션 개발 같은 것이 있다.) 다른 비즈니스 부서 사람들에게는 가시적이다. 즉 이 서비스들은 다른 비즈니스 부서 사람들에게 중요하다.
- 비용은 전체 예산이나 전체 비용 수준이 아니라, 단위원가로써 측정된다.
- 품질은 비즈니스에 의미 있고 중요한 방식으로 측정된다.
- 지표는 단위원가와 소비를 모두 투명하게 보여 준다.
- 이 지표는 프리스케일(Freescale)의 IT 전체 비용의 중요한 구성 요소이다.
- 이 지표는 외부 벤치마킹과 비교될 수 있으며, 프리스케일은(Freescale)은 3개 회사 즉 컴파스(Compass), 해켓(Hackett), 가트너(Gartner)로부터 자료를 받았다.

프리스케일(Freescale) 차트에 나열된 서비스는 일반적으로 직접 매출에 연관되지 않는다는 것을 주목하라(비즈니스 애플리케이션은 확실히 예외다). 훌륭한 이메일 서비스나 음성 네트워크 서비스로부터 어느 매출이 직접 발생하는가를 판단하기는 불가능하다. 이는 일반적으로 비즈니스 운영(run-the-business), 일상적인 유지 보수(lights on), 또는 지속적인 유지 서비스(sustaining service)라고 부르는 것들인데, 비즈니스 기능에 중요하거나 비즈니스 위험에 중요한 서비스들이다. 비즈니스 운영의 예로 비 IT 기능에서는 HR이나 감사, 규제 준수 등이 있으며, IT의 예로는 정보 보안과 패치 관리 도구 등이 있다.

비즈니스 운영 서비스를 고려할 때, 가치를 측정하는 것은 항상 비용(일반적으로 단위원가)과 성과(품질을 포함) 간에 가능한 최선의 균형을 달성하는 것을 기반으로 한다. 이 지표는 표 3-2, 프리스케일(Freescale) 차트에 있으며 열 항목에 '비용 지표'와 '서비스 수준 지표'로써 표현되었다. 비용에 합당한 가치 관점에서 목표가 반드시 세계 최고의 성과나 세계 최저의 비용을 달성하는 것이 아니라, 기업을 위한 적정한 비용과 품질의 조합을 달성하는 것이다. 서비스 수준과 그 결과에 따르는 비용은 비즈니스 부서별, IT 서비스별, 비즈니스 프로세스별로 달라질 수 있다. 하지만, 모든 이들이 IT 부서가 서비스하는 비즈니스 각 영역에 대해 적정한 조합을 제공하고 있다는 사실에 동의할 수 있어야만 한다(간단한 테스트는 다음 질문에 모든 이들이 동의하는지를 보는 것이다. 이 IT 서비스에 대해, yy퍼센트 만큼 성과를 개선하고자 xx달러를 투자할 만한 가치가 있는가?).

JM 패밀리 엔터프라이즈(JM Family Enterprise)는 101억 달러 규모(2008년)의 다각화된 민간 자동차 회사이다. 이 회사의 주요 비즈니스는 차량 물류와 처리, 재무 서비스, 보험 상품, 소매 판매, 마케팅과 컨설팅, 딜러 기술 상품 및 서비스 등에 집중하고 있다. 이 기업은 포춘 앤 컴퓨터 월드 매거진(Fortune and Computer World magazines)이 일하기 좋은 최고의 회사로 선정한 바 있다.

2005년, 기술 운영의 기업 부사장인 톰 홈즈(Tom Holmes)는 IT 기술 성과를 비즈니스 프로세스 성과와 연결하는 대시 보드를 개발했다. 그것은 실시간으로 네트워크와 서버의 서비스 수준이 거래 속도와 비즈니스 프로세스 성과로 어떻게 변환되는지를 보여주며, 이를 다시 각 비즈니스 부서의 성과와 기업 전체의 성과로 어떻게 변환되는지를 보여준다. IT 또는 비즈니스 경영진들은 아무 때나 벽에 설치된 대시보드를 보고 그들의 비즈니스 영역이 100퍼센트로 운영되고 있는지를 이해할 수 있다. 네트워크가 느려지거나 서버에 문제가 생기면, 모든 사람은 어느 비즈니스 영역이 어느 정도 영향받고 있는지 알 수 있다.

홈즈(Holems)에 따르면, 메인프레임이 가동되어 있고, 썬 서버가 가동되어 있고, 라우터가 모두 가동되어 있다고 표현하는 대신, 계약 판매(contract sales)가 된다고 표현하고 있다. 이 시스템은 IT 가게(IT shop)라는 사고방식을 실제로 변화시키고 있다. 그 점이 중요하다. IT 부서가 보고를 위해 선정한 지표들은 다른 비즈니스 부서 사람뿐만 아니라 IT 직원에게도 메시지를 보낸다. JM 패밀리(JM Family)의 CTO인 라지브 라비드란(Rajeev Ravindran)에 따르면, "비즈니스와 기술의 복잡성이 증가하면서 대시보드는 IT와 비즈니스에 걸쳐 공통적인 언어를 만들어냈다."고 밝혔다.[2]

대시보드는 CIO 사무실 내부에 잘 보이게 전시되었을 뿐만 아니라, 회사 경영진의 스위트룸 외부에도 큰 스크린으로 잘 보이도록 전시되어 있다. 경영진이 엘리베이터에서 내릴 때마다 지표가 어떻게 나타나고 있는지를 보게 된다. 수치는 보통 좋은 상태임을 나타내고 있기 때문에 경영진은 IT 부서가 비즈니스 운영에 원동력이 되는 일을 잘 수행하고 있다는 인식이 강해진다.

경영진 사무실 외부에 설치된 전자 디스플레이 장치가 IT 가치를 소통하기 위한 강제 수단은 아니다. 일부 문화에서는 이것이 과시적인 것으로 보일 수도 있고 심지어 눈에 거슬릴 수도 있다. 하지만, 이 경우에는 필드에서 뛰는 진짜 선수가 있음을 가시적으로 소통하는 것이며 이것은 마땅히 스코어보드가 해야 할 일이다. 이제 IT 부서는 비교 가능한 지표와 비즈니스 목적을 가진 비즈니스 동료로 인식된다.

서비스당 단위원가는 왜 중요한가?

일부 CIO는 데스크톱 지원 비용처럼 서비스당 단위원가 기반으로 비용을 기술한 세부 수치가 아닌 총 합계 수준에서-IT 비용을 매출의 백분율 대비로 보여주는 것처럼- 비용을 보고한다. 이러한 사례는 잘못된 것인데 수치가 너무 상위 수준에서 집계되면 필요한 활동을 가이드 할 수 없기 때문이다. 매출의 백분율로 표시되는 IT 지출은 기업이 비즈니스에서 IT를 사용하는 방식뿐만 아니라 제공되는 서비스의 유형과 용량 측면에서 많은 복잡성을 포함한 모든 것을 포괄한 숫자다. 이 숫자로는 변화에 영향을 미치는 근본적인 요인에 관해 거의 알 수 없기 때문에 동일 기업에서 매년 IT 지출에 일어나는 변화를 이해하는 데에는 무용지물이다.

서비스 당 단위원가는 훨씬 좋은 지표다. 이것은 모든 사람으로 하여금 비용에 합당한 IT 가치를 평가하고 개선할 수 있는 정보를 제공한다. 기업 간에 즉시 비교가 가능하며 심지어 기업 내에 부서 간에도 비교가 가능하다. 이러한 지표는 IT 부서가 비용에 합당한 가치의 성과를 개선한다는 당위성을 설명해 준다. 셀라니스(Celanese)의 CIO인 칼 박스(Karl Wachs)는 이렇게 이야기한다. "내가 가장 좋아하는 그래프는 비용은 내려가고 서비스 수준은 올라가는 그래프다."[3] 이 그래프는 급성장하는 기업에서 비용이 잘 사용됨에도 불구하고 IT 예산이 증가하는 이유를 설명하는 데 도움이 될 것이다.

그림 3-1은 스테이트 스트리트 코퍼레이션(State Street Corporation)에서 빠른 속도로 증가하는 IT 예산이 순수 지출 수치가 아닌 비즈니스 거래당 단위원가로 표시될 때 어떻게 보이는지를 설명한다. 스테이트 스트리트(State Street)는 기업, 뮤추얼 펀드, 연금 기금, 기타 클라이언트에게 투자 서비스, 투자 관리, 거래, 연구 조사 서비스를 제공한다. 이 회사는 뮤추얼 펀드와 연금 자산 관리, 외환 거래 서비스의 세계적인 리더이다. 스테이트 스트리트 (State Street)의 비즈니스에 있어서 IT는 중요하며 이 회사의 IT 예산은 그 중요성을 반영하고 있다.

그림 3-1 급성장하는 기업의 IT 지출 지표

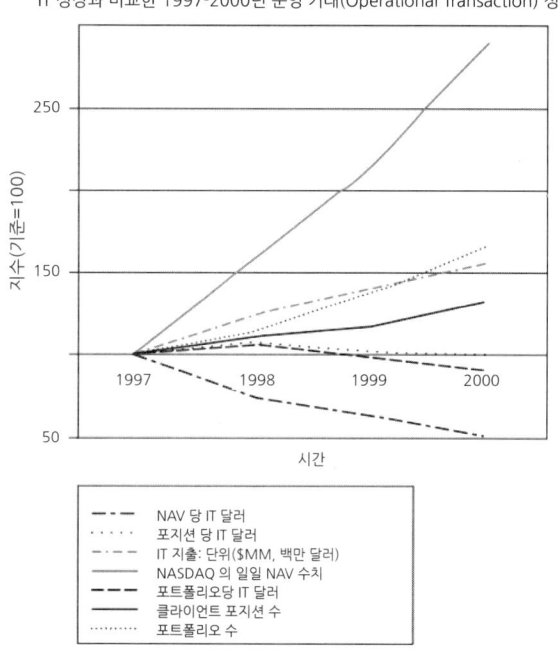

출처: 피터 웨일(Peter Weill)과 리차드 우드햄(Richard Woodham), "스테이트 스트리트 코퍼레이션: IT 거버넌스의 발전." MIT CISF 연구 보고서 #327, 2002년 8월

그림에서 보다시피, IT 지출이 1997년에서 2000년까지 약 50퍼센트 증가하였다. 하지만, 같은 기간에 서비스된 포트폴리오 수는 대략 비슷한 비율로 증가하였지만, 순자산 가치(net asset value, NAV)는 거의 세 배가 되었다. 스테이트 스트리트(State Street)의 IT 지출이 빠르게 증가하는 동안 회사의 거래량도 빠르게 증가했다.

NAV, 포트폴리오 또는 포지션에 대한 IT 지출의 단위원가 비율을 그려보면 IT 지출 라인이 위로 향하는 것 외에 다른 내용을 볼 수 있다. 포트폴리오당 또는 포지션당 IT 지출은 시간이 지남에 따라 거의 일정하게 유지됨을 볼 수 있다. 또한, NAV 당 IT 지출은 같은 기간에 오히려 상당히 감소하였다. 이것이 단순한 예산 수치를 사용하는 대신, 단위원가 분석을 통해 얻게 되는 효력이다. 이를 통해 비즈니스는 성장을 보이면서 IT는 규모의 경제를 실현하고 있음을 보여준다. 또한, 단위원가는 부문과 회사 간에 비교할 수 있으며, 성과를 측정함에서 더 많은 정보를 제공한다.

모든 CIO가 아는 바와 같이 기술에 기반을 둔 IT 서비스의 경우, 업계 전체의 기술 동향은 시간이 지나면서 단위원가를 절감시키는 경향이 있다. 사용량 증가도 대부분 고정된 기술 투자의 단위원가를 절감시킬 수 있다. 즉 기업 내외의 동향은 일반적으로 IT 조직의 단위원가에 유리하게 작용한다. CIO는 기업을 위해 이들 비용이 빠르게 절감되고 있는지에 대해 논의할 시기와 방법을 선택할 수 있다. 즉 기업이 해당 업계보다 더 빨리 특정 비용을 절감할 필요가 있는가 하는 것이다. 예를 들어, 2007년 구글(Google)의 인프라는 1998년 IBM의 '빅 블루(Big Blue)'가 주소 지정한 공간보다 10억 배가 큰 메모리 공간을 갖고 있었다. 같은 기간 동안, 무어의 법칙(Moore's law)만이 64배수의 증가를 나타내었다. 다른 것들이 증가해 나가는 속도가 구글(Google)에게는 턱없이 부족했다는 것만은 확실하다.

IT 위기를 극복하려면 엔지니어가 아닌 관리자처럼 지표를 사용하라

다른 것도 그렇지만 지표에서 '완벽한 것(the perfect)'은 '좋은 것(the good)'의 적이다. 경영진은 모호하지만 수많은 유용한 지표를 활용하여 자신의 비즈니스를 이끌어 간다. IT는 같은 방식으로 운영할 수 있다. 하지만, IT 전문가는 집단의 특성상 엔지니어에 더 가까우며 엔지니어는 관리자와는 다른 방식으로 생각하게 된다. 엔지니어는 완벽한 것을 원한다. 관리자는 일이 제대로 되는 것을 원한다. 엔지니어는 점심시간 중에도 모든 것이 순조롭게 잘 돌아가기를 원한다. 관리자는 매일 어제보다 오늘 더 나아지기 원한다. 그들은 완벽이라는 것은 불가능하지만, 시간이 지나면서 작은 개선이 모이면 엄청난 개선을 이루어 낸다는 것을 알고 있다. 이러한 점에서 CIO는 엔지니어가 아니라 관리자처럼 생각할 필요가 있다.

케빈 바스코니(Kevin Vasconi)는 미시간에 기반을 둔 R.L.포크 앤 컴퍼니(R.L.Polk & Co.)의 CIO인데 이 회사는 자동차 산업에 대한 시장 정보를 제공하는 글로벌 운영의 비상장 기업이다. 포크(Polk)의 비즈니스 특성을 고려할 때 IT는 회사의 성공과 성장을 위해 중요하다. 그렇다고 IT가 항상 회사에서 높게 평가되어 왔다는 것을 의미하진 않는다. 바스코니(Vasconi)는 "2002년 이곳에 왔을 때 IT 조직은 실행 문제(execution problem)를 안고 있었다. 하지만, 처음 몇 주가 지나자 경영진은 내가 IT 비용 관리보다 더 많은 걸 하기 원한다는 것을 알게 되었다. 나는 IT를 개편하여 우리에게 더 높은 가치를 부여하고 기술을 통해 매출을 성장시키도록 할 필요가 있었다."라고 말한다.

'IT를 개편(fixing IT)'하기 위한 중요한 인자는 바로 광범위한 지표 프로그램이다. 바스코니(Vasconi)는 "우리의 문제를 객관적으로 식별해야만 했다. 처음에는 의구심이 있었다. 하지만, 그때 최고 경영진은 데이터를 통해 개선을 확인하기 시작했다. 그것은 지금 내가 가진 가장 강력한 도구 중 하나가 되었다. 우리는 항상 데이터를 갖고 논의를 시작한다."라고 말한다.

바스코니(Vasconi)의 팀은 다음과 같은 IT 측정방법을 사용하여 성과 측면의 향상을 설명한다.

- **가동 시간** 이는 컴퓨터로 요청이 들어오면 고객에게 상품이 제공되는 비즈니스에서 판매 및 서비스 채널의 가용성에 상응하는 것이다.
- **애플리케이션(응용프로그램) 성능** 이는 애플리케이션이 사용자로부터의 요청에 응답하는 데 필요한 시간 같은 것이다. 이는 외부 고객뿐만 아니라 내부 사용자에게 상당히 가시적인 또 하나의 지표이다.
- **프로젝트 납기 준수** 이는 자사의 상품이 정보에 기반하는 회사에서 상품의 유용성(product availability)에 대한 중요한 지표이다.
- **프로젝트 예산 준수**
- **처음부터 올바르게 하는**(first time right) 애플리케이션 개발
- **비용 절감 기회** 이는 IT가 전체 비용 중 상당 부분을 차지하는 비즈니스에서 볼 때 중요한 지표이며 많은 인프라 투자에 대한 유용한 측정 방법이다.
- **소프트웨어 품질** 이는 코드 1,000줄당 결함을 근거로 하며 소프트웨어 기반 비즈니스에서 상품의 품질에 대한 중요한 측정방법이다.

이 지표 중 많은 부분이 콜센(Coursen)의 모델과 유사하며, 각 사례에서 해당 비즈니스에 대한 성과가 가시적이라는 것을 주목하라. "이 지표들은 테이블 스테이크(table stake, 역자 주: 포커 게임에서 각 게임자가 주어진 핸드를 진행하는 동안은 그의 앞에 있는 돈만 사용할 수 있는 게임의 방법)이다."라고 바스코니(Vasconi)는 말한다. 그는 "당신이 그 지표를 잘 완수하지 못하면 다음 단계로 갈 수 없다. 운영에 대한 이야기가 끝나야 비용에 대해 이야기를 할 수 있을 것이다. 왜냐하면, 운영상의 문제를 해결할 때까지 비용은 무의미하기 때문이다."라고 말한다.

바스코니(Vasconi)의 이야기는 매케슨(McKesson)의 랜디 스프래트(Randy Spratt)에 의해 마지막 커멘트에 이르기까지 그대로 되풀이된다. 그는 "처음에 우리는 IT 운영을 평가하고 비즈니스로써 성공적으로 운영하는 데 필요한

관계를 구축해야만 했다. 이들 관계 중 많은 부분은 우리 내부 고객 기반 즉 매케슨(McKesson)비즈니스였던 것이다. 그다음에는 비용, 품질, 가치, 투명성에 관한 이슈를 해결하기 위해 일해야 했다. 우리는 이슈를 해결하기 위한 계획을 보여주어야만 했으며, 그 계획을 기반으로 실행해야만 했다. 다른 비즈니스처럼, 당신은 그들의 이슈를 해결할 예정이라는 것을 주위에 보여주는 짧은 신혼 기간을 가졌고, 그 후 당신은 서비스를 제공해야만 한다."라고 말한다.[5]

동료 그룹과 비교하여 IT 성과를 벤치마킹하라

세상의 모든 경영자와 투자자는 비즈니스의 성과를 오직 경쟁상대와 비교하여 측정될 때에만 의미를 갖는다고 당연하게 받아들인다. 즉 비즈니스 경영진은 관례대로 자신의 성과가 외부의 동료 그룹과 비교할 때 측정된다고 생각한다. 그것이 IT를 운영하는 비즈니스 경영자는 달라져야 한다고 주장하는 것은 해당 경영진으로부터 의구심만 불러일으킨다.

"비즈니스에서 어떤 일을 하든지 경쟁자와 비교하여 당신의 역량을 벤치마킹하게 된다." [6]

랜디 스프래트(Randy Spratt), CIO, 매케슨(McKesson)

우리는 연구를 통해서 대부분의 CIO나 다른 경영진들이 IT 부서가 동료 그룹과 비교하여 IT팀의 성과를 벤치마킹하지 않고서는 특정 품질 수준에 대해서 경쟁력 있는 단위원가를 제공하고 있는지 확실히 알 수가 없음을 확신하였다. 직접적인 비교가 없다면 IT 조직의 성과가 품질 측면이든 비용측면이든지 간에 취약하거나 또는 세계 최고 수준이거나 아니면 그 사이의 수준이라고 해도 아무도 명확하게 말할 수 없다. 또한, 이럴 경우 대부분의 경영진은 그들이 생각하기에 '충분히 좋다'고 생각하든지 아니든지 간에, 어쨌든 세계 최고 수준은 아니라고 쉽게 추정해 버리는 게 확실하다. 이번 연구조사를 위해 인터뷰한 매우 유능한 CIO 대부분이 12개월에서 24개월마다 동료 그룹과 비교하여 IT 비용과 서비스 품질을 벤치마킹 한다(이보다 더 자주 벤치마킹하게 되면 개선 사항을 시행하고 그 효과를 측정하기 위한 시간이 부족해진다).

이 규칙에는 중요한 예외사항들이 있다. 첫째, 만약 CIO와 경영진이 단위원가와 품질이 경쟁력이 있다는 것에 대해 만족해한다면, 즉 비용에 합당한 가치가 달성되었다면 그 요소를 벤치마킹하는 것은 IT 조직의 시간과 집중력을 최선으로 사용하는 게 아닐 수도 있다. 급성장하는 다수의 회사 경우에도 마찬가지인데, 단위원가에 대해서 경영진은 가용한 모든 자원을 수요에 충족시키는데 투입하는 것보다 훨씬 덜 걱정한다.

하지만, 급성장하는 회사라 할지라도 어느 시점에는 성과를 기록할 필요가 있다. 2007년 약3억 달러의 매출을 올린 A 소프트컴퍼니(A_Soft_Co)(실제 회사명이 아니다.)의 CIO는 벤치마킹이야말로 경영진으로 하여금 IT 비용을 인식하게 하는 데 있어 필수적임을 발견했다. 그는 "우리는 '맘앤팝(mom and pop, 역자 주: 소규모의 구멍가게)'신드롬으로 어려움을 겪었다. 또한, 우리는 성장을 향한 정의된 방법론을 확보하지 못했다. 나는 처음부터 벤치마킹에 관한 요청을 받지 못했지만, 우리는 적정한 방식으로 비용을 지출하고 있음을 보여줄 필요가 있다는 걸 빨리 깨달았다."라고 말한다.

이 회사의 IT 지출은 2005년부터 2008년까지 2배 넘게 증가했다. 그는 "예산을 증액시키기 시작했을 때, 이것이 비즈니스 부서가 일반적으로 IT에 지출하는 수준이라는 것을 보여줄 필요가 있었다."라고 말한다. 두 번째 예외는 벤치마킹을 위한 동료 그룹이 있어야 한다는 것이다. 만일 IT 조직과 비교할 만한 동료 그룹을 찾기 어렵다면 벤치마킹의 가치는 작아진다.

우리는 독특한 운영을 하는 IT 조직을 만났다. 그러한 조직 중에 회원 조직 같은 곳이 있었는데, 그곳의 IT팀은 개인이 조립한 컴퓨터를 사용하는 수만 명의 자원봉사자를 현장에서 지원하는 책임이 있었다. 이 조직을 위한 헬프 데스크 비용은 대다수보다 상당히 높았으나 광범위한 벤치마킹 활동은 이러한 상황에 대해 기존에 알려지지 않은 것들을 자주 보여 주지 못했다. 이런 경우에는 자체 성과를 매년 비교하는 게 IT 조직에 더 유리하다. 이런 사례는 IT가 동료그룹과 경쟁회사와 비교할 때 비용 효과적이라는 것을 설명하진 못하지만, 성과 측면(가시적으로)의 개선을 측정할 수 있도록 한다.

CIO는 운영에 관련해서 동료 그룹이 없다고 너무 빨리 단정 짓는 것을 조심해야 한다. 모든 회사는 각자 다르며 광범위한 벤치마킹을 하는 CIO는 벤치마킹이 완벽한 비교를 참작할 수 없음을 인정하는 첫 번째 CIO가 될 수도 있다. 그러나 그 CIO는 의사 결정을 위해 외부 비교를 전혀 하지 않는 것보다는 비록 완벽하지는 않더라도 자신들의 벤치마킹을 통해 훨씬 더 많은 혜택이 있을 것이라고 말할 것이다. 그들은 단위원가와 표준 성과(standard performance), 만족도 측정방법을 사용하며 조직 전반에 걸쳐 가장 필적할 만한 IT 서비스를 벤치마킹하기 위해 고심하였다.

세 번째 예외는 특정 성과 영역을 명확히 개선할 필요가 있을 때에는 벤치마킹이 반드시 IT 자원을 최선으로 사용하는 것은 아니라는 점이다. 특히, CIO가 판단하기에 IT 프로세스가 덜 성숙했거나 불안정하여 프로세스 성과에 관한 데이터를 수집하기가 어렵다면, 그때 가장 좋은 접근 방법은 이들 프로세스를 개선하려는 조치를 즉시 취해야 하는 것이다(바꿔 말하면, 만약 프로세스 측정이 거의 불가능하다면, 많은 개선이 필요하다는 것을 말하고자 벤치마킹할 필요는 없다는 것이다). 벤치마킹은 데이터 수집이 가능할 정도로 프로세스가 충분히 안정화되었을 때 이루어질 수 있다.

"프로세스가 블랙박스와 같다면, 벤치마킹 하기가 어렵다. 아마도 상당히 많은 노력이 필요할 것이며, 결과도 불충분할 수 있다. 당신이 회사에 이제 막 합류하게 되었다면, 데이터를 수집할 수 있는 프로세스를 확립하라." [7]
다니엘 자네바(Daniel Janeba), CIO, 젠티바(Zentiva)

벤치마킹에서 Go-No Go 의사결정을 위한 프로세스는 그림 3-2에 기술되어 있다.

이 예외사항 외에 추가적인 유의사항을 보태자면, 그것은 벤치마킹이 비즈니스에 관련된 모든 사람이 볼 때 매우 중요한 특정 질문에 답을 주지는 않는다는 것이다. 예를 들면, "우리 비즈니스를 위해 어느 영역에 어느 수준의 IT 지출이 적절한가요?" 또는 "IT가 우리 비즈니스에 기여하는 가치는 무엇인가요?" 같은 질문들이다. 벤치마킹은 비용과 품질에 대해 기술한다. 비용과 품질의 상대적 수준이 적절한가 하는 것은 또 다른 질문이다.

그림 3-2 벤치마킹 시의 의사결정 프로세스

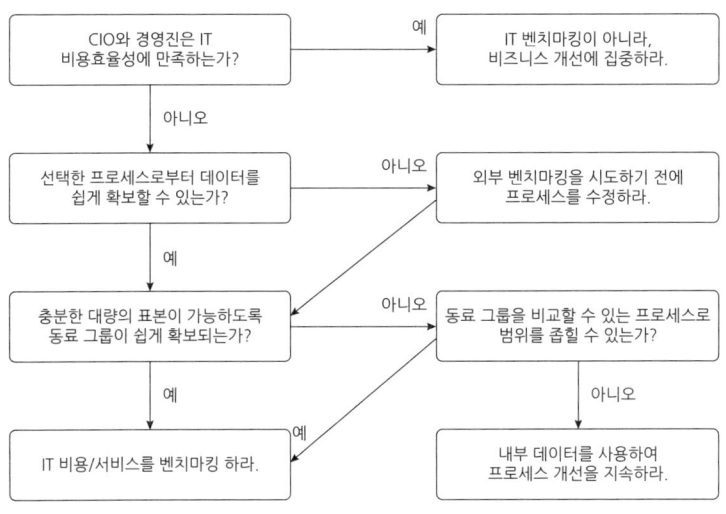

예를 들면, 우리가 아는 한 CIO는 예산의 75퍼센트가 인프라와 운영 비용으로 지출된다는 사실을 걱정하였다. 10억 달러 규모의 회사에 대한 가치 제안(value proposition)을 통해 전 세계 다수의 지역에서 절대적으로 신뢰할 만한 24시간 대 고객 서비스가 요구되었으며 이는 전 세계 지역의 가동시간을 보장하기에 다수의 지역에서 많은 인프라를 필요하게 했다. 회사의 인프라와 운영은 비용과 품질 측면에서 잘 관리되었다. 이러한 사실을 고려할 때, 인프라로 집중된 예산의 퍼센트 비중을 획기적으로 감소시킬 수 있는 현실적인 유일한 방법은 예산 전체의 규모를 증가시키는 것이었다. 벤치마킹에서는 표면상 이러한 것들은 전혀 보여주지 않는다. 거기에 표현된 모든 것은 자체 인프라 비용과 유사 규모의 동료 그룹 인프라 비용과의 편차였다. 이러한 의미에서 한 CIO가 우리에게 말한 것처럼 "그것은 측정 도구이지 마케팅 도구가 아니다."라는 사실을 마음 속에 간직하는 것이 좋으며 측정은 항상 전후

맥락을 고려하여 이루어져야 한다.

예외사항과 유의사항 외에 대다수의 IT 조직에 있어 벤치마킹은 비용에 합당한 가치를 수립하기 위한 유용한 도구가 된다. 매케슨(McKesson)사의 CIO인 랜디 스프래트(Randy Spratt)는 업계의 동료 그룹과 비교한 벤치마킹이 회사의 IT 위기관리에 어떻게 영향을 끼쳤는지를 설명한다.

> 2006년 수행한 벤치마킹은 업계 사례와 비교한 우리의 비용과 서비스 품질을 아웃소싱을 가정한 예상 비용으로 대응시켰다. 그러한 일련의 벤치마킹의 결과를 놓고 가장 격차가 큰 영역으로 우선순위를 매겼으며 그다음 격차를 줄이려면 우리가 취해야만 하는 전략을 평가하였다. 우리는 새롭게 구성된 거버넌스 이사회(governance board)로 일련의 과제와 투자를 제시했는데 이는 어떻게 그 격차를 해소하고, 어떻게 IT 성과를 세계 최고 수준의 품질과 서비스에 이르게 할 것인지를 보여 주기 위해서였다. 우리는 국부적으로 혼합된 전략, 즉 부분적인 아웃소싱과 부분적인 스마트 소싱과 부분적인 내부 개선을 성공적으로 활용하였다.
>
> 우리는 단편화된 구매 비용과 서버 관리에 대한 비용 구조, 그리고 단편화된 보안 환경 관리를 둘러싼 많은 이슈들을 처리하였다. 이제는 대규모 데이터센터 통합을 위한 승인을 기다리고 있으며, 이는 데이터 센터 비용을 상당히 절감시킬 것이다. 따라서 IT를 효과적으로 관리할 수 있다는 것을 보여주었다. [8]

스프래트(Spratt)의 언급은 비용에 합당한 가치의 원천으로써의 IT로 부터 (다음 장에서 우리가 다룰 주제인) 미래의 비즈니스 성과 측면의 투자로써의 IT로 자연스럽게 바뀌고 있음을 예시하고 있다. 스프래트(Spratt)는 이렇게 결론 내린다. "또한, 전략적 수준과 운영적 수준의 비즈니스 계획에 우리를 포함했다. 우리는 IT와 신뢰성 있는 관계를 확립하였고, 비즈니스 부서는 점차 전략 이면의 기술적 문제를 해결하고자 IT에 의지하려고 할 것이다. 우리는 가치 사슬에 올라섬으로써 최종적으로는 그 비즈니스에 대한 IT 컨설턴트가 될 것입니다."

벤치마킹은 인텔의 IT 위기관리를 위한 중요한 요소였다

많은 CIO는 인텔(Intel)의 IT 조직을 부러워하며 비즈니스 경영진으로부터 자신의 조직보다 더 많은 존중을 받을 것으로 짐작할 것이다. 어쨌든 인텔(Intel)의 상품은 세계 IT 인프라 대부분의 원동력이 되고 있다. 그 회사의 IT팀은 어떻게 회사에서 찬사와 존경을 받을 수 있었을까? 그러나 인텔(Intel)의 문화는 엔지니어링과 세일즈 조직이 지배하고 있고, 그러한 비즈니스 내에서 IT, 재무, 인력관리 같은 비즈니스 내부 부서들은 내부 고객, 즉 일반적으로 상당히 정통하며 요구가 많은 그들을 대신하여 부차적인 지원 역할을 한다. 그 고객들은 수치를 통해 운영을 수행하며 그렇게 할 수 없는 사람에게는 인내심이 거의 없다. 1장에서 언급한 바와 같이 1990년대 후반에는 인텔(Intel)의 IT팀은 자체 성과에 대해 제한된 가시성을 보유하고 있었으며 품질, 고비용, 서비스 제공 능력의 한계로 인해 내부의 조롱거리였다.

CIO인 더그 부쉬(Doug Busch)는 IT 성과의 본질과 인식을 변혁시키기 위한 책임을 맡았다. 부쉬(Busch)와 그의 팀은 핵심 IT 서비스 군을 식별하고 업계 내 다른 기업과 비교하여 성과를 벤치마킹함으로써 변혁을 시작하였다.

그림 3-3 인텔(Intel)의 단위원가/품질 매트릭스

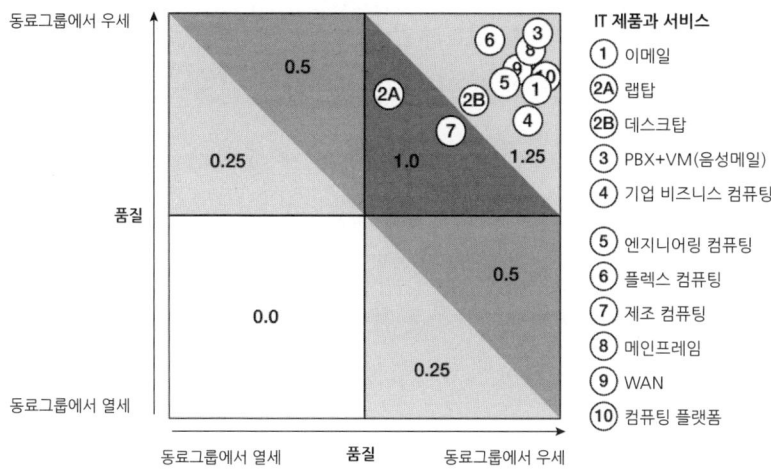

2003 IT 벤치마킹: 우리의 제품과 서비스를 어떻게 비교하는가?

인텔(Intel)의 IT팀은 동료 그룹 IT 조직의 컨소시엄으로 상세한 벤치마킹을 수행하였다. 우리는 가장 많은 영향을 미치는 제품과 서비스에 대한 비용과 품질을 비교한다. 2003년의 벤치마킹 결과는 각 제품과 서비스에 대해 절대치에서 지속적인 개선이 이루어졌고 상대적인 품질과 비용 개선 결과가 이루어졌음을 나타내었다.

출처: 인텔(Intel) IT 연간 성과 보고서. www.intel.com. 사용이 허가됨.

그림 3-3은 부쉬(Busch)가 IT 성과를 설명하고 그의 비즈니스 담당자를 이해하는 방식을 개선하기 위해 사용했던 주요 도표 중의 한 예이다. 이 도표는 동료 그룹과 비교하여 품질과 단위원가의 축 상에서 11개 주요 영역의 IT 성과에 대한 단순 서열을 나타낸다.[9]

이 그림을 CEO에게 제시한다는 것은 누구에게나 기쁨일 것이다. 이는 측정된 모든 서비스에서 인텔(Intel)의 IT 단위원가와 품질이 동료 그룹 내에서 최고 수준에 있다는 것을 보여준다. 또한, 이 도표는 조직이 생각하기에 IT를 통해 가장 중요하게 제공되어야 할 것으로 고려하고 있는 서비스에 대한 성과를 설명하고 있다. 거의 모든 경우, 이 지표는 사용자에게 직접 접촉하는

서비스에 관련되어 있다. IT 부서가 보고하는 비용에 합당한 다른 가치 지표에는 별도로 내부 목표에 대한 서비스 제공과 함께 비용, 서비스, 프로젝트 수행, 비즈니스 고객 만족도 목표와 같은 영역에서의 외부 약속을 포함한다. 또한, 이 지표들은 사용자가 직접 경험하는 서비스의 측정치이다.

인텔(Intel)의 IT팀이 1999년 처음으로 이 보고서를 발간했을 때, 대부분의 서비스는 하나 혹은 그 이상의 차원에서 형편없이 평가되었다. 하지만, 이 도표와 일련의 다른 자료들을 통해 대화의 본질이 변화되었다. 그 보고서가 반복됨에 따라 동료 그룹과 경쟁우위 그룹의 관점에서 부쉬(Busch)와 관리팀의 신뢰성이 향상되었다. 성과와 비용에 관한 실제적인 데이터는 사실에 기반한 합리적인 논의, 어느 곳을 목표로 투자와 노력을 해야 하는가에 관한 논의를 가능하게 하였다. 즉 느낌과 추정에 기반한 기존의 대화(그리고 논쟁)보다 훨씬 더 집중적이며 생산적인 접근방법이 가능해졌다. 느낌과 추정에 기반하면 항상 최고 우선순위와 요구사항에 대해 논란의 여지가 있었다(당신은 점수를 제대로 알아야 진정한 선수가 될 수 있다).

이 측정치는 부쉬(Busch)와 그의 팀이 조직을 변혁시킬 때 더 나은 비즈니스 결정을 하는 데 중요한 역할을 하였다. 그 IT 조직은 인프라를 통합하고, 측정 방법을 개선하고, 투명한 거버넌스 체계를 구축함으로써 현실과 서비스 제공에 대한 인식 모두를 변화시켰다. PC에 대한 총 소유 비용은 약 50퍼센트 이상 절감되었고 인프라 단위원가와 서비스 품질은 외부 벤치마킹과 비교하여 상당히 개선되었다. 고객 만족 지수도 향상되었는데, 2003년에 들어서는 내부고객의 80퍼센트 이상이 IT 조직(기술 전문가/제공자 혹은 벤더가 아닌)을 전략적 비즈니스 파트너로서 평가하였다. 이러한 개선은 전체 IT 비용이 매출 비중뿐만 아니라 절대치에서도 감소함과 동시에 이루어진 것이었다.

그때까지 IT와 비즈니스 경영진은 더 중요한 일에 집중할 수 있었다. 성과가 눈에 띄게 개선되었고 여전히 개선 중이었으며 경영진은 지속적인 성과 개선 방법에 관한 훌륭한 의사 결정을 위해 부쉬(Busch)를 신뢰하였다. 경영진은 IT에 효율적으로 시간을 투자하여 경쟁우위를 위한 IT 활용 방법에 초점을 두었다. 기업이 지속적으로 IT 비용을 가능한 한 낮게 유지하려는 시도에도 비즈니스 운영을 개선하기 위해 IT를 활용하는 다양한 방법 또한 찾고 있다.

이 이야기의 후기는 지표 기반 개선 프로세스가 IT팀과 리더에게도 좋았다는 것이다. 부쉬(Busch)는 IT 조직을 떠나 인텔(Intel)의 신규 비즈니스 조직 중 한 곳을 위한 기술 리더가 되었다. IT팀은 인프라 서비스 제공을 개선하여 얻었던 신뢰성을 바탕으로 프로젝트 가치를 측정하는 방법과 프로젝트를 우선순위로 분류하는 방법을 개선하기 시작했다. 거기서부터 더 큰 모험이 시작되었다. 그것은 IT 조직뿐만 아니라 전체적으로 볼 때, 기업의 혁신성을 개선하는 데 도움이 되는 것이었다. 제품과 운영의 혁신을 통해 해당 시장을 지배하는 회사의 입장에서 이렇게 매우 중요한 역할을 맡는다는 것은 5년 전만 해도 생각조차 할 수 없는 일이었다. 간단히 말해서 인텔(Intel)은 IT 성과가 형편없을 때조차도 지표(metric)에 집중함으로써 IT 성과를 개선할 수 있었다는 것이다. 모두가 승리한 것이었다.

목표 수준이 아니라, 현재 수준에서 벤치마킹을 시작하라

벤치마킹은 내부 분석과 함께 시작한다. 프리스케일(Freescale)의 샘 콜센(Sam Coursen)은 회사의 프로세스를 다음과 같이 설명하고 있다.

우리는 제공하는 서비스와 그 서비스를 위한 비용을 분해하였다. 그다음 기준점에서 벗어난 것이 어느 영역인지 파악하기 위해 외부 벤치마킹을 수행하였다. 기준점과 비교하여 우리가 현재 어디에 있는지 보여줄 수 있었기 때문에 가치 제안에 대해 말해 줄뿐만 아니라, 어느 영역에서 개선할 수 있는지 보여주었다. 내가 이곳에 온 이후 처음 2년 동안에는 IT 예산을 매년 5퍼센트씩 절감하였다. 현재 우리는 SAP와 중대한 공급망 프로젝트를 수행하고 있으며, 이로 인해 예산 규모는 다시 커지게 될 것이다. 나는 CEO와 CFO에게 그것에 대한 대가를 이미 지불하였다고 보고했다.

벤치마킹을 하기 위해 우리는 다른 2곳의 서비스 제공자를 활용하였다. 한 곳은 우리가 이전에 활용하였던 외부 서비스였고 또 다른 곳은 매우 엄격한 IT 비용 모델을 갖춘 집단이었다. IT 비용에 관련된 문제 중 하나는 사람들이 비용에 대한 견적을 내지만, 거기에 어떤 비용이 포함되어 있는지 알 수가 없다는 것이다.

예를 들면 휴대폰 비용이 포함되어 있는가? 엄격한 비용 모델이 좋은 점은 동료 그룹에 있는 모든 회사가 동일한 비용 요소를 포함하고 있음을 알고 있다는 것이다. 그래서 우리는 전체적인 비용 지출의 기준점을 위해 그 모델을 사용하였고 우리와 유사한 규모와 입지를 갖춘 다른 회사와 어떻게 비교해야 하는지에 관한 보고서를 받았다.

다른 벤치마킹 서비스 제공자와는 서비스별로 면밀한 검토를 진행하였으며, 단위 범주로 매우 상세하게 비용을 분해하였다. 예를 들면, 헬프 데스크 티켓을 처리하기 위한 비용이 얼마인가와 처리 건수가 어떻게 되는가 같은 것들이다. 때로는 단위원가가 기준점에서 벗어날 수 있다. 때로는 기준점에서 벗어난 것이 수량이 될 수도 있다. 헬프 데스크가 좋은 예이다. 훌륭한 인프라를 갖추고 있다면, 사용자당 월간 1개 미만의 헬프 데스크 요청을 받을지도 모른다. 복잡한 인프라를 갖추고 있다면, 그 2배의 요청을 받게 될지도 모른다.[10]

측정을 해야 할 필요가 있으면 어디에서든 시작하라

우리가 아는 심장질환 진료 병원의 한 수장은 환자들의 콜레스테롤 수치 억제를 위해 의사들을 장려하는 노력을 해왔다. 그는 의사들의 연간 성과 평가의 일부로 콜레스테롤 수치 관리를 포함하고자 했다.

그는 많은 저항에 부딪혔다. 모든 의사는 서로 자신의 환자가 다른 사람보다 관리하기 어렵다고 생각하였다. 일부 의사들은 총 콜레스테롤 수치를 사용하는 것은 바람직하지 않으며, 아예 수치가 없는 것보다 오히려 안 좋은 것이라고 주장하였다.

CEO는 또 다른 방침을 적용하였다. 개별 환자가 병원 사무실에 방문할 때마다 진료 차트에 간단한 변화를 주도록 원무과 직원에게 요청했다. 그것은 진료 차트 상단에 환자의 총 콜레스테롤 수치를 기록하는 것이었다. 어떤 인센티브나 규칙 같은 것도 없었다. 단지 정보만 제공되었다. 총 콜레스테롤 수치는 양호한 건강 상태를 대신 표현해 줄 수 있는 단순한 숫자일 뿐이다. 하지만, 그 숫자를 쓸 수 있었고 사람들 대부분 그것이 적어도 어느 정도는 의미가 있다고 주장할 수 있는 부분이었다.

1년이 지나자, 콜레스테롤이 억제되는 환자 비율에서 커다란 진전이 있음이 진료를 통해 확인되었다. 의사들은 비공식적으로 누가 더 나은 콜레스테롤 성과(cholesterol performance)를 보유하고 있는지를 경쟁하기 시작했고, 경쟁을 통해 그 수치들은 훨씬 더 개선되었다.

의사들이 책임 회피를 위해 많은 주장을 펼쳐왔다. 하지만, 그 자체로 불완전했던 숫자가 결국 그들의 생각과 대화의 일부가 되었다. 환자와 의사는 각자 다 달랐지만, 의사들은 일련의 지표들에 대해 동의할 방법과 성과를 개선하기 위해 그 지표들을 사용할 방법을 찾아내었다. 총 콜레스테롤 수치는 단지 의사만 사용했던 것이 아니라 그들 모두가 사용하였다. 또한, 그 결과로 환자들의 건강이 좋아지게 되었다.

이 내용을 통해 중요한 교훈 몇 가지를 얻을 수 있다.

- 완벽한 숫자를 찾으려고만 하지 말고 불완전하더라도 유용한 지표를 활용하라.
- 사람은 대부분 자신이 사용할 수 있는 형태로 정보가 주어지면 이를 고려하여 적절히 의사 결정 변경을 할 것이다.
- 비교가 가능해지면, 자신을 다른 사람과 비교할 것이고, 이를 통해 모두가 개선될 수 있다.

앞서 언급한 A 소프트컴퍼니(A_Soft_Co)의 CIO는 계속 진행 중인 벤치마킹에 대해 8개 영역을 수립하였다.

1 **비용 통제(Cost controls)**
2 **운영의 탁월성(Operational excellence)** 샘플 지표로 다음과 같은 것들을 포함한다.
   - 서비스 요청에 대한 평균 해결 시간. 이것은 문제 유형과 서비스 요청 별로 더 분해될 수 있다. "문제는 뭔가 해 주길 바라는 사람의 서비스 요청과는 다른 것이다."라고 CIO는 말한다.
   - 중대한 작동 중단 횟수. "즉 계획된 중단과 계획되지 않은 중단은 얼마나 되는가?" 우리는 시스템이 몇 시간 동안 가용한 상태로 있는지를 추적한다. 그래서 유지 보수 시간에도 페널티가 있게 된다.

3. **재무 통제** CIO는 "이것은 편차에 관한 것이다."라고 말한다. "예를 들면, 투자 지출과 운영 지출 비율의 편차 같은 것이 있겠다. 그러면 우리와 차이 나는 부분은 무엇인가? 이것은 관리를 위한 계획에 관한 것이며 계획을 위한 관리에 관한 것이다. 나와 자신의 싸움 같은 것이다. 이를 통해 우리가 한 단계 먼저 생각하도록 하고 다른 비즈니스 부서 사람들이 놀라지 않도록 미리 방지할 수 있다. 내 위로 3명의 CFO가 있는데 그들이 어떤 것을 선택할지 예상할 수 있다. 매출 비율로써의 IT 지출, IT 운영 비용, 사용자당 IT 지출은 비용을 사용하는 내내 관심을 가져야 하는 것들이다."

4. **인적 자본** 샘플 지표로 다음과 같은 것들을 포함한다.
   - 부서별 IT 인원수. "분기 말까지 인원수 감소를 확인하고, 특정 업무 수행을 위해 몇 명을 가용한지 보고 싶다."
   - 이직율
   - 관리자가 채용 계획에 대한 인원을 확보하는 데 필요한 시간

5. **고객 만족도** 샘플 지표로 다음과 같은 것들을 포함한다.
   - 사용자 지원 만족도 평가: 헬프 데스크 전문가의 유용성 여부, 이슈 해결 적시성, 문제 해결 중 진행 경과에 대한 사용자 통보 여부
   - 비정형화된 사용자의 코멘트: CIO는 "코멘트를 수집하는 것이 중요하다는 사실을 발견하였다. 코멘트를 통해 개선될 수 있는 것이 무엇보다 많다는 것을 알게 될 것이다."라고 말한다.

6. **비즈니스 영향과 연계** 샘플 지표로 다음과 같은 것들을 포함한다.
   - ERP, 판매 자동화, 업무에 관련된 모든 유형의 비즈니스 프로세스 등 신규 개발 프로젝트에 투입된 IT 직원의 비율
   - 비즈니스 부서별 IT 비용의 비율
   - 비즈니스 계획 프로세스에 IT 부서의 참여 정도
   - 개발 예산 대비 유지보수와 개선 비율. "우리는 애플리케이션과 비교할 때, 운영에 더 많은 비용을 지속적으로 사용하고 있음을 알고 있다."라고 CIO는 말한다.

7 애플리케이션 개발 샘플 지표로 다음과 같은 것들을 포함한다.

- 프로젝트 범위, 일정 계획과 비용. CIO는 "우리는 최상위 가치 프로젝트에 대해서 납기 준수 비율과 자원 변화를 면밀히 검토한다. 모든 프로젝트에 대해서는 아니다. 만약 비즈니스에 중대한 영향이 없으면, 신경 쓰지 않는다. 보고서 상에 더 훌륭한 양식을 얻는 게 중요한 게 아니라 더 정확하고 적시성 있는 요금 청구서를 받는 것이 중요하다. 우리는 매출 성장, 프로세스 개선, 규모 확장성(확장 또는 축소), 비용 절감 등 몇 가지 기준으로 비즈니스 가치 측면에서 프로젝트의 순위를 매기고, 총 가치 점수를 내기 위해 그것들을 결합하여 산정한다. 일부 사람들은 11개 또는 15개의 요소를 검토하라고 권장했지만, 중요한 것은 이것들이다."라고 말한다.

- 기술. "신규 프로젝트에 얼마나 자주 신기술이 포함되는가?"

8 수용능력(capacity) 계획 CIO는 "이것은 모든 것 중에 가장 따분한 일이다."라고 말한다. 하지만, IT 예산이 3년 후 2배 이상이 되는 비즈니스에서는 확실히 중요하다.

프리스케일(Freescale)과 A 소프트컴퍼니(A_Soft_Co)의 접근방법은 세부적이며 이해할 만한 수준이지만, 벤치마킹이 반드시 완벽해야 한다거나 비용이 높을 필요는 없다. 일부 회사는 벤치마킹에 도움을 주는 비영리 산업계 그룹의 혜택을 누리기도 하고, 어떤 기업들은 영리 회사 컨설턴트를 통해 벤치마킹을 수행하기도 한다. 외부 벤치마킹 서비스 공급자는 자사의 기준 샘플 상에 있는 표준 IT 서비스 비용과 품질을 비교하는 데 최소 3만에서 5만 달러의 비용을 제시한다. 세부 분석은 비용이 더 많이 들지만, 구매자는 세부 내용 수준을 선택할 수 있다. 콜센(Coursen)의 코멘트와 같이, 벤치마킹 컨설턴트가 갖고 있는 중요한 부가 가치 중의 하나는 바로 그들이 지표와 회사에 관해 광범위한 데이터베이스를 보유하고 있다는 사실이며, 이러한 데이터베이스는 데이터 수집 대상에 대한 결정을 쉽게 하고 수집된 데이터의 유용성을 증대시킨다.

만일 외부 벤치마킹을 하기 위해 5만 달러조차 확보되지 않으면 어떻게 할 것인가? 그럴 때에는 자체를 비교하는 벤치마킹부터 시작하라. 스테이트 스트리트 코퍼레이션(State Street Corporation)은 그렇게 했다(앞서 제시된 그림 3-1을 보라). 작년에 비해 올해 단위원가와 서비스 수준은 어떠한가? 기업 내 비즈니스 부서 또는 지역 단위로 서비스와 비용이 어떻게 달라지는가? 많은 경우, 기존 예산 자료, 청구서, 기록 등을 뒤진다면 IT 부서는 이미 당신이 필요로 하는 숫자들을 갖고 있을 것이다.

호주의 스털링 시(City of Stirling)의 CIO인 피터 베닝턴(Peter Bennington)은 자신의 경험을 활용하여 벤치마킹 조사를 설계하고 그의 노력으로 호주의 다른 시들을 목록에 넣었다.

> 나는 지역 CIO 그룹으로부터 지원을 받음으로써 프로세스를 시작하였다. 20개의 지방 정부 기관을 모두 진입시키는 과정에 거의 한 달이 걸렸다. 데이터 수집 양식을 준비하는 데에는 그리 오랜 시간이 걸리지 않았다. 일주일 분량의 업무였지만, 이미 주 정부에서 그것을 해봤기 때문이다. 모든 데이터를 추적해 가는 데에는 3개월이 소요되었으며 그 일로 일부 사람들은 많이 분주했다. 분석을 수행하게 되면 더 많은 의문이 생긴다. 모든 데이터 분석에 약 2주, 보고서 작성에 3주가 소요되었다. 중요한 결론을 제시하려면 시간이 더 필요하다. 반 페이지 작성을 하더라도 많이 생각해야 한다. 처음부터 끝까지 거의 5개월에서 6개월 정도가 소요되었다. 이 일에 투입될 수 있는 유일한 인력이었던 나는 동시에 비즈니스 부문의 IT 그룹을 운영하고 있었다.

그러나 시간을 투자할 만한 가치가 있었다. 점점 논쟁거리가 줄고 있다. 지금은 전년 대비 예산 작업을 하는 경우, 업계의 기준점에 대해 이야기 하고, 동료 그룹의 의회가 무슨 일을 하는지 이야기할 수 있다. 만일 내가 그런 이야기를 하지 않으면, 사람들은 높은 수치만 보고 이렇게 얘기할 것이다. "우리가 IT에 그렇게 많은 비용을 사용하는 이유가 무엇인가요?" 지금은 매출, 투자 운영 예산, 기타의 이유로 연관 지을 수 있으며 이를 통해 신뢰성이 높아졌다. 또한, 직원이 더 필요하다는 당위성에 힘을 실어 주었다. 우리의 직원 비율은 유사 규모의 조직에 비해 작다. 나는 비용을 모자라게 지출하지도 않을 것이고 그렇다고 많이 지출하지도 않을 것이다. 우리는 ITL(IT Infrastructure Library) 적용과 같은 다른 파라미터도 검토한다. 조사 대상 공공기관의 30퍼센트 만이 프로젝트 관리 방법론을 보유하고 있으며, 우리는 그들을 경쟁에서 앞서고 있다.

만일 CEO가 "여기 지방 의회는 뭔가 흥미 있는 일을 하고 있군요. 우린 무엇을 하고 있나요?"라고 말한다면, 나는 이렇게 이야기할 것이다. "그 분야의 직원이 우리보다 많아서 그 일을 하고 있습니다." 나는 이제 방어적인 입장이 아닌 지배적인 입장에 있으며, 이런저런 소문들도 다룰 수 있게 된다. [11]

완벽한 숫자가 확보되지 않더라도 시작하는 것 중요하다. 컴퓨크레디트(CompuCredit)의 귀도 사키(Guido Sacchi)와 R.L.포크앤 컴퍼니(R.L.Polk)의 케빈 바스코니(Kevin Vasconi)는 완벽한 지표 없이도 비용에 합당한 가치에 대해 성공적으로 소통하였다. JM 패밀리(JM Family)의 톰 홈즈(Tom Holmes)도 대시보드 시스템을 위한 요구사항 수집을 위해 수백만 달러를 들이지 않았고, 수개월씩 직원을 투입하지 않았다. 그것은 재투자 비용을 활용하는 연구 개발 노력의 일환으로 여겨졌다. 그는 완벽한 대시보드를 구축하는 것은 거의 불가능할 것으로 판단하여 빨리 무엇이라도 구축하고 나중에 조정하기로 결정하였다. 그는 회의실에 몇 사람을 불러 프로토타입을 구성하고 나서 청중들을 대상으로 프로토타입을 설명하기 시작했다. IT 팀은 처음에 각 기술 수준을 다른 모든 기술 수준과 연결하고 최종적으로 이들을 비즈니스 프로세스와 연결하기 위해 가중치를 추정해야만 했다. 하지만, 일단 시작점이 있었기 때문에 이들 연결에 관련된 대화를 시작하는 데 도움이 되었고, 그런 대화는 시간이 지나면서 시스템의 정확도를 높이는 데 도움이 되었다. 라빈드란(Ravindran)에 따르면 이제 IT 부서와 비즈니스 부서는 기술적인 용어 대신에 비즈니스 관점에서 이야기한다고 한다.

즉 현재 확보 가능한 최선의 지표로 바로 시작하는 것 자체가 성과를 개선할 뿐만 아니라 성과를 더욱 개선하기 위한 더 훌륭한 지표를 확보하는 방법이다.

기업 내 다른 사람들이 IT를 잘 활용하도록 도와라

벤치마킹은 외부 경쟁자들과 비교하거나 과거 자체 성과와 비교하든지 간에 IT가 얼마나 잘 수행되고 있는지 전체 비즈니스 측면에서 이해하는데 도움을 준다. 또한, 벤치마킹이 IT에 대한 목표, 투명성, 신뢰성에 대한 것이고 모두를 위한 시간과 비용에 관한 것이라는 것을 고려하면 그 중요성은 이루 말할 수 없다. 그러나 적정한 비용을 정의하는 것은 단위원가 계산만이 전부가 아니다. 샘 콜센(Sam Coursen)이 "총 비용(Total cost)은 단위원가(rate)의 상품에 그 사용량(volume)을 곱한 것이다. 비용에서 중요한 부분은 사용량 측면이다. 만일 모든 데이터가 확보되면 단위원가와 사용량에 관한 이슈 모두를 공략할 수 있다."라고 언급했던 것처럼 말이다.

다시 말해서 IT 비용을 억제하려면, 즉 적정한 서비스를 적정한 비용에 제공하려면 IT 부서가 비즈니스 전반의 사람들로 하여금 IT를 어떻게 활용하는가에 관한 훌륭한 의사 결정을 내리도록 도와주어야 한다. 이것은 중요하다. IT 부서가 비용에 합당한 가치를 소통하기 위해 사용하는 지표는 다른 비즈니스 부서 사람들이 현명한 IT 소비자가 되는 데 도움을 주어야 한다.

이것은 IT 투자에 관한 현명한 의사 결정을 내리는 게 아니라, 현명한 소비 결정을 내리는 것에 관한 것이다. 즉 비용에 관한 결정이지, ROE(return on equity)나 ROI(Return on investment)에 관한 것이 아니다. 비용 통제를 목적으로 해당 정보를 사용할 수 있는 사람들에게 비용을 가시성 있게 만드는 요소들을 만들어 줄 수 있다. 대부분은 IT 서비스 개인 사용자들이다.

콜센(Coursen)은 계속 이어나간다.

> 내가 프리스케일(Freescale)에 왔을 때, 모든 사람이 호출기를 갖고 있었다. HR 사람들은 회의 중간에 호출받아 나가고 있었다. 나는 "왜?"라고 물었고, 곧 수천 대의 호출기를 수거했다. 수백만 달러의 비용이 절감되었으며, 대부분이 애초부터 호출기를 원하지도 않았었다.
>
> 나는 휴대폰이 있지만, 청구서를 본 적은 없다. 벤더는 우리에게 문서를 주고 있었지만, 오히려 비용 분석을 어렵게 만든다. 우리는 벤더에게 그 데이터를 달라고 요청했고, 다시 용도별로 요금을 부과해서 회사 내 모든 사용자에게 자신이 사용한 세부 내역을 발송했다. 요율(rate)과 사용량(volume)의 곱인 총 비용(total cost)의 개념으로 모든 것을 서비스 단위로 분해함에 따라, 요금 부과 방식을 소위 '눈높이에 맞추는(line of sight)' 방식으로 변화시키고자 하였다. 그것은 사용한 것에 대해서만 부과한다는 것으로 어떻게 하는 게 효율적인지 이해하고 만약 사용하지 않

으면, 요금 부과가 안 된다는 것을 의미한다.

우리는 그들에게 성과를 관리하기 위해 사용할 수 있는 데이터, 즉 그것을 이용해 행동에 영향을 미칠 수 있는 데이터를 제공했다.[12]

JM 패밀리(JM Family)에서는 IT/비즈니스 관계 관리자(relationship manager)들이 비즈니스 부서 담당자와의 회의에 비용 청구서(chargeback report)를 들고 와서 비즈니스 부서에 대한 서비스별 청구 내역을 보여준다. 또한, 각 서비스별 단위원가와 사용량을 보여 준다. 각 서비스는 "변동성 지수(variability index)"로 등급이 매겨지는데 이는 서비스 사용량을 조정함으로써 얼마만큼의 비용이 변화되는지를 나타내는 것이다. 서비스에 대한 비용 등급이 1레벨인 것은 사용자 행동에 따라 아주 조금만 변화한다(예를 들면, 네트워크 접속 비용). 하지만 5레벨 서비스에 대한 비용은 대부분 사용자 통제 범위에 들어온다. 예를 들어, 프린트 비용은 전자 매체(PDF 파일이나 전자 청구서 등)로 '프린트'하거나 다른 방식(흑백 대 컬러, 또는 양면 프린트)으로 프린트함으로써 절감될 수 있다. 선택은 모두 사용자가 할 수 있다. 또한, 변동성 지수가 레벨 1인 서비스에 대해서 비즈니스 부서가 통제할 수 있는 경우가 아니면, IT 관계 관리자는 IT 부서가 비용을 합리적으로 유지하기 위해 얼마나 많은 일을 하고 있는지 보여 준다. 비용 청구서에 제시된 데이터는 비즈니스 부서가 자신의 IT 비용을 관리하기 위한 최선의 기회를 식별하도록 도움을 주며, 변동성이 작은 단위원가의 경우, 왜 그대로 부과되는지를 설명해줄 것이다. 라빈드란(Ravindran)은 다음과 같이 요약하고 있다.

"똑같은 각본을 보고 이야기를 시작하면, 상황은 달라진다. 우리는 실제 활동 관점에서 비용을 소통하는 것이 더 낫기 때문에, 우리에게 '메뉴에 없는 (off-the-menu)' 서비스를 해달라는 요청이 있을 때에도 훨씬 현명한 대화를 할 수 있다."13

카라 슈내퍼(Cara Schnaper), EVP, 테크놀로지&오퍼레이션(Technology & Operations), TIAA-CREF

"우리는 재무 정보를 개방하고 투명하게 하였다. 2006년 중반, 우리는 비즈니스 부서에게 신속한 비용 배분 서비스를 제공하였다. 현재 우리는 완전한 비용 청구서를 제공한다. 우리는 투명성 활동과 벤치마킹 활동, 경쟁력 있는 입찰 활동 등을 하며, 우리의 재무가 통제 범위에 있다는 것과 단위원가 기반에서 지속적인 개선을 추진하고 있으므로 수준에 맞는 서비스를 제공할 책임이 있다는 관점을 강화해 나갔다.

'이제 우리는 IT 비용이 그렇게 많이 소요되는 이유가 무엇인가?'라는 질문은 받지 않는다. 우리는 여전히 비용 수준의 대화를 하고 있는가? 그렇다. 하지만, 우리와 함께 어떻게 하면 비용을 절감할 수 있는가에 대한 내용이 더 많다."14

래디 스프래트(Randy Spratt), CIO, 매케슨(McKesson)

"구현 후 4년이 지나자, 현재 IT 비용은 비즈니스 부서보다 투명해졌으며, 이는 향상된 의사결정을 이끌어 내었다."15

IT 서비스 성과에 대해 투명하고 지속적인 보고를 함으로써, CIO는 IT 지출에 대한 대화의 본질을 변화시킨다. 경영진은 이제 "IT 비용이 그렇게 많이 소요되는 이유가 뭔가요?"라는 질문 대신에, 이렇게 묻는다. "적정한 가격으로 적정한 서비스와 품질을 제공하고 있나요? 우리 비즈니스 부서가 IT 비용을 통제하기 위해 할 수 있는 일은 무엇인가요?"

연결하라: 한 기업의 사례

인포인피티니(InfoInfinity)(가명)는 수십억 달러 규모의 정보 중개업체(information broker)이다. 이 회사의 IT 부서는 형편없이 업무 수행을 하고 있었고, 적정한 서비스 수준은 물론, 가치도 제대로 전달하지 못하는 것처럼 보인다. 몇 달 전, 경쟁회사와의 합병에 뒤따른 새로운 CIO가 임명되었다. 그는 IT 성과가 눈에 띄게 뒤떨어지고 있고, 이제 자신이 이를 개선할 책임에 크게 염려되었다.

지속적인 문제는 회사의 신규 상품이 IT 부서에 통보 없이 출시되고, 이 때문에 필요한 지원 시스템과 인프라를 구축하기 위한 긴급한 상황이 많이 생긴다는 것이었다. 이 회사의 상품은 데이터 집중도가 높고 구매자가 많기 때문에(가입을 통해 접근 권한을 구매하는 사람들) 신규 상품의 경우, IT 인프라와 서비스에 대한 수요에 급상승이 있을 수 있다. 이렇게 수시로 생기는 요구를 만족하게 하기는 어려운 일이며 비용도 높다. 이렇게 되면 IT에 대한 지속적인 불만이 생길 것이 뻔하다. 회사의 경영진은 IT에 지출된 매출의 10퍼센트에 대한 대가로 더 많은 가치를 더 신속하게 전달해야 한다고 생각한다.

IT팀은 딜레마의 중요한 측면을 이해한다. 특히, 팀 구성원은 비용에 합당한 가치를 입증하는 데 성공하지 못했다고 인식한다. 그들은(과도한 비용을 수반함과 동시에 시장 진입 시기를 늦게 했던 기술 측면의 불필요한 변동성을 줄이고자) IT 아키텍처를 개선하고 IT 프로세스를 개선하며(IT 거버넌스를 통해) 요구사항을 더 잘 관리하기 위한 조치를 취해 나가고 있다. 그러나 그들 또한 스스로 IT가 제공하는 가치에 대해 비즈니스 부서와 소통을 더 잘해야 한다고 믿고 있다.

IT팀이 자체 성과를 비즈니스 성과로 연결하지 못했다고 인식하면서 CIO는 비즈니스를 위한 최상위 지표를 식별하고, 이어서 이러한 운영 성과를 다루려면 IT가 무엇을 해야 하는지를 기술하도록 훈련을 시작했다. 30분의 논의가 끝나고, IT 리더십 팀은 6개의 주요 운영 지표, 5개의 재무 지표(이것은 경영진의 보상 계획의 일부로 포함되었으며, 경영진의 업무 행동을 추진시키는 목적으로 포함되었다.), 운영과 측정을 복잡하게 만드는 몇 가지 이슈들(예를 들면, 매출 유형의 정의- 이 과제는 회사의 제품과 가격 체계 때문에 쉽지 않다)을 제시하였다. 20분이 더 지나고, 이 팀은 이들 운영과 재무 요구사항을 지원하기 위해 IT에서 해야 할 일에 대한 설명을 도출하였으며 이는 일반적으로 IT의 현재와 목표 역량을 비즈니스 성과에 맵핑하게 된다. 그 결과는 표 3-3에 나타나 있으며, 팀이 만든 도표에서 인용한 것이다. 이 간단한 훈련이 완료됨으로써 팀은 곧바로 팀 과제의 비즈니스 가치를 다른 시각에서 보았다. 예를 들면, 시스템 고 가용성은 상품이 온라인상에서 제공되어야 하기 때문에 비즈니스에서 항상 기정사실로 되어 있었다. 운영 측면의 가정에는 회사 시스템에 접근할 수 없는 온라인 가입자들은 경쟁회사로 바로 이동할 것이라는 가정이 고려되었다.

팀 구성원들은 단순히 "우리는 고 가용성을 제공합니다."라고 말하지 않고, 고 가용성을 고객 경험, 상품 사용량(고객들은 종종 사용량에 따라 이용료(subscription fee) 외에 추가적인 지불을 하게 된다.), 고객 유지, 최종적으로는 매출과 연결할 수 있었다.

그 IT팀은 고객에게 "four nine(99.99퍼센트)" 가용성이 "three nine(99.9퍼센트)" 가용성보다 16배 비싸다는 것을 설명함으로써, 비즈니스 고객을 더

현명하게 만들 수 있다고 판단했다.[16]

표 3-3 데이터 브로커: 가장 중요한 운영 지표들

비즈니스 성과	지원해야 할 IT 요구사항
• 신규 순 가입 판매수 • 갱신수 • 보조 매출 • 성장율 • 고객 경험/만족도 • 상품 안정성/고객 콜 수	가용성 시스템 성능 더 낮아진 IT 비용 성장률 더욱 민첩한 IT 레버(다른 과제로부터 IT로 지출을 이동시키는) 빠른 시장 출시 기간 IT 서비스 수준에 대한 유연한 옵션들
이슈	
• 매출 인식/매출 데이터 분석 • 신규 매출 정의 • 가격체계 복잡성(경쟁 우위)	
재무	
• 매출(모두의 보상 유도) • 이익 • EPS(주당순이익)(경영진의 보상 유도) • 투하자본 수익률(ROIC)	

그 이후 목표 성과, 즉 상품 사용량과 고객 경험 등이 더 낮은 비용에서 다소 낮은 가용성 보장을 제공하게 되면 정말로 위태로워지는가에 대한 논의가 시작될 수 있었다. 예를 들자면, 신규 상품 요구 사항을 만족하기 위해 매우 고가용성이 보장된 데이터 센터(급속한 성장으로 빈번하게 요구되었던 비용) 대신에 다수이면서, 적은 비용이 드는 데이터 센터를 구축하는 것이 있겠다. 이러한 전략은 대화의 주제를 "IT 비용이 왜 그렇게 많이 소요되나요?"에서 "우리가 원하는 비즈니스 성과를 위험에 빠뜨리지 않고 시스템 성능 요구사

항을 줄이거나 변경할 수 있나요?"로 바뀌게 될 것이었다. 거기에 대한 답은 현상 유지일지도 모른다. 하지만, 내부 고객들은 무엇을 지불하고 있으며, 그 비용에 대해 얻게 되는 가치를 이해할 것이다.

이 단순한 훈련은 앞으로 해야 할 일에 대한 시작일 뿐이었지만, IT팀은 그들의 이슈를 비즈니스가 고민하는 부분과 연계하기 위해 생각하는 방식을 어떻게 변화시킬 수 있는가에 대한 소중한 안목을 갖게 되었다. 그 팀이 만든 일종의 상관관계는 IT 전체 조직에 걸쳐 확장되어 내려가서 조직 내 모든 사람이 IT 성과에 의해 어느 비즈니스 성과가 영향을 받는지를 이해할 수 있었다. 이는 문화적인 변화를 의미하며, 적어도 1, 2년은 걸릴 것이었다.

이 팀은 IT 위기관리에 근본적으로 상응하는 것으로 앞서 있는 3가지 주요 과제를 보았다.

- IT 관리 프로세스를 개선하라.
- 주로 요구사항을 관리하기 위한 수단으로서 거버넌스를 개선하라.
- 비용에 합당한 가치를 설명하라.

IT 리더십 팀은 조직과 비즈니스 동료에게 새로운 사고방식(mind-set)이 자리 잡지 않는 한, 이 과제들이 수행될 수 없을 것이라는 것을 깨달았다. IT 리더는 모든 과제를 비즈니스 용어로 연관시킬 필요가 있었고, IT 직원들에게 의사결정과 행동에 지침을 주기 위해 그 사고방식을 어떻게 활용하는지 제시할 필요가 있었다.[17] 이러한 변화는 매우 새로운 것이라, CIO가 자신의 조직이 제공하는 가치를 변화시키는 데 도움이 되었는지는 오직 시간만이 말 해줄 것이다. 하지만, 만약 프리스케일(Freescale), 인텔(Intel), 매케슨(McKesson)과 다른 회사들의 예가 어떤 시사점을 준다면, 새로운 사고방식은 인포인피니티(InfoInfinity)에 대해 좋은 결과를 가져와야만 한다.

비용에 합당한 가치에 대해 지속적으로 보고하라

돈, 사람 또는 그밖에 가치가 있는 모든 것처럼 IT는 부족한 자원이다. 우리가 설명했던 것처럼, 비용에 합당한 가치를 입증하는 것은 CIO로 하여금 특정한 서비스 수준은 특정한 비용이 수반되기 때문에 치러야 하는 만큼 비용이 든다는 사실을 주장하는 것이다. 마치 렉서스(Lexus) 세단이 스바루(Subaru) 차량과 가격이 다른 것처럼 말이다. 일단 경영진 내 다른 사람들이 그것을 이해한다면 어떤 서비스가 가장 중요하며 왜 그런지에 대한 의미 있는 논의를 할 여지가 있다. 그것은 IT 의사결정에서 효과적인 비즈니스 개입의 시작이다.

대부분의 IT 조직이 효과적인 비즈니스 지향적인 측정방법과 보고 프로그램을 설계하고 시행하는 데에는 6개월에서 12개월이 걸린다. 그 프로그램을 통해 IT가 적정한 품질 수준과 적정한 비용으로 적정한 서비스를 제공함에서 얼마나 잘하고 있는지를 보여준다. 수치가 좋든 그렇지 않든 간에 IT 조직이 표현하는데 도움을 주는 것이며 이는 측정이라는 것이 가치를 개선하기 위한 첫 번째 필수 단계이며 능력 있는 모든 경영진이 그렇게 인식하기 때문이다.

프로그램이 일단 진행되면 절대 멈추지 않는다. 비용에 합당한 가치는 지속적으로 증명되어야 한다. 결코, 당연하게 여길 수 없다. 우리는 다시 한번 강조한다. 즉 IT 성과에서 비용에 합당한 가치를 보여주는 필요성은 절대 사라지지 않을 것임을.

이것은 시간이 지나면서도 대화 내용에서 변하는 것이 아무것도 없다는 의미가 아니다. 측정 프로그램이 시작되면, 특히 IT 위기 극복 상황에서라면 다른 비즈니스 부서 사람들과 대화 대부분은 비용에 합당한 가치 외에는 없을 것이다. 그러나 비용에 합당한 가치가 증명됨에 따라 경영진과의 월간 협의

시에 그런 대화로 투입되는 시간은 작아지게 된다. 인텔(Intel)에 따르면 일단 IT 벤치마킹 보고서가 보다 좋아 보이기 시작하자 상위 경영진은 다른 이슈에 집중하였다. 비용에 합당한 가치가 적절한 궤도에 올라 있을 때 경영진은 여전히 적정한 품질 수준과 적정한 비용에 적정한 서비스를 받고 있다는 사실과 CIO가 더욱 개선하기 위해 지속적으로 노력하고 있다는 사실만 알면 될 뿐이다. 그들은 단지 IT에 사용된 비용이 잘 관리되고 있다는 사실을 확인받기 위해 매월 장시간의 대화를 더 이상 할 필요가 없었다.

> "IT는 불투명한 비용에서 동의하고 이해하는 비용과 동시에 가치 동인(value driver)으로 변화되었다. 비즈니스 부서는 우리가 비용과 품질, 고객 서비스를 측정하고 있다는 사실, 즉 훌륭한 비즈니스를 운영하기 위해 당신이 하는 모든 것들에 대해 안심하고 있다." [18]
>
> 랜디 스프래트(Randy Spratt), CIO, 매케슨(McKesson)

비용에 합당한 가치를 제공하고 증명하는 것, 즉 'cheap(가격이 싼) information officer'가 되는 것은 IT의 비즈니스 가치를 창출하고 입증하는 첫 번째 필수적인 단계이다. 반대 없이 비용에 합당한 가치를 제공함으로써 CIO는 다음 단계에 진입하는 데 필요한 신뢰성을 확보한다. 다음 단계는 IT에서 비즈니스 성과를 가장 개선할 수 있는 투자를 결정하기 위해 경영진과 일하기이다. 이 계획은 경영진이 비용에 대한 IT 가치가 엄청나게 개선되고 있으며 계속 개선될 것이라는 것을 확신하자마자 시작될 수 있으며 이는 IT 성과에 대한 대화의 취지가 명확하게 변화되는 것으로 설명될 것이다. 예를 들면, 중점을 두는 대상에 변화가 있게 된다. "왜 IT 비용이 이렇게 많이 소요되는가?"라는 것에서 비즈니스 성과 개선에 중점을 두며 관심의 초점이 바뀌게 된다. 이 단계에 진입하는 방법이 4장의 주제이다.

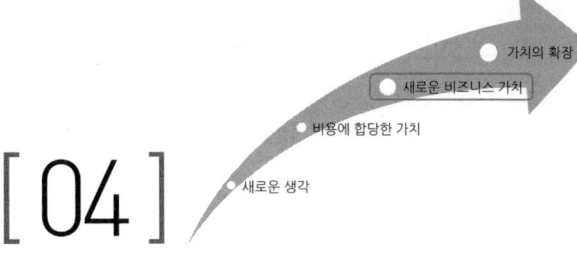

[04]

선순환을 마스터하라

"지식에 투자하면 항상 최고의 이자가 보장된다."

−벤자민 플랭클린(Benjamin Franklin)

이 장은 퀴즈로 시작해 보자. 그 이유는 곧 명확해 질 것임을 약속한다. 또한, 그 결과에 대해서도 이해할 것이다. 우리는 표 4-1을 가이드로 사용하여 18개 IT 관리 과업에 대한 당신 조직의 역량을 평가해 보기를 원한다. 18개 항목 중 10개는 일반적으로 CIO의 책임이고 그 중 8개는 그렇지 않다. 1부터 10까지의 스케일을 사용하는 데 여기서 1은 비효과적이고, 10은 매우 효과적이라는 뜻이다. 준비되었는가? 자, 시작하자.

완료되었는가? 수고했다. 표 4-2는 MIT의 CISR이 수행한 153명의 경영진을 대상으로 한 조사에 대해 점수를 평균 낸 현황을 보여 주며 이는 동일한 설문지와 채점 가이드라인을 사용하였다.

여기에 조사의 수치들을 중요하게 만드는 것이 있다: 18개의 공통 IT와 비IT 과업 중에서 4개만이 그렇다(표 4-2에서 굵은 글씨체로 표시). 즉 애플리케이션 개발, BPR(비즈니스 프로세스 재설계) 및 조직 변화, 요구사항 식별,

IT 관리감독(IT oversight)이다. 이는 IT가 제공하는 비즈니스에 대해 통계적으로 의미 있는 상관관계를 나타내었다.[1] 4개 과업에서 더 우수한 기업들은 가치 수혜자인 비 IT 경영진이 보는 관점에서 볼 때, 더 높은 비즈니스 가치를 제공한다.

표 4-1 아래 과업에서 회사를 평가하라.

IT과업	비즈니스 과업
• 운영 • 재무관리 • 인프라/아키텍처 계획 • 애플리케이션 개발 • IT 조직 관리 • IT 전략 • 직원 관리 • 우선순위 매기기 • 관계 관리 • BPR/조직 변화	• 자금 조달 • 우선순위 매기기 • 관계 관리 • 전략적 방향성 • 구현 지원 • 요구사항 식별 • IT를 효과적으로 사용하기 • IT 관리 감독

다른 모든 과업은 조력자(enabler)이지 가치 창출자(value generator)는 아니다. 즉 가장 중요한 비즈니스 가치는 IT 조직을 더 잘 관리하는 것에서 기인하는 것이 아니라, 가치 있는 방식으로 비즈니스를 변화시키는 것에서 기인한다(2장에서 언급한 바와 같이 이것은 항상 비즈니스 성과에 관한 것이다).

표 4-2 조사 결과: 당신의 회사는 주요 IT 과업에 대해 얼마나 잘하고 있는가?

IT과제	비즈니스 과제
• 운영 (8.0) • 재무관리 (6.7) • 인프라/아키텍처 계획 (6.5) • **애플리케이션 개발 (6.3)** • IT 조직 관리 (6.2) • IT 전략 (5.9) • 직원 관리 (5.8) • 우선순위 매기기 (5.8) • 관계 관리 (5.5) • **BPR/조직 변화 (5.5)**	• 자금 조달 (7.0) • 우선순위 매기기 (7.0) • 관계 관리 (6.9) • 전략적 방향성 (6.7) • 구현 지원 (6.4) • **요구사항 식별 (6.3)** • IT를 효과적으로 사용하기 (5.8) • **IT 관리 감독 (5.5)**

출처: 조지 웨스터먼(George Westerman)과 피터 웨일(Peter Weill)이 업데이트함. "무엇이 효과적인 CIO를 만드는가: 비 IT 경영진의 관점," MIT 슬로언 CISR 연구 조사 브리핑 V(2C), 2005년 7월

이러한 사실의 중요성은 아무리 강조해도 지나치지 않는다. 유능한 CIO들은 많은 IT 과업을(운영, 인프라 기획, IT 조직 관리, 관계 관리 등) 그들의 동료 그룹 회사보다 더 잘 수행함에도 이러한 과업들은 비즈니스 경영진이 비즈니스 가치를 인식하게 하는데 상대적으로 거의 영향을 미치지 않는다. 평균보다 훨씬 더 잘하지만, 점수가 없다. 오직 기술, 기량, 정보, 무엇보다 신뢰성에 대한 기초만 제공하며 그 위에서 CIO와 비즈니스 경영진들이 가치를 생산하고 회수할 수 있다. 그것들이 가치 그 자체는 아니라는 것이다.

이것은 IT로부터 가치를 증진시키기 위해 모든 노력을 IT 조직 관리에 투입해서는 안 된다는 것을 의미한다. 일단 당신이 비용에 합당한 가치를 확립하였다면, 가치 있는 비즈니스 변화를 식별하고 모든 변화로부터 더 나은 이익을 얻는 데 집중하는 것이 더 낫다.

IT에 대한 비즈니스 가치에서 선순환은 중요하다

표 4-2에서 강조된 4가지 요소는 IT 투자 활동에서 선순환(virtuous cycle)을 구성한다(그림 4-1 참조).

- **요구사항 식별(Needs identification)**은 기업 성과를 개선하기 위한 기회를 찾는 것이다.
- **비즈니스 프로세스 재설계(Business process redesign, BPR)와 조직 변화(organizational change)**는 보다 상위 수준의 성과를 제공하기 위해 비즈니스 프로세스가 어떻게 변화해야 하는가를 식별하고 그 다음에는 조직이 실무를 효과적으로 변화시키도록 보장하는 것을 의미한다.
- **애플리케이션 개발(Application development)**은 프로세스 변화를 구현하기 위한 설계, 구입, 설치, 테스팅 기술 솔루션을 포함한다.
- **IT 관리감독(IT oversight)**은 IT 부서가 효과적이며 효율적으로 운영하고 있다는 것을 보장하는 비즈니스 리더십에 관한 것이다. 효과적인 관리감독에서 중요한 요소는 투명한 투자 프로세스이며 이것의 목적은 IT에서 투자와 측정(또는 회수)을 위한 가장 유망한 기회를 선택하는 것이다. 측정의 경우, 이것은 가치를 제공하게 될 행동과 변화에 대한 책임을 강화시킴으로써 투자 의사 결정에 따라 가치가 창출하도록 보장하는 데 목적이 있다.

만약 당신의 기업이 표 4-2에서 조사에 대한 응답한 회사와 응답 내용이 유사하다면, 요구사항 식별과 애플리케이션 개발을 관리 감독과 BPR/조직 변화보다 더 잘하지만, 어느 것도 특별히 잘하는 것은 없다는 것이다. 좋은 소식은 선순환에 있는 어떤 단계라도 점진적으로 개선함으로써 비즈니스 가치를 증대시킬 수 있다는 것이다. 더 좋은 소식은 이들 요소 간에 종속성 때문에 이 모든 요소를 일제히 개선함으로써 굉장한 가치를 얻을 수 있다는 것이다. 기업이 요구사항을 고 가치(high-value) 기회의 형태로 만들고자 BPR

을 사용하면 요구사항 식별의 가치가 증대한다. 애플리케이션 개발로부터 기인하는 가치는 BPR과 요구사항 식별이 잘 이루어졌을 때 높아진다. 기업이 명확하게 자기가 변화로부터 얻기를 바라는 것이 무엇인지 알고 목표 성과를 측정하게 될 때 모든 투자의 가치가 증대한다.

그림 4-1 IT가치의 선순환

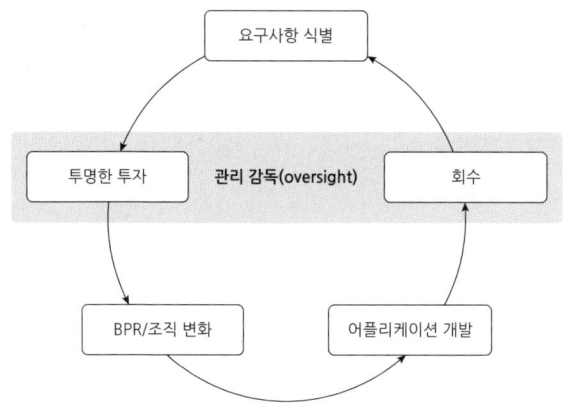

출처: 조지 웨스터먼(George Westerman)과 피터 웨일(Peter Weill)이 개작함.
"IT로부터 비즈니스 가치를 얻기:비 IT 경영진의 관점," MIT슬론 CISR 연구 조사 브리핑 V1(3A), 2006년 12월

가장 중요한 요소는 효과적인 관리감독이다. 그것은 모든 것들을 함께 유지해 주는 접착제 같은 것이다. 그리고 그것은 모든 과업을 학습의 사이클화 시키며 투자마다 처음부터 다시 반복되지 않도록 한다. 투자 결정과 우선순위를 매기는 규칙을 명확히 하게 되면 당신이 제공할 가치를 계획할 때 더 잘할 수 있도록 하며 요구사항을 식별하고 구현하고자 할 때, 기술 변화뿐만 아니라 비즈니스 변화도 고려한다는 것을 보장하게 된다. 또한, 이러한 명확성은 프로젝트가 적절한 수익을 제공했는지를 측정하는 데 필요한 데이터도 제공

한다. 가치를 측정하고 소통하는 것은 프로젝트가 효과적으로 수행되었다는 것을 보장하며 이러한 활동은 모든 사람이 계획과 수행 프로세스를 개선할 수 있도록 한다. 또, 미래의 변화를 위한 기회를 강조한다. 관리감독이 없으면 다른 모든 과업이 독립적으로 움직인다. 관리감독을 통해 각 과업은 함께 일하게 되며 팀 구성원은 각 사이클이 돌 때마다 배우게 될 것이다.

선순환이란 이래서 중요하다. 이 장의 나머지 부분에서는 선순환의 첫 번째 부분인 요구사항 식별에 대한 접근 방법에 대해 설명한다. 5장에서는 IT에 대한 새로운 가치의 원천을 식별하고 그들의 요구사항과 맞추기 위한 4가지 방법을 제시함으로써 논의를 이어나간다. 6장에서는 기회의 가치를 평가하고 그에 따라 이어지는 투자의 우선순위를 매기는 방법에 대해 설명한다. 7장에서는 CIO가 어떻게 BPR, 애플리케이션 개발, 조직 변화 관리를 개선할 수 있는지를 설명한다. 8장에서는 편익의 측정과 회수에 대한 지침과 함께 선순환 논의에 대한 결론을 내린다.

중요한 것을 이해함으로써 선순환을 시작하라

IT가 비즈니스 성과를 개선한다는 것을 보여 주고자 당신은 비즈니스 성과의 어떠한 측면이 개선을 필요로 하는지 알아야 한다. 이것은 비즈니스에 있어 가장 중요한 것을 이해하고 있다는 것을 의미한다. 많은 조직에서 그것은 중요한 일이다. 전형적인 비즈니스는 많은 가동부(moving parts)를 지니고 있다. 또한, 많은 경영진이 있으며 이들의 개인적인 관심과 안건은 때에 따라 변화한다. 누군가에게 가장 중요한 것을 이해하는 것은 어려울 수 있으며 이는 CIO에게만 해당하는 것은 아니다.

종종, CIO가 비즈니스 가치를 개선하는 첫 번째 방법은 비즈니스 담당자가 어떤 유형의 가치, 즉 어떤 비즈니스 성과가 가장 중요한지를 명확하게 하도록 하는 것이다. 그 다음에 경영진은 어떤 개선이 필요한가, 어떤 투자가 도움이 되는가, 매 투자의 가치를 개선하기 위해 어떤 단계를 밟아야 하는가에 대한 더 나은 결정을 하고자 집중된 가치 관점을 사용할 수 있다.

집중은 IT의 성공적인 투자를 위해서 필수적이다. 대부분의 기업은 비교 가능한(만약 동일하지 않다면) 기본 기술군을 사용하며 그 기술은 OS, 언어, 데이터베이스 관리 시스템, 비즈니스 인텔리전스(BI), 전사적 자원 관리(ERP), 고객 관계 관리(CRM), 기타 필수적인 인프라 혹은 애플리케이션 요구사항들을 위한 것들이다. 기업을 차별화하는 것은 기술 그 자체는 아니다. 즉 차이를 만드는 것은 도전과 그러한 기술이 적용되는 기회이다.

예를 들면, 캐피탈원(CaptialOne), 월마트(Wal-Mart), 아마존닷컴(Amozon.com)은 데이터 마이닝을 많이 사용하지만, 각자 기업의 전략적 포커스를 반영하며 다른 방식으로 사용한다. 아마존닷컴(Amazon.com)에서 데이터 마이닝은 고객 친밀도(당신이 구매했던 책들을 고려할 때, 어떤 책을 좋아할 것인가?)를 지원하기 위해 사용된다. 캐피탈원(CapitalOne)에서는 마케팅에 사용된다(어떤 종류의 제품이 기존에 없었던 소규모 세그먼트에서 관심을 끌 수 있을까?). 월마트(Wal-Mart)에서는 공급망을 위한 운영 탁월성(operational excellence)에 관한 것이다(어떤 제품이 어느 규모와 컨테이너로 내일 아침 개시 전까지 어느 상점으로 배송되어야 하는가?).

만약 기업이 집중하지 못하면, 데이터 마이닝 같은 기술은 특히 아무 곳에도 적용하지 못할지도 모른다. 투자에 대해 보여줄 수 있는 특별한 성과 없이 말이다. 그것은 "IT가 기술을 제공한다."라는 가치 함정의 전형적인 예이며 이는 특히 항상 최선의 의도를 갖고 이루어지기 때문이다.

"일반적으로 BI(비즈니스 인텔리전스) 기술은 문제를 찾기 위한 솔루션으로 도입된다. 당신에게 그것이 필요하다는 것은 많은 사람이 보기에 직관적으로 알 수 있다. 그래서 그것을 도입하게 되지만, 아무런 일도 일어나지 않게 되는데, 이는 잘못된 관점에서 계획되었기 때문이다. 만약 고객에 관한 진정한 지적 호기심이 없다면, 비용을 낭비하지 마라." [2]

부치 레오나드슨(Butch Leonardson), CIO, 보잉 임플로이 크레디트 유니온(Boeing Employees Credit Union)

가장 중요한 것에 집중하라

전략은 가장 중요한 것이 무엇인지 알 수 있도록 해 준다. 그러나 많은 조직의 전략이 분명하지 못하거나 심지어 상위 경영진에 의해서도 형편없이 이해되고 만다. 만약 그렇다면, 전략을 분석하는 것이 중요한 것을 이해하는 데 반드시 필요한 실행 가능한 접근 방법이 아닐 수도 있으므로 최적의 IT 투자를 식별하기 위해 집중할 수 있는 다른 방법이 필요할 것이다.

우리는 집중할 수 있는 3가지 방법을 제안한다.

1 전략을 명확히 하라.
2 비즈니스 프로세스를 분석하라.
3 주요 운영 지표를 발견하라.

이 접근 방법은 특정한 장점과 한계를 갖고 있다. 이 모두가 모든 회사에 유용한 것은 아니다. 그러나 CIO는 가능한 한 많이 활용해야 하는데, 이는 각 접근 방법이 제공하는 관점을 통해 다른 사람들이 볼 때 명확하지 않은 기회나 장애요인을 명확하게 해주기 때문이다.

접근 방법 1: 전략을 명확히 하라

어떤 비즈니스 부서도 자신의 전략에 견고성이 부족하다고 선언하는 것은 자랑스러운 일이 아니다. 경영진 대부분은 훌륭하게 정의되고 이해된 전략을 통해서 모든 직원이 어떻게 기업의 성과를 개선할 것인가를 스스로 이해하는 데 도움이 된다고 생각할 것이다(해당 경영진 자신이 전략을 보유하고 있다고 생각하든지 아니든지 간에 말이다). 확실한 것은 명확한 전략 포커스를 보유한 기업의 CIO는 그들이 비즈니스를 진전시키기 위해 다음에 할 일을 알고 있다는 의미에서 훨씬 더 효과적일 수 있다.

또는 우리는 이 원칙의 관점을 바꾸어 서술할 수 있다. 즉 그들이 얼마나 경쟁력이 있는가를 이해하는 기업, 이것이 전략의 역할인데 이런 기업은 그들이 보다 나은 경쟁력을 갖기 위해(다른 자산뿐만 아니라) IT를 어떻게 사용할 수 있는지를 더욱더 잘 이해할 수 있다.

분명한 시사점은 CIO는 경영진이 전략을 명확히 하도록 그들이 할 수 있는 모든 것을 해야 한다는 것이다. 전략이 명확해 질 때, 비용에 대한 합당한 가치를 전달하는 IT 조직이 어떻게 비즈니스 성과를 개선할 수 있는지도 명확해질 것이다.

전략을 요청하라

전략을 확보하는 가장 직접적이며 명확한 방법은 동료에게 전략이 무엇인지 물어보는 것이다. 어느 곳에도 문서화되지 않은 좋은 기회가 있으며 그런 경우 다양하고(그리고 모순되는) 많은 버전의 전략이 있을 수 있다. CFO와 마찬가지로 모든 경영진과 비즈니스 부서 팀장에게 정기적으로 이야기할 수 있는 타당한 이유가 있는 것이 CIO에게 유리하다. CIO는 부서 레벨의 전략에 관한 다양한 관점들을 조합함으로써 기업 전략과 잠재적인 갈등이나 포커스의 부재에 관한 전략에 더 큰 그림을 제시할 수 있다.

그러나 이 접근 방법은 까다로울 수 있다. 성공적인 CIO로서 연임하는 버드 매타이젤(Bud Mathaisel)은 이렇게 표현한다: "타이밍이 중요하다. 또한, 일반적으로 그들과 가장 장기적인 관점의 대화를 갖기에 가장 좋은 시기는 자체적인 전략 기획을 진행하고 있을 때다. 그것은 추운 어느 날 그냥 그들의 사무실에 가서 "당신은 미래에 대해서 어떻게 생각하는가?", "당신을 돕기 위해서 3년, 4년, 혹은 5년 안에 무엇을 하고 있어야만 하는가?"라고 말하는 것보다 낫다. 그들 자체적으로 일종의 연간 운영 계획을 세우는 시기에 있다거나 혹은 판매 및 자재 담당자의 컨퍼런스가 있어서 전략에 대한 방향성을 이미 정리하고 있을 시기가 더 낫다.[3]

CIO가 전략에 대해 직접 요청하기 보다는 비즈니스 경영진에게 목표와 장애 요인에 대한 질문을 요청하는 것이 더 쉬울 수 있다.

- 지금 당신이 생각하기에 가장 중요한 기회는 무엇인가?
- 당신과 이들의 기회 사이에 있는 가장 중요한 장애 요인은 무엇인가?
- 기회와 장애 요인을 다루기 위해 당신이 알아야 하지만, 그렇지 못한 것은 무엇인가?
- 당신이 해야 하지만, 할 수 없는 것은 무엇인가?

CIO가 해법을 제시할 필요는 없다. 해법은 메시지를 받아들이고 난 이후, 나중에 나올 수도 있다. 또한, 너무 자주 요청하지 말라는 버드 매타이젤(Bud

Mathaisel)의 조언을 따르도록 유의하라. 정보를 얻으려면 적절한 시점에 요청하라. 그다음 다른 회의에 들어가 무엇이 변화하고 있는지 보기 위해 대화를 경청해라. 전략에서의 명백한 변화를 강조하기 위해 질문하는 것은 도움을 주는 것처럼 보일 수 있다. 하지만, 같은 유형의 질문을 반복적으로 하는 것은 성가신 사람으로 비칠 수 있다.

전략을 요청해서 확보할 수 없다면 다른 방법으로 찾아라

당신이 전략에 대해 요청할 기회를 얻지 못하거나 당신이 얻은 대답이 모호하고 모순적이라면, 다른 곳에서 찾아볼 필요가 있다. 당신은 공문서나 공개 보고서를 검토함으로써 기업 수준에서 시작할 수 있다. 몇 가지 자료 출처들은 경영 전략에 중대한 통찰력을 제공한다. 이들 중 일부는 명확하지만, 완전성을 위해 여기에 포함하도록 한다.

- **연간 보고서는 무엇이 논의되는가?** 공공분야 비즈니스와 많은 공공 기관은 연간 보고서를 발행한다. 이 보고서는 규제기관(공공기관의 경우에는 입법기관), 주주(공공기관의 경우 일반국민), 직원을 포함하는 대중을 위해 준비되며, 기업의 최근 활동 이력과 계획에 대해 설명한다. 연간 보고서로 만들어진 공개 보고서는 사실상 공개적으로 이루어진 약속이며, CIO는 그 보고서를 다른 일반 대중처럼 진지하게 고려할 수 있다.[4]

- **10-K에서 무엇이 논의되는가?** 미국 증권거래위원회에서는 상장회사의 10-K 보고서를 요구한다. 여기에는 회사의 전략, 경쟁우위의 원천, 상위 경영진이 인식하고 있는 위험요소 등에 대한 설명이 포함된다. 경영진은 10-K에서 거짓되거나 호도하는 보고서를 작성하게 되면 고소를 당할 수 있기 때문에 신뢰성 있는 자료 출처로 간주할 수 있다. 그러나 연간 보고서와 폼 10-K는 단지 회사가 공유하고 싶은(혹은 공유하도록 요청받은) 자료만 보고한다는 것을 명심해야 한다. 전략과 성과, 위험에 관한 많은 다른 측면들은 결코 외부 세계와 공유되지 않는다.

- **상위 경영진이 투자자와 언론에게 무엇을 이야기했는가?** 대부분의 상장회사들은 투자자들을 위한 정기적인 컨퍼런스나 회의를 개최한다. 이러한 회의에서 작성된 보고서는 투자자와 투자자문사들에게 추적이 되므로 회사의 경영진은 이 보고서를 가볍게 생각하지 않는다. 새로운 소식을 위한 웹 사이트, 공개 보고서, 그리고 미래 방향성 혹은 기업의 자원 투입에 관해 언급하는 애널리스트 보고서를 참고하라

다음은 조직에서 한, 두 수준 밑으로 내려가 보자. 각 비즈니스 부서에 대한 현재의 예산 제안서를 검토하라(여기에는 경영진이 원했으나 올해 승인되지 않은 예산 항목들을 포함하라). 이러한 문서들을 통해 어느 비즈니스 부서 경영진이 사장과 회사 내 다른 이에게 부서의 계획과 성과를 보고하기에 적합할지 알 수 있다. 또한, 보다 장기적인 제품 로드맵이나 다른 기획 문서를 검토하라. 다른 계획과 마찬가지로 이러한 것들은 변경될 가능성이 크지만, 미래의 목표를 이해하고 당신과 상호작용하고 있는 경영진의 계획을 이해하는 데 도움이 될 것이다.

또한, 비즈니스 부서 수준에서 전략의 이해를 얻으려고 중간 수준의 관계를 활용할 수 있다. 애플리케이션 개발 팀장에게 비즈니스 부서 담당자의 전략을 설명하도록 요청하라. IT 비즈니스 부서 관계 관리자에게 그들의 담당자로부터 듣고 있는 내용에 관해 여론 조사를 하라. 이것은 간접적인 정보이지만, 가치 있는 정보가 될 수 있다.

자료의 원천이 모두 소진되면, 당신이 생각하는 전략에 대해 문서화하고 경영진 내 다른 구성원에게 설명하라. 그들은 분명히 반응하게 되어 있다. 당신이 작성한 문서를 확인해 주거나 수정할 수도 있다. 어떠한 방식이든지 비즈니스 부서가 생각하는 방향성에 대해 기존보다 더 잘 알게 될 것이다.

> "우리는 비즈니스에 대한 전략적 계획을 확보하고 있지 않다."라고 말하는 CIO들이 있다. – 자! 전략을 보유하라. 그러면 당신은 갑자기 비즈니스 리더가 된다. 많은 CIO는 전략적 계획을 원하고 있으며, 그에 따라 IT 계획을 세울 수 있다. 지금 바로 비즈니스 리더에게 다가가 진행되고 있는 계획을 확보하라. 그러면 당신은 비즈니스 리더가 된다."[5]
> 부치 레오나드슨(Butch Leonardson), CIO, 보잉 임플로이 크레딧 유니온(Boeing Employee Credit Union)

접근방법 2: 비즈니스 프로세스를 분석하라

전략은 계획에 관한 것이다. 비즈니스 프로세스는 실행에 관한 것이다. 비즈니스 프로세스 분석은 전략에서 누락될 수도 있는 현재와 미래의 역량에 대한 중요한 정보를 많이 제공한다. 또한, 만약 비즈니스 프로세스의 기능과 그것에 의존하는 전략 간에 격차가 있다면, IT를 통해 가치를 더할 수 있는 의미 있는 기회를 갖게 될 수 있다. 비즈니스 부서 리더는 그들의 프로세스에 대한 논의에 틀림없이 관심을 가질 것이다. 프로세스가 있다는 자체가 그들의 자랑거리이거나 골칫거리이든지 간에 어떠한 방식으로든 그들은 이야기하길 원할 것이다.

프로세스에 관한 가장 중요한 질문은 운영 측면이다. 비즈니스에서 프로세스의 역할은 무엇인가? 규모, 순환 주기, 자원 소비, 품질 측면에서의 프로세스의 기능은 무엇인가? 그것의 취약성은 무엇이고 연관된 위험은 무엇인가? 그것은 다른 프로세스에 어떻게 관련되어 있는가? 그것은 경쟁 회사에 의해 사용되는 유사한 프로세스에 어떻게 비교될 수 있는가? 그것이 지원하는 비즈니스에서 미래의 변화를 수용할 수 있는가?

프리스케일 세미컨덕터(FreescaleSemiconductor)의 샘 콜센(Sam Cursen)은 '가치 사슬(value chain)'을 사용하고(이는 1980년대 마이클 포터(Michael Porter)의 경쟁전략(competitive strategy)에 관한 연구로부터 유래된 잘 알려진 개념이다), 전략적 요구사항에 대한 논의를 위한 구조화된 원칙으로 가치 사슬을 지원하는 프로세스를 사용한다.[6]

그림 4-2 프리스케일 세미컨덕터 (Freescale Semiconductor) 가치 사슬

| 가치 사슬 | 제품 개발 | 세일즈/마케팅 | 요구사항 관리 | 공급망 계획 | 제조 | 유통/물류 서비스 |

출처: 2008년 3월, 프리스케일 세미컨덕터(Freescale Semiconductor), 샘 콜센(Sam Coursen), 컨퍼런스 발표, 사용이 허가됨

가치 사슬은 어떤 MBA라도 익숙한 개념이므로 비즈니스 경영진이 이해하는 관점에서 애플리케이션과 비즈니스 프로세스를 논의하는 것은 좋은 방법이다(그림 4-2는 프리스케일(Freescale)이 인식하는 가치 사슬을 표현한다). 여기 콜센(Coursen)의 이야기가 있다.

IT 프로세스의 비용과 효율성을 최적화하는 것은 [가치] 방정식의 반만 해당한다. 나머지 반은 그 밖의 모든 사람들이 수행하는 프로세스다.

가치 사슬에 대해 생각해 보라. 우리는 제품을 생산하고, 그것을 팔며, 주문을 받아 처리하며, 판매 후에 서비스를 제공한다. 그것이 우리가 가치를 더하는 방법이다. IT에서 우리는 프리스케일(Freescale)을 가치 사슬과 연관된 20개의 프로세스로 분류했다. 프로세스마다 회사의 오너가 있다. 또한, 각 프로세스, 즉 공급망, 제조 등에 대한 전략(game plan)을 수립한다. 현재의 상태는 무엇인가? 그것을 개선하기 위한 기회는 무엇인가? 미래의 상태는 무엇인가? 우리는 그것을 프로세스의 오너와 함

께 확정시킨다.

따라서, 수천 개의 작은 수정, 즉 사용자가 쉽게 당신에게 요청하며 ROI가 전혀 없는 수정사항을 반영하느라 분주해지지 않고, 큰 단계에 집중할 수 있다. 예를 들면, 공급망에 대해 당신은 어디에 있기를 원하는가와 같은 것이다. 그다음에 프로세스 오너는 전략적 과제를 통해 그들의 프로세스를 재구축하는 것에 실제 합류하게 된다.

여기서 아키텍처는 중요하다. 그러나 만약 기술 관점의 아키텍처에 관해 이야기하는 것이라면 비즈니스 부서에 이야기하지 않는다. 우리는 그들에게 비즈니스 프로세스 전략 수준에서 이야기한다. 그다음 그것을 근본적인 기술 전략과 아키텍처로 해석한다. 기술 아키텍처는 중요한 전략이다. 하지만, 그들이 요청하지 않는 한 비즈니스 부서를 개입시키지 않는다. 그들은 요청하지 않는다. 그들은 기술적인 기준에서는 가치를 얻지 못하고, 비즈니스 프로세스의 개선 여부에서 가치를 얻는다.

프리스케일(Freescale)의 IT는 IT 전략이 그 자체로만은 존재하지 않는다고 매우 단호하게 생각한다. 즉 그것은 비즈니스 영역의 전략이다. 우리는 IT 전략을 개발하기 위해 아래에서부터 위로(from the bottom up) 모든 기능별로 고급 사용자들과 함께 일을 했으나 그것이 반드시 비즈니스 전략과 연계되지는 않았다. 위에서부터 아래로(from the top down) 전개함으로써, IT 활동을 주요 과제 쪽으로 방향을 바꿀 수 있었다. 우리는 지원 영역을 위한 IT 투자에서 프로세스의 가치 사슬로 이동했다.[7]

콜센(Coursen)의 코멘트에서 몇 가지 주시할 내용이 있다. 첫째, 그의 IT 전략은 실제 비즈니스 영역 전략이므로 회사의 가장 중요한 장기적인 우선순위에 직접적으로 연계되어 있다. 둘째, 그는 프로세스 오너와 직접 일하면서 프로세스별로 전략을 개발하고 프로세스의 오너십이 명확하다는 것을 보장하기 위한 조치를 취했으며 변화를 주도할 권한을 가진 사람들을 담당하고 있다. 셋째, 그는 요청받지 않는 한 다른 비즈니스 부서 사람들과 특정 프로세스에 대한 전략을 지원하는 기술 아키텍처에 대해서 논의하지 않는다. 그는 실제로 요청받지 않았다.

정리하면, 이런 논의가 고려되는 곳에서는 진정 IT가 아닌, 오로지 비즈니스 성과에 관한 내용이다. 또한 이런 예가 보여주는 것처럼, CIO는 경영진이 설명한 기능적인 접근 방법(즉 프로세스에 대한 목표가 어떻게 달성되어야만 하는가)을 경영진이 정말 원하고 필요로 하는 것으로 액면 그대로 받아들여서는 안 된다. CIO는 그 질문에 대한 더 훌륭한 해결책을 기술을 통해 어떻게 제공할 수 있는지 보여 줌으로써 많은 가치를 더할 수 있다.

접근방법 3: 관리자들이 사용하는 주요한 운영 지표를 찾아라

많은 CIO가 IT 성과와 비즈니스 재무 성과 간에 연관성을 만드는 것에 집중하지만, 직접적인 연관성을 만들지 못하는 것에 대해 좌절감을 느끼곤 한다. 연관성은 비즈니스 운영 지표(operational metrics), 즉 재무를 위한 선행지표로 정형화 될 때에는 만들고, 측정하기에 훨씬 더 쉬워진다. 운영 지표는 보통 비즈니스 프로세스의 성과가 측정될 때 이용된다. 따라서 그것을 통해 관리자들이 프로세스에서 가장 중요하다고 보는 것을 밝힐 수 있다.

일반적으로 기업 내 모든 수준에 있는 특정 관리자에게 소수의 운영 지표가 제공되며, 이는 매일 관리자의 의사결정에 영향을 미친다. 비즈니스 성과에서 의미 있는 변화는 그러한 지표들의 관점에서 대략적으로 표현된다. 만약 IT가 이러한 지표를 개선하는 데 도움이 된다면, 그 변화는 큰 가치로 인식될 것이다.

이러한 지표로 이끄는 질문에는 다음과 같은 것들이 있다.

경영진의 보상 계획에 영향을 미치는 운영 지표는 무엇인가?
- 경영진의 보상 계획은 종종 기업이나 비즈니스 부서 전략에서 가장 중요한 동인이 된다. 자신의 과제로 경영진이 평가받는 지표를 개선하는 CIO는 그렇지 못한 CIO보다 지원을 얻어낼(그리고 반대에 부딪히지 않을) 가능성이 더 높다.

관리자가 매일 추적하는 주요 운영 지표는 무엇인가?
- 이러한 운영 지표는 관리자들에게 무엇을 말해주는가? 성인 교육산업의 선두 주자 중의 하나인 캐리어 에듀케이션 코퍼레이션(Career Education Corporation)에서 학자금 대출과 수업 참석률 현황이 매출을 위한 중요한 선행 지표로서 매우 주의 깊게 관찰되고 있다. 둘 중 하나의 지표에서 감소가 관측되면 관련된 학생이 갑작스럽게 학업을 중단할 것이라는 신호일 수도 있다.

이 지표들에 대한 현재 성과 수준은 어떠한가?
- 캐리어 에듀케이션 코퍼레이션(Career Education Corporation)에게는 IT 부서가 등록률, 참석률, 학자금 대출현황 정보를 실시간으로 제공하기 시작한 것이 중요한 돌파구였다. 기존에 경영진은 주간과 월간 형태의 보고서에 익숙했었다. 이렇게 선행 지표를 신속하게 제공함으로써 관리자들은 비상 상황으로 발전하기 전에 위험 상황을 인지하고 처리하는 것이 가능해졌다.

이 지표들이 전략과 일관성이 있는가?
- 즉 관리자들은 공식적인 전략의 요구사항과 가장 일관성이 있는 성과를 강조하고 있는가? 경영진의 보상 계획 내에 담긴 성과 목표가 회사의 공식적인 전략과 일관성이 없을 경우 흔히 갈등이 발생한다. 많은 경우, 대부분은 아닐지라도 그러한 갈등은 경영진의 보상 증대를 통해 해결된다. 즉 일반적으로 경영진 보상 계획은 실질적인 전략을 정의한다.

공급자, 고객, 투자자, 혹은 규제 기관에게 보고되는 주요 운영 지표는 무엇인가?
- 이 지표들이 그들에게 말해주는 것은 무엇인가? 이 외부 기관들은 이 지표들을 기반으로 무슨 결정을 내릴 수 있는가?

가트너(Gartner)의 애널리스트 마이클 스미스(Michael Smith)와 오드리 아펠(Audrey Apfel)이 작성한 가트너의 비즈니스 가치 프레임워크(Gartner's Business Value Framework)에서는 전 세계적으로 가장 널리 사용되고 있는 운영 지표 일부를 제시하고 있으며 이는 공급망 관리 솔루션 협회(Supply Chain Council) 같은 업계 자료에 근거를 두었다.[8] 이 프레임워크는 표 4-3에 있으며 운영 지표를 위한 유용한 자료로 사용될 수 있다.

운영 지표와 성과는 비상업적 기업을 위해서도 중요하다

비즈니스 운영 지표와 그것이 나타내는 성과를 이해하는 것은 상업적 기업만큼 비영리 기관과 공공 기관에서도 중요하다. 대학생 선교회(Campus Crusade for Christ)를 고려해 보자. 이 조직은 복음주의 기독교 단체로서 미국 전역에 걸쳐 대학 캠퍼스에서 실질적인 존재로서 유지되고 있다. 이 조직은 전화 상담 센터를 통해 영적 문제나 정신적 고통에 관한 상담을 받고자 하는 학생들을 돕는 서비스를 제공하고 있다.

이 조직의 CIO인 트레이 루이스(Trey Lewis)는 해당 단체에 IT 서비스의 가치를 전달하는 데 어려움을 겪고 있었다. 그는 일부 문제가 그가 사용하고 있던 측정 방법, 즉 네트워크 가동시간과 IT 자산에 대한 총 소유비용 같은 것들이라는 것을 깨달았다. 이 지표들은 그와 그의 팀에게는 중요했지만, IT 서비스에 대해 비용을 지불하고 편익을 얻게 되는 경영진에게는 아무런 의미도 없는 것들이었다.

표 4-3 가트너의 비즈니스 가치 프레임워크

비즈니스 관점	대표 속성	주요 지표			
요구사항 관리	시장 반응성	타겟 시장 지수 제품 포트폴리오 지수	시장 커버리지 지수 채널 수익성 지수	시장 점유율 지수 구성 능력 지수	기회/위험 지수
	판매 효과성	판매 기회 지수 판매 비용 지수	판매 사이클 지수 예측 정확성	판매 완료 지수 고객 유지 지수	판매 가격 지수
	제품 개발 효과성	신제품 지수	기능 지수	시장 출시기간 지수	R&D성공지수
공급 관리	고객 반응성	적시 제공 서비스 성과	주문 실행률 고객관리 성과	재료 품질 계약 효과성	서비스 정확도 변환율
	공급자 효과성	공급자 적시 제공 공급자 서비스 성과	공급자 주문 실행률 공급자 관리 성과	공급자 재료 품질 공급자 계약 효과성	공급자 서비스 정확도 공급자 변환율
	운영 효율성	현금화 사이클 타임	전환 비용	자산 사용률	시그마 값
지원 서비스	인적자원 대응성	채용 효과성 지수 HR 자문 지수	복리후생관리 지수 HR 총 비용 지수	기술역량 목록 지수	직원 교육 지수
	정보기술 대응성	시스템 성능 신규 프로젝트 지수	IT 지원 성과 IT 총 비용 지수	파트너십 비율	서비스 레벨 효과성
	재무&규제 대응성	규제 준수 지수	정확도 지수	자문 지수	서비스 비용 지수

출처: M.스미스(M.Smith)와 A.아펠(A.Apfel), "가트너 비즈니스 가치 모델: 비즈니스 성과를 측정하기 위한 프레임워크" 가트너 리서치 노트 G00139413, 2006.5.31

그는 자신의 성과를 조직의 중요한 지표로 연계하는 노력의 일환으로써, 학생들의 정신과 감정에 관련된 도움을 주고 그들을 전향시키는 조직의 기능에 IT가 기여하는 바를 강조하기 시작했다. 그는 다음과 같은 지표를 고려하였다.

- 시간에 따른 추세를 포함한 조직의 처리 통화 건수; 통화 건수와 전향 건수당 IT와 조직의 평균 비용
- 피크타임과 비 피크타임 동안 전화 대기 시간; 그 시간 동안 대기자가 전화를 끊은 수
- 신규 사무소 설립을 위한 비용과 주기를 포함하여 신규 캠퍼스로 조직이 확장하는 것을 지원하는 IT 역량
- IT 지원 채널의 효과성과 사용률, 예를 들면 학생과의 소통을 지원하는 웹사이트와 채팅 룸 같은 것들이 있다. 조직에 합류하거나 기여하는 채널의 사용자 비율

루이스(Lewis)의 이러한 측정 방법 등에는 2가지 목적이 있다. 첫째, 그는 자기 부서의 성과를 상위 경영진의 입장에서 중요한 것을 측정 방법으로 더 직접적으로 연결할 수 있었다. 둘째, 그는 상위 경영진이 그들의 부서를 관리하기 위해 사용할 수 있는 보다 강력한 지표 군을 개발할 수 있도록 도왔다. 즉 기업에 중요한 지표에 집중하는 것은 정보 기술과 사람이 어떻게 하면 가장 효과적으로 조직의 목표 달성과 임무 확장에 도움이 될 것인가에 관한 논의의 기초로 작용한다. 이런 것이 가치가 있다.

1년이 채 안 되서 루이스(Lewis)는 자신이 매우 다른 위치에 있다고 느꼈다. 그의 부서는 다른 비즈니스 부서 사람으로부터 기존보다 더 가치를 인정받았고, 그는 온라인 커뮤니티 구축을 목표하는 신규 채널 전략의 리더십을 맡았

다. 경영진은 그를 불러 자신들의 부서 성과를 개선하는 데에 IT의 도움을 요청하기 시작했으며 조직의 현재와 장기 전략을 고찰하는 정기적인 회의에 참석하게 되었다.⁹

기회 개발을 위해 배운 것을 활용하라

이 시점에서 당신은 다음 내용을 포함하는 정보를 확보하였다.

- 회사의 전략에 대한 가용한 최선의 설명 자료
- 회사의 프로세스에 대한 하이레벨 분석
- 다양한 수준에 있는 비즈니스 리더의 입장에서 가장 중요한 운영 지표

회사 전략은 당신에게 비즈니스가 어디로 향하고 있는지 알려준다. 회사의 프로세스를 분석하면 현재의 프로세스가 거기에 도달할 수 있는지를 알게 된다. 운영 지표는 성과 개선이 어떻게 측정될 수 있는지 알려 준다.

이것은 투자 기회에 대한 안목을 갖기 위해 필요한 필수적인 정보이다. 전략을 고도화시키기 위해 프로세스를 개선할 수 있거나 혹은 개선해야만 할 때, 그리고 그 개선이 관측과 측정을 할 수 있는 방식으로 비즈니스 성과에 어떻게 영향을 미칠 것인가가 확실할 때 기회가 존재하게 된다. IT 내외부의 일부 경영진의 귀중한 기회는 영감과도 같이 자신에게 인식될 수 있을 정도로 몸소 체득했다. 이것에 대한 예는 5장에서 DKSH의 부사장이자 경영진 이사회의 일원인 괸뽀 체링(Gonpo Tsering)의 사례로 설명될 것이다. 다른 사람들을 위해서 공식적이고 구조화된 접근 방법이 유용할 수도 있다. 예를 들면, 전략과 프로세스, 프로세스와 성과 지표를 유기적으로 연결하고 더 높은 수

준의 성과를 위하여 일련의 선택사항들을 상세히 분석하는 것이 될 수 있다. 이것은 경영 컨설팅 회사에서 주로 사용하는 접근 방법이다. 선호하는 접근 방법이 극단적인 방법 중 하나에 더 가깝거나 그 중간에 있든지 간에, 공통적인 요소는 회사의 전략과 운영에 대해 잘 알아야 한다는 것이다.

요구사항 식별의 관점에서 볼 때 다음 단계는 기회를 붙잡고자 제안을 수립하고 순위를 매기는 것이다. 이것은 다음 두 장에서 다룰 주제가 된다.

[05]
새로운 가치의 원천을 찾아라

본질적으로 IT 조직은 가치를 창출하기 위해 자유롭게 사용할 수 있는 두 가지의 기본적인 수단을 갖고 있다. 그들은 정보의 품질이나 적시성을 개선함으로써 의사결정에 도움을 주거나 혹은 프로세스를 개선함으로써 효율성, 품질, 기능성을 향상시킬 수 있다.

우리는 정보나 자동화를 제공하는 체계의 범위가 어디까지인가를 표현하는 관점을 추가함으로써 그림 5-1과 같은 그림을 제시하고 이를 통해 비즈니스 차별화와 경쟁력을 강화시키기 위해 IT를 적용할 수 있는 전체 영역에 대한 접근 방법을 표현할 수 있다.

어떤 비즈니스에서든지 IT 조직은 이 중 한 가지 이상의 방법을 통해 비즈니스 성과에 대해 중요한 기여를 위한 기회를 갖게 될 수 있다. 사실 우리는 정보와 프로세스에서 개선을 통해 더 많은 변화를 위한 안정적이고 고기능적인 플랫폼을 구축함에 따라 한 사분면에서 시작된 과제가 다른 것들을 가능하게 하는 것을 종종 보게 된다.

예를 들면, DKSH는 세계를 선도하는 시장 확대 서비스(market expansion services) 제공자이며 2008년에는 80억 달러의 매출을 올렸다. 이 회사는 스

위스에 기반을 두고 있지만 약 150년간 아시아에 집중해왔다.

그림 5-1 IT를 통해 얻게 되는 새로운 가치의 네 가지 원천

IT는 네 가지 방법을 통해 비즈니스 성과를 개선할 수 있으며, 모두 높은 가치이다.

	내부	변화의 범위	외부
의사결정 개선	**내부용 정보 제공** 운영상의 결정을 개선시키기 위해 정보를 제공한다.		**외부용 정보 제공** 제품과 서비스에 정보를 포함시킨다.
가치의 원천			
프로세스 개선	**최적화** 기술을 통해 내부 프로세스를 개선하거나 변혁한다.		**재형성** 고객과 파트너 사가 기업과 해당 기업의 제품/서비스와 상호 작용하는 방법을 바꾼다.

DKSH는 4개의 비즈니스 부문(소비재, 헬스케어, 기능성 소재, 기술)이 있으며, 이를 통해 소싱, 세일즈, 마케팅과 유통, 물류 서비스를 제공하고 있다. 2005년에는 SAP 시스템이 지원하는 새로운 물류 센터 프로세스와 기술을 구현하였는데, 이는 물류 서비스 제공자로서 운영 성과에 목적을 둔 최적화 과제였다. 얼마 지나지 않아 운영/비즈니스 지원 부문의 부사장인 괸뽀 체링(Gonpo Tsering)은 회사의 새로운 IT 플랫폼과 글로벌 영역이 고객들에게 큰 가치를 제공하는 독점적인 지역 세일즈 정보를 제공한다는 사실을 깨달았다. DKSH는 고객들에게 배송 서비스와 더불어 요약된 판매 및 시장 동향 정보를 제공하기 위해 외부용 정보 제공(external informing)을 적용할 수 있었다. 예를 들어, 상하이에서 소규모 가게를 운영하는 소매업자에게 특정 브랜드의 껌 판매량이 꾸준히 증가하고 있으며 추세로 볼 때 몇 주일이면 상하이에 이를 정도로 빠르게 중국 연안으로 유입되고 있기 때문에 그 브랜드의

껌을 주문해야 한다고 알려줄 수 있다. DKSH는 물류 회사이면서 사실상 자신의 고객들에게 비즈니스 인텔리전스(business intelligence)를 제공하는 역할을 하게 되었고, 크고 작은 여러 고객에게 가치 제안을 확대함으로써 자신의 전략적 포지셔닝을 변화시켰다.[1]

네 가지 원천 모델: IT가 비즈니스 성과를 개선하는 방법

- **최적화(optimizing)** 회사 내부의 프로세스는 자동화를 통해 개선되거나 변혁이 된다. 일반적으로 최적화는 점진적인 프로세스 개선에 관한 것임에도, 모든 종류의 애플리케이션과 프로세스를 대체하는 활동을 포함하기도 한다.

- **재형성(Reshaping)** 자동화는 고객과 파트너사가 기업과 상호작용하는 방법, 그들이 기업의 제품과 서비스를 대상으로 일하는 방법, 또는 제공되는 서비스 수준과 종류를 변경시키는 데 사용된다. 이는 글로벌 공급망을 통합하는 것과 같이 대규모일 수도 있고, 이전에 고객들이 직접 판매 담당자나 콜 센터를 통해 요청해야 했던 기능을 셀프서비스 형태로 고객에게 제공하는 것과 같이 보다 소규모일 수도 있다.

- **내부용 정보 제공(Internal informing)** 특정한 운영상 이슈와 관련된 의사 결정 지원을 위해 내부 대상자에게 정보가 제공된다. 그 결과에 따르는 성과 개선은 고객과 공급자들 같은 외부 관계자들이 인식할 수 있으나, 일반적으로 정보 그 자체는 그렇지 않다.

- **외부용 정보 제공(External informing)** 기업에 대한 가치 제안, 관계 또는 운영을 개선하거나 변화시키기 위해 고객이나 공급자들 같은 외부 관계자들에게 직접적으로 정보가 제공된다.

유사하게 성인 교육산업에서 빠르게 성장하는 캐리어 에듀케이션 코퍼레이션(Career Education Corporation)은 수십 가지의 관리 시스템들을(이것은 인수에 의한 성장 전략의 유물이다.) 단일한 통합 시스템으로 대체하기 위해 2001년 최적화 과제를 수행하였다. 통합된 시스템에서 이용 가능한 정보를 통해 내부 및 외부용 정보 제공 기회가 창출되었다. 이를 테면, 수업 등록, 출석률, 학자금 대출에 관련된 경영상의 의사 결정의 속도와 정확성을 획기적으로 개선하기 위한 기회, 새로운 학교에 대해 수익이 좋은 위치로 확보하기 위한 기회, 등록자와 학생들에게 학과, 학점, 대출에 관한 최신 정보를 제공하기 위한 기회 등이 있다.[2]

기회가 식별되면, 새로운 IT 가치의 원천을 탐색하라

당신의 IT 조직이 기업 내 다양한 이해관계자들로부터 오는 요청에 응하기 위해 많은 노력을 함에도 단순히 주문만 받는 것은 가치 함정이다. 기업에 높은 가치를 제공하는 CIO들은 단순히 주문 받는 것 이상의 것을 수행한다. 그들은 이해관계자들의 요구사항을 기업에 더 가치 있는 형태가 되도록 한다. 또한, 다른 이해관계자들이 제안할 수 있는 것 이상의 가치를 훌륭하게 제공할 수 있는 새로운 과제를 제안하기도 한다.

4장에서 기술했던 바와 같이, 일단 전략적인 이슈와 기회를 식별했다면, 당신은 새로운 과제를 도출할 수 있는 입장이 된다. 이 목적을 위한 네 가지 원천 모델은 유용한 프레임워크가 된다. 새로운 IT 가치의 네 가지 원천에 대해 각각 차례대로 살펴보자.

최적화

최적화 기회는 자동화나 통합을 통해 프로세스를 간소화하기 위해서 IT를 사용하는 것을 중심으로 다룬다. 예를 들면, 인텔의 경우, 유지 보수 기술자가 일하는 중에 기계 장치에서 그린 스크린(역자 주: 작업용 모니터)으로 이동하고 다시 돌아와야만 했었다. 인텔의 IT팀은 이러한 유지 보수에 관련된 시간과 노력을 줄이기 위해 단일 모바일 장비를 개발했다. 이 모바일 장비는 수많은 그린 스크린 상의 애플리케이션을 단일 모바일 인터페이스로 결합함으로써, 기술자의 워크플로우를 간소화하고 장비 가동 시간을 향상시켰다. 수동의 프로세스(또는 프로세스 단계)들을 자동화하는 영역, 프로세스에서 단계를 제거하는 영역, 수동 업무를 위한 자동화된 도움을 제공하는 영역, 또는 다수의 레거시 시스템들을 간소화된 신규 플랫폼으로 대체하는 영역 등에 다른 기회 최적화가 존재할 수 있다.

최적화 기회를 탐색하기 위해서 다음과 같은 질문을 해보자.

- 기업에 대한 주요 운영 성과 지표에 기여하는 프로세스들은 무엇인가?
- 그러한 프로세스 중에서 중대한 단계는 무엇인가? 그러한 각 단계에 관련된 주요 인력과 부서는 무엇인가?
- 그러한 프로세스들에 대한 주기와 효율성 측정치는 기업 내 혹은 다른 기업 내의 유사한 프로세스와 어떻게 비교가 되는가?
- 그 인력들이 당면한 가장 중요한 장애 요인은 무엇인가?
- 그 인력들이 하나 혹은 그 이상의 장애 요인을 줄이거나 제거할 수 있도록 하나 혹은 그 이상의 특정한 기능을 자동화할 수 있는가?
- 매출이나 수익 측면의 성장을 위한 기업의 목표를 고려할 때, 기존의 정보 시스템과 비즈니스 프로세스를 개선하거나 통합함으로써 기업에 제시할 수 있는 새로운 기능은 무엇이 있는가?

이 질문들을 묻고 답하기에 가장 좋은 입장에 있는 사람들은 해당 프로세스에 관련된 인력과 그들을 직접 지원하는 IT 인력들이다. 사실 아이디어 최적화를 가능하게 하는 가장 확실한 한 가지 방법은 IT 인력들을 그들이 지원하는 비즈니스 부서로 물리적으로 배치하는 것이다.

재형성

기회를 재형성하는 것은 고객과 공급자들이 기업과 그 기업의 제품과 서비스와 상호 작용하는 방법을 변화시킴으로써 비즈니스 성과를 개선하는 것이다. 재형성은 고객들에게 셀프서비스 기능을 제공하는 것과 같이 외부 관계자들에 대한 내부 프로세스의 부하를 경감시켜 비용을 절감하는 것을 포함한다.

다른 재형성 활동에는 기업의 경계를 넘어 프로세스 상호 작용들이 보다 원활하게 이루어지게 하는 것을 포함한다. 즉 고객들이 기업과 함께 일하는 것을 원활하게 만드는 것이나 기업이 다른 기업과 함께 협력할 때 지원하는 것들을 포함한다. 예를 들면, 월마트(Wal-Mart)의 공급망 과제는 공급자들에게 표준 프로세스를 사용하도록 요청함으로써, 월마트의 프로세스를 보다 효율적으로 만든다.

재형성 기회를 식별하기 위해서 아래와 같은 질문을 해보자.

- 프로세스가 기업 외부의 관계자들과 함께 일하는 방식에서 불편한 점은 무엇인가?
- 어떻게 하면 기업과 비즈니스를 보다 쉽게 할 수 있는가?
- 어떻게 하면 외부 관계자들과 일하는 방식을 변화함으로써 프로세스를 개선할 수 있는가?
- 어떻게 하면 그들의 프로세스를 개선함으로써 다른 관계자들에게 우리 자신을 더 가치 있게 할 수 있는가?

- 기업의 광범위한 전략적 목표와 성과 요구사항에 대한 일관성을 유지하면서, 고객이나 파트너사가 우리 기업과 함께 협력할 때보다 많이 관여하게 할 수 있는 새로운 방법은 무엇인가?

많은 재형성 기회들이 최적화 기회와 유사한 방식으로 식별되지만, 내부 이해 관계자뿐 아니라 외부 이해 관계자도 포함된다. 특히, 비즈니스 프로세스 아웃소싱 관계와 기타 하이레벨 파트너 관계에서 IT는 고객의 운영에 중요한 역할을 수행하기 때문에 CIO는 고객과 밀접하게 협력한다. 버드 매타이젤(Bud Mathaisel)은 솔렉트론(Solectron)에서 CIO와 최고 프로세스 책임자(chief process officer)로서 그의 역할을 수행하며, 자신의 시간 중 일정 시간을 고객과 공급자들을 만나는 데 할애함으로써 협력 관계를 개선할 수 있었다. 아이디어는 사실상 비즈니스와 고객이 어떻게 관여하는가에 관해 이해를 돕는 모든 원천들, 예를 들면 비즈니스 분석가, 관계 관리자, 고객 서비스 전문가, 비즈니스 부서와 기업 경영진, 또는 고객과 공급자 자신들로부터 나오게 된다.

최적화처럼 재형성은 종종 광범위한 비즈니스 프로세스 리엔지니어링(BPR, business process reengineering)을 포함한다. 하지만, 이것은 다수의 조직과 공유되는 프로세스를 변경시켜야 하는 경우, 최적화보다 어려울 수 있다.

내부용 정보 제공

기업의 직원들이 자기 성과를 개선하기 위해 사용할 수 있는 정보를 IT가 제공할 때, 내부용 정보 제공의 기회가 발생한다. 보스턴 레드삭스(Boston Red Sox)는 프로야구팀이 86년 만에 월드시리즈 우승하게 된 것이 선수 채용과 코칭 결정에 대한 정보를 혁신적으로 응용하였기 때문이라고 생각한다. 캐피탈원(CapitalOne)은 자사 마케팅 인력에게 정보를 위임하고 사용하기 쉬운 도구를 이용함으로써 매년 다양한 고객 세그먼트에게 새로운 신용 상품을 판매하는 실험을 수없이 수행하였다.

사례를 통해 알 수 있듯이, 내부용 정보 제공은 누군가는 정보를 사용할 것이라는 희망으로 기업을 향해 맹목적으로 정보를 퍼붓는 것은 아니다. 오히려 특정한 결과와 특정한 목적을 위해 특정한 정보를 사용할 사람을 식별하는 것에 관한 것이다. 내부용 정보 제공에 대한 기회를 식별하기 위해서 다음과 같은 질문을 해보자.

- 조직 내에 특정한 경영진이나 역할을 가진 사람(이름 또는 직함)은 지금 알지 못하는 무엇을 알기 원하는가?
- 그들이 정보를 얻게 될 때 이들은 어떤 질문에 답할 것인가?
- 질문에 답하게 될 때, 그들은 어떤 행동을 취할 것인가?
- 기능과 성과에서 어떤 변화가 일어날 것인가?
  - 주요 결정을 위한 주기가 비용, 위험 또는 매출에 영향을 주면서 변경될 것인가?
  - 오류가 감소하거나 아니면 품질이 향상될 것인가?
  - 고객이 대응성(responsiveness)이나 품질에서 차이를 인지할 것인가?
  - 투자 결정이 이익 증대와 위험 감소를 수반하며, 보다 정확해질 것인가?
  - 기타 식별 가능한 성과가 얻어질 것인가?
- 다른 프로세스들이 잘 사용하지 않으면서 우리 기업이 수집하는 정보는 무엇인가? 그 지식을 사용할 수 있는 다른 프로세스는 무엇인가?
- 표준 운영 절차(SOP, standard operating procedure)에 의존하는 프로세스는 무엇인가? 또는 더 나은 정보로 더 나은 의사 결정을 할 수 있는 경우, 직관적인 판단에 의존하는가?
- 지금은 현 시점이 아닌, 통합되지 않은 데이터를 사용하고 있지만, 실시간의 통합된 정보와 함께 개선될 수 있는 프로세스는 무엇인가?

이와 같은 질문은 종종 특정 비즈니스 부서를 책임지는 경영진과 비즈니스 부서(항상 그렇듯이)에 할당된 IT 관계 관리자가 최선의 답을 줄 수 있다. 많은 경우, 경영진은 그들 스태프 중에 비즈니스를 추진하는 숫자에 관해 알고 이해하는 것을 담당하는 사람을 확보하고 있다. 이 스태프 직원들은 고위 직책자가 아닐 수도 있지만, 종종 신뢰받는 자문가로서 상당한 영향력을 행사하기도 한다. 우리는 그러한 인력이 특정한 정보의 가치에 대한 질문을 받았을 때, 세부적이고 정확한 근거로써 뒷받침할 수 있는 하드 달러(hard dollar) 추정치에 대해 즉시 답변하는 경우를 보아 왔다.

> "우리 상당수는 기술을 통해 일을 진척시키고자 노력하면, 많은 실패가 있게 된다는 사실을 배워왔다. 그러나 만일 당신의 의사 결정으로 시작하고, 어느 정보가 어느 시점에 필수적인지에 관해 이야기한다면, 효과가 있을 것이다." [3]
>
> 귀도 사키(Guido Sacchi), CEO, 모네타 코퍼레이션(Moneta Corporation)(전 CIO, 컴퓨크레디트(CompuCredit))

외부용 정보 제공

외부용 정보 제공은 활용 방법을 아는 회사가 거의 없는 강력한 가치의 원천이다. 고객과 공급자들에게 다른 기업이 제공할 수 없는 정보를 제공함으로써, 외부 관계자들과의 관계를 더욱 밀접하게 강화하고, 그들이 구매하는 제품과 서비스 이상의 가치를 제공한다. 여기 그 사례들이 있다.

- 프로그레시브 보험사(Progressive Insurance)는 자사뿐만 아니라 경쟁사의 가격에 대한 정보를 제공하여 고객이 프로그레시브를 보험사로 선택할 때 더욱더 확신하도록 한다.

- 프록터앤 겜블(Procter &Gamble) 같은 소비재 제품(CPG, consumer packaged goods)기업은 재고 관리 코드(SKU, stock keeping unit)를 통해 세일즈 데이터를 소매업체에 제공함으로써 그들이 매점에서 일어나는 구매 패턴을 더 잘 이해할 수 있도록 한다.
- 자동차 제조사는 자사의 공급자 네트워크에 앞으로 제품과 제품 계획에 대한 정보를 제공하여 공급자들이 신규 과제에서 입찰하여 새로운 구성 요소 설계를 제안하거나 자체 제품 계획을 조정하도록 한다.
- IT 침해 사고가 시만텍(Symantec)의 고객에게 영향을 미치는 경우, 회사는 취약점이 있을지 모르는 유사한 소프트웨어를 운영하는 다른 고객에게 통지한다.
- 재무 서비스 회사는 고객에게 그들이 소유하지 않은 상품의 성과뿐만 아니라 전체 포트폴리오에 대한 정보를 제공하여 고객이 자신의 포트폴리오 성과가 어떻게 벤치마킹에 필적하는지와 어떻게 하면 그들의 자산을 적절하게 조정할 수 있는지를 이해하도록 한다.

외부용 정보 제공에 대한 기회를 식별하기 위해서 다음과 같은 질문을 해보자.

- 고객이 우리의(혹은 경쟁사의) 제품과 서비스를 사용할 때 추구하는 결과는 무엇인가?
- 파트너사나 다른 외부 이해 관계자들이 우리와 거래할 때 추구하는 결과는 무엇인가?
- 고객이나 파트너사가 그 결과를 얻기 위해 알아야 하는 것은 무엇인가? 우리 또는 그 밖의 다른 누구라도 그 정보를 제공하고 있는가? 그렇지 않다면 우리가 제공할 수 있는가?
- 다른 사람들이 자신들의 의사 결정을 위해 큰 가치가 있다고 여기는 우리가 보유한 정보는 무엇인가?

- 우리 제품에 기능적인 역량이나 의사 결정을 보조할 수 있는 정보를 직접 포함할 수 있는가? 우리의 가치 네트워크(value network)를 통해 이를 제공할 수 있는가?

재형성 기회와 마찬가지로 이와 같은 질문들은 고객 자신들부터 고객이나 기타 외부 이해 관계자들과 자주 접촉하는 역할을 가진 기업 내 모든 사람을 포함하여 다양한 범위에 있는 사람들이 답변할 수 있는 것들이다.

아이디어의 출처가 어디든지 간에 운영 개선 측면과 손익 측면(P&L, profit and loss)에서 비즈니스 성과에 미치는 영향을 결정하려면 심층 분석되어야 한다. 투자 기회의 평가에 대해서는 6장에서 자세히 논의하고자 한다.

단일한 접근 방법이 모든 기업에 항상 적절한 것은 아니다

앞에서 말한 IT 가치의 네 가지 원천은 높은 단계가 가장 바람직한 것으로 추정되는 '성숙도 모델(maturity model)'을 표현하지는 않는다. 이 접근 방법 중 어떠한 것도 본질적으로 다른 것보다 높은 가치가 있는 것은 아니다. 외부 과제는 기업의 경계를 넘어서기 때문에 어떻게든 더 좋을 수는 없다. 또한, 의사 결정의 개선은 프로세스의 개선보다 우선하지 않는데, 이는 전자가 일반적으로 하위 직급의 직원이 아니라 관리자들을 돕기 때문이다.

IT를 통해 가치를 더하는 4가지 접근 방법 중 어떠한 것도 특정한 시점에 특정한 기업을 위한 적절한 방법이 될 수 있다. 그뿐만 아니라 한 사분면에 있는 과제는 같은 사분면이나 다른 사분면에 있는 많은 기회를 위한 기반이 될 수 있다.

CIO들은 자신들이 대부분 스폰서가 아닌 변화의 주역을 맡는다는 것을 염두에 두고 비즈니스 부서로 하여금 적절한 접근 방법을 사용하는 데 필요한 것에 중점을 두도록 힘써서 도와야 한다. 우리는 그렇게 중점을 둔 비즈니스 환경에서 일하는 CIO를 포함한 몇 가지 사례를 선별하였고 각 사례를 통해 IT로 가치를 전달하기 위한 네 가지의 접근 방법들을 설명하고자 한다.

- **최적화** 브로드컴(Broadcom)의 경영진은 IT가 '공기처럼' 되기를 원한다. 모두를 동작하게 하지만 보이지 않는 환경처럼 말이다. 즉 브로드컴(Broadcom)의 IT팀은 자사의 엔지니어와 설계자들에 대한 효과적인 성과 창출의 장애 요인을 제거하는 것에 전략적으로 집중함에 따라 그들이 더 신속하고 효과적으로 일함으로써 다른 경쟁사보다 흥미진진한 상품을 시장에 더 빠르게 내놓게 한다.

- **내부용 정보 제공** 샤프 헬스케어(Sharp Healthcare)는 정보를 이용하여 임상 전문가들의 진단과 치료를 도움으로써 정보의 역동성을 통해 서비스 품질과 비용을 개선한다.

- **재형성** LFSCo(대규모 재무 서비스 회사의 가명)은 고객들이 자사의 서비스를 사용하는 방법을 지속적으로 확대하고 개선함으로써 성장의 원동력으로 삼았다.

- **외부용 정보 제공** DKSH는 IT를 전략적으로 사용하여 서비스 제공 시에 고객들에게 매우 중요한 정보를 포함하여 아시아 태평양 지역에서 경쟁사와 차별화의 수단으로 활용하였다.

이 회사들과 그들이 IT를 사용해서 경쟁을 통한 차별화(competitive differentiation)를 하는 방법이 그림 5-2에 설명되어 있다. 각각은 4개의 사분면 중 하나의 예로서 설명되지만, 그들의 이야기를 들어보면 각각의 성공은 다른 사분면에서 추가적인 기회로 연결되었다는 사실을 알게 될 것이다.

더 많은 가치를 제공하는 능력은 이전의 가치를 제공함으로써 형성된 믿음과 신뢰로부터 나오는 것이다. 이 회사들과 CIO들 이면의 이야기들을 들어보자.

그림 5-2 기업에 적절한 가치를 제공하기 위한 IT의 활용

의사결정 개선	**샤프 헬스케어(Sharp Healthcare)**는 정보를 사용하여 정확한 실시간성 임상 진단을 지원한다.	**DKSH**는 아시아 태평양 지역의 경쟁사와 배송서비스를 차별화하기 위해 정보를 제공한다.
가치의 원천	**브로드컴(Broadcom)**은 엔지니어로 하여금 첫 시장 출시 제품의 품질을 보장함에 있어 장애 요인을 제거한다.	**LFSCo**는 서비스에 대한 고객의 접근과 사용을 확대하고 개선한다.
프로세스 개선	내부　　　　　변화의 범위　　　　　외부	

브로드컴: 최적화는 IT를 '공기처럼' 되게 한다

1991년에 설립된 브로드컴(Broadcom)은 세계에서 가장 큰 팹리스(fabless) 반도체 기업 중 하나이며, 유무선 통신을 위한 칩과 소프트웨어를 개발한다. 이 회사의 고객에는 시스코(Cisco), 노텔(Nortel), 모토로라(Motorola)가 있으며, 회사의 시장 리더십 전략은 제품 개발이다. 우리가 이 회사의 부사장이자 CIO인 켄 베너(Ken Venner)와 처음 인터뷰했을 당시인 2006년 말 기준으로 36.7억 달러의 매출을 달성했으며, 2008년에는 46.6억 달러로 증가했다.

브로드컴(Broadcom)은 IT팀이 제공하는 기술이나 정보가 회사 제품이나 서비스의 명백한 구성 요소가 아닌 경우라 할지라도 어떻게 하면 IT가 비즈니

스 성과와 경쟁력을 획기적으로 개선할 수 있는가를 보여 주는 예이다. IT를 브로드컴(Broadcom)의 경쟁력 있는 무기로 만드는 것은 회사가 우월한 파트너십을 활용해서 특출한 제품을 빠르게 개발함으로써 정확히 어떻게 경쟁하는가를 모든 이로 하여금 명확히 이해하게 하는 것이다.

켄 베너(Ken Venner)는 2000년도에 위기관리 CIO로서 회사에 오게 되었다. 베너(Venner)는 초기에 IT 성과를 개편하는 것, 즉 비용에 합당한 가치를 제공하는 것에 집중하였다. "먼저 나는 정말로 뛰어나고, 정말로 스마트한 사람들을 고용하였다. 다음에는 [내부 Broadcom] 고객이 원하는 바를 할 수 있도록 하는 것에 집중하였다. 나는 IT 직원들을 고객들과 같이 있도록 하였다. 우리는 IT 직원들이 수행하는 일상적인 업무 중 80퍼센트를 프로세스로 정의함에 따라 시간과 노력을 최소화할 수 있었다. 그리고 나서 우리는 그것에 대해 엄청난 마케팅을 했고, 그제야 사람들은 우리가 무슨 일을 하는지와 우리를 관여시키기 원한다는 사실을 알게 되었다."라고 베너(Venner)는 말한다.[4]

비용에 합당한 가치가 점점 뚜렷해지면서 베너(Venner)는 브로드컴(Broadcom)의 제품을 개발하는 엔지니어에 대한 성과를 최적화하기 위한 기회를 찾고자 했다. "우리(IT팀)를 차별화하는 것은 바로 우리의 엔지니어링 커뮤니티에 맞게 환경을 많이 조정하는 것이다. 우리는 제품 설계, 도입, 공급망 기능을 위해 그들이 사용하는 모든 인프라와 도구를 제공한다. 우리의 애플리케이션은 전 세계에서 엔지니어들이 순조롭게 일하는 방법에 많은 중점을 두고 있다. 엔지니어링팀 팀장과 나는 엔지니어링에 대한 많은 노력을 보며 개념에서부터 완성품에 이르는 시간을 절감시키는 것을 목표로 하고 있다."이 지표에 대한 IT의 기여도를 측정하는 것은 정확하지는 않다. "나는 우리의 첫 시장 출시 제품의 성과를 개선했다는 것을 알고 있지만, 그것을 IT 지출과 상관관계를 맺지 못했다." 그럼에도, 전체 제품 개발 주기가 감소한 것은 명확히 IT때문이며 경영진은 이러한 관점에서 투자를 고려한다.

최적화만이 브로드컴(Broadcom) IT에 대한 비즈니스 가치로 이르는 유일한 방법은 아니다. 브로드컴(Broadcom)은 매력적인 산업 영역에 있는 상위 2, 3개의 원 장비 제조사와의 전략적 파트너십을 통해 시장 점유율을 개선하고 있다. 파트너십은 특정한 재형성 접근 방법뿐만 아니라 내부 최적화 활동을 통해 개선된다. 2006년 기준 브로드컴(Broadcom)의 과제로 비즈니스 프로세스와 IT 변화를 요구하는 대형 고객과의 공급망 협력체계(supply chain collaboration)가 포함되었다. 가치는 두 가지 방식으로 틀이 갖추어졌다. 하나는 고객을 통해 전략적 시장에 접근하는 방법이고 또 다른 하나는 그 고객으로부터 새로운 수익을 얻는 것이다. 베너(Venner)는 "비즈니스는 이런 대형 고객이 우리의 공급망 생태계의 일부가 되기 위한 기회를 즉시 보게 되었다."라고 말한다.

한눈에 보는 브로드컴(Broadcom)의 IT 가치

- **주요 비즈니스 성과** 고품질, 빠른 제품 개발과 시장 출시 기간, 주요 OEM들 과의 강력한 관계 형성
- **IT 중점사항** 엔지니어링 직원들이 접하는 전술적인 장애 요인(tactical obstacles)을 제거하기 위한 최적화와 전략적 파트너십을 가능하게 하는 재형성

"이익을 제공하는 책임은 비즈니스 부서와 IT 부서 간에 공유되었다. 어느 시장에서든지 1, 2, 3위와 경쟁할 수 있다는 것은 우리의 전 경영진에게 강력한 지표가 된다. 이는 최고의 품질과 최단 시간의 시장 출시 기간을 확보하고 있음을 의미한다. 우리의 잠재 파트너들은 우리에게 협력적인 소통과 공급망 관리를 중심으로 한 핵심 IT 역량을 요구한다.

그림 5-3 브로드컴(Boradco)의 IT가치 원천

	내부용 정보 제공	외부용 정보 제공
의사결정 개선		
가치의 원천	최적화 제품 설계와 개발 프로 세스를 간소화시킨다.	재형성 주요 고객이 있는 공급망을 통합한다.
프로세스 개선	내부	외부

변화의 범위

이 핵심 역량들은 IT가 공기같이 존재하는 환경에서 생겨난다. 그림 5-3은 브로드컴(Broadcom)의 IT 전략이 가치 사분면(value quadrant)에서 어떻게 적용되는지를 보여준다.

샤프 헬스케어: 기업 최적화에 기반한 내부용 정보 제공

샤프(Sharp)는 캘리포니아 주 샌디에고의 헬스케어 서비스 제공의 선도 업체이다. 2007년 샤프(Sharp)는 저명한 말콤 볼드리지 국가 품질상(Malcolm Baldrige National Quality Award)을 수상하였고, 수상위원회는 샤프(Sharp)의 IT 부서를 그 상의 공적자라고 이야기하였다.[5]

샤프(Sharp)는 부분적으로 자선 활동을 통해 자금 조달을 하는 비영리 기업이며 14,000여 명의 직원, 7개의 병원, 3개의 제휴 의료 단체와 함께 의료 보험 서비스를 제공하고 있다. 부사장이자 CIO인 빌 스푸너(Bill Spooner)는 "우리의 기본 테마는 의사와 직원의 만족도를 향상시킴으로써 환자의 만족도를 향상시키는 것이다. 우리의 주요 '가치 기둥(pillar of value)'은 재무, 서비스, 품질, 사람(직원), 성장, 커뮤니티이다. 환자들 자신이 소중하게 보살핌을 받았다고 느끼며 걸어나갈 때, 우리는 성장, 재무, 커뮤니티는 자연히 해결될 것이라고 믿는다."고 말한다.[6]

최근의 볼드리지 상 외에, 샤프(Sharp)의 웹사이트는 수많은 상을 받았다. 그리고 샤프(Sharp)는 병원과 건강 네트워크 상(Hospitals & Health Networks award)에서 꾸준하게 '최고 유선망(most wired)' 수상 후보에 오르는 미국 내 6개의 헬스케어 시스템 중 하나이다. 하지만, 샤프(Sharp)는 IT 예산이 공격적이지 않다. 1990년대 후반 이래로 우리는 IT 애플리케이션을 위해 분야별 최상의 전략(best-of-breed strategy)을 추구해왔다. 그것에 대한 대안은 없었다. 어떠한 벤더도 주요 기능 대부분을 수행할 능력이 없었다. 하지만, 다수의 애플리케이션을 통합하는 것은 효과적이지 않았다. 의사들은 데이터를 보기 위해 여전히 여러 시스템에 접속해야 했다."라고 스푸너(Spooner)는 말한다. 효율적이고 효과적인 헬스 케어에는 도움이 되지 않는 상황이었다.

샤프(Sharp)는 고도의 전략적 최적화 프로젝트를 통해 자사의 여러 프로그래밍 언어로 된 정보 시스템을 통합된 제품 솔루션으로 대체하였고, 이를 핵심 입원 환자 간호 프로젝트(Core Patient Care Project)라고 칭하였다.

이 프로젝트의 최종 목적은 더 나은 환자 간호 서비스를 제공하고, 의사와 간호사들에게 보다 나은 근무 환경을 제공하며, 내진 설계를 위해 병원 건물에 요구되는 캘리포니아 주 지진 관련 법규를 만족하기 위해 병원 설비를 현대화하는 것이었다.

볼드리지 상을 통해 언급된 바와 같이 통합을 통해 내부 프로세스가 획기적으로 개선되었고, 이를 통해 추가적인 가치 제고를 위한 기회가 제공되었다.

한눈에 보는 샤프(Sharp)의 IT 가치

- **주요 비즈니스 성과** 의사와 직원이 만족도와 역량 개선을 통한 입원 환자 만족도 향상. '6개의 가치 기둥(pillar of value)'은 재무, 서비스, 품질, 사람(직원), 성장, 커뮤니티이다.

- **IT 중점사항** 헬스 케어 직원들의 효율성과 효과성을 최적화하기 위해 병원 프로세스와 정보 시스템을 통합한다. 즉 헬스 케어 의사결정의 품질을 극대화하기 위한 내부 정보용 제공이다.

그림 5-4 샤프(Sharp)의 IT가치 원천

의사결정 개선	내부용 정보 제공 실시간 정보로 진단을 지원한다.	외부용 정보 제공
가치의 원천		
프로세스 개선	최적화 내부 헬스 케어 프로세스의 통합을 극대화한다.	재형성
	내부　　　　변화의 범위　　　　외부	

샤프(Sharp)는 정보를 이용하여 의사들의 의사 결정을 개선했다. 진단은 치료를 위해 가장 중요한 단계 중 하나이다. 일반적으로, 치료할 때 조기에 정확히 진단하는 것이 환자에게 더 이롭고, 치료 비용도 낮출 수 있다. 반대로

부정확한 진단은 좋지 않은 결과가 발생할 수 있으며, 추후 높은 비용이 수반될 수도 있다. 의사들의 진단 수준은 다양하며, 개인적이며, 상황적인 요소, 예를 들면 의사의 기분, 피로도, 지식과 기억, 환자 상태에 대한 익숙함, 환자의 태도와 외모 등에 따라 진단 품질이 달라질 수 있다.

이와 다르게 컴퓨터는 사람에 관련된 취약점이 없다. 증상과 측정 목록을 제시하면, 컴퓨터는 그 데이터를 지식 데이터베이스에 비교하여 매번 동일한 범위에서 가능한 진단들을 보여줄 수 있다.

그렇게 컴퓨터의 판단(의사들을 위한 내부용 정보제공)이 포함된 사람의 판단이 늘어남에 따라, 샤프(Sharp)는 일관성과 진단 품질이 개선되었으며, 성과와 비용도 개선되었다. 그림 5-4는 샤프(Sharp)의 IT 전략이 가치 사분면에서 어떻게 적용되는지를 보여준다.

LFSCo: IT를 통한 계속적인 체질 개선

LFSCo사에 관해 인식 가능한 대부분의 가치는 신용 처리를 위한 고객의 프로세스를 재형성하는 것으로부터 나온다. 이 회사의 CIO는 "우리는 4가지 방법으로 상점 주인에게 가치를 제공했다. 첫째, POS(point of sale) 장비를 항상 상점에 배치하여 이용 가능하게 함으로써, 고객이 들어올 때마다 사용하도록 한다. 둘째, 상점 주인의 위험을 감소시킨다. 상점에 현금이 많으면 상점 주인은 목표물이 될 수 있으며, 수표 역시 위험하다. 셋째, 상점 주인은 30일 이내(그들이 필요로 하면 48시간 이내라도)에 지급을 기대할 수 있다. 넷째, 우리가 내놓은 신제품 때문에 상점에 더 많은 사람들이 오게 되고, 상점에서 누군가 POS를 사용하면 상점 주인의 수입은 증가한다."라고 말한다.[7]

한 눈에 보는 LFSCo의 IT 가치

- **주요 비즈니스 성과** 신뢰성 있는 서비스와 더불어 상점 주인과 고객들에게 점점 범위가 확대되는 제품과 서비스를 제공하기 위해 POS를 사용한다. 신제품과 서비스로 시장에서 경쟁사보다 한발 앞서기 위한 기술 인프라와 애플리케이션의 사용이다.

- **IT 중점 사항**: 지속적이고, 신뢰성 있는 IT 운영. IT빠른 비즈니스 성장을 지원하는 동안 더 많은 이익을 보장하며, 비즈니스 트랜잭션 당 비용을 지속적으로 감소시킨다. 시장 출시 기간과 혁신적인 제품 및 서비스에 대한 비용을 절감시키기 위해 IT 생산성을 지속적으로 증대시킨다.

그러나 IT는 오직 외부 활동을 통해서만 가치를 제공할 수는 없다. 지속적인 최적화도 중요하다. 이렇게 빠르게 성장하는 재무 서비스 회사인 이곳의 회사 경영진조차 IT 역량을 경쟁력 있는 무기라고 보고 경영진은 비용 효과적인 운영에 세밀한 관심을 기울이고 있다. 회사는 절대적인 IT 비용 자체는 오를지라도 비즈니스 트랜잭션당 IT 비용은 내려갈 것으로 기대하고 있다.

IT 예산 관련 대화는 3가지 영역을 가지고 있다. (1) 신제품과 서비스를 지원하는 데 필요한 IT 투자 (2) 유기적인 비즈니스 성장을 지원하는 데 필요한 IT 용량의 증가 (3) IT 조직을 더 생산성 있게 만드는 프로그래밍 도구 같은 것이 있다. IT 관련 비용이 전체 예산의 25퍼센트인 회사에서 IT 생산성이 향상되면 비즈니스 트랜잭션당 IT 비용에 직접적인 영향을 미친다. POS 네트워크를 통해 신제품과 서비스 제공이 이루어지기 때문에 IT 생산성은 시장 출시 기간에도 직접적인 영향을 미친다. CIO는 다음과 같이 말한다.

우리는 경쟁사보다 빠르게 성장하고 있는데 이는 부분적으로 기술을 더 공격적으로 구현하기 때문이다. 사람들이 상점이나 식당에 들어가서도 마치 은행에 있는 것처럼 직불카드로 지불하는 신제품을 출시할 것이다.

그림 5-5 LFSCo의 IT가치 원천

	내부용 정보 제공	외부용 정보 제공
의사결정 개선		
가치의 원천	**최적화** IT의 효율성과 비용 효과성을 극대화 한다.	**재형성** POS 네트워크를 향한 상점 주인과 소비자의 행동을 변화시킨다.
프로세스 개선	내부 　　　　변화의 범위　　　　 외부	

또한, 9천만 명의 선불 휴대전화 가입자들이 LFSCo POS를 사용하여 통화 시간을 재충전할 수 있다. 경쟁사는 그런 기능이 없다.

IT는 우리의 경쟁력에 직접적으로 기여한다. 우리는 새로운 과제와 함께 가치에 관한 질문이 아닌 비용에 관한 질문을 받는다. 그들은 이렇게 묻는다. "보다 저렴하게 보다 빠르게 할 수 없는가?" 아무도 "그것을 하지 마시오."라고는 말하지 않는다.

그림 5-5는 LFSCo의 IT 전략이 가치 사분면에서 어떻게 적용되는지를 보여준다.

DKSH: 가치 제안에 정보를 포함하기

시장 확대 서비스 제공자인 DKSH는 확실히 성장 추세를 보이는 한 예이다. 기업을 위한 비즈니스 경영진의 비전에는 훌륭한 IT가 다수 포함된다. 그런 경우, IT로부터의 최고 가치에 대한 기대가 이미 존재하며 CIO는 단지 그것을 제공만 하면 된다.

이는 디터 슐로써(Dieter Schlosser)가 2005년도에 다임러 크라이슬러에서 IT 부사장으로 DKSH에 합류했을 당시 그의 마음에 들었던 부분이다. "DKSH의 최고 경영진이 IT에 얼마나 열성적인가를 보는 것은 매우 흥미 있었다. 우리 사장은 IT 분야에서 최고의 인력만 고용한다. 그리고 그것은 이 여정을 위한 조직 분위기를 확립한다."[8]

앞에서 언급한 바와 같이, 2005년 수석 부사장인 괸뽀 체링(Gonpo Tsering)은 비즈니스 운영을 표준화하고 쉐어드 서비스 센터(shared service center), 즉 SAP ERP 소프트웨어의 글로벌 롤아웃(rollout)으로 지원되는 과제를 도출했다. 처음에 다른 동료 경영진은 이 최적화 과제에 대해 비관적이었다. 비즈니스는 수익을 내며 성장하고 있었고, 경영진 대부분은 이런 주요 변화에는 혜택보다 위험이 더 많을 것으로 예상했다. 체링(Tsering)은 비용 이상의 것에 집중해야 할 필요가 있다고 깨달았다. "나는 CEO에게 IT를 중앙 집중화하면 약 33퍼센트, 아니 어쩌면 그 이상을 절감할 수 있다고 이야기했다. 하지만, 핵심은 이게 아니라, 위험 관리, 경쟁 우위, 표준화, 조화, 비즈니스 모델의 민첩성, 현 프로세스 정제화에 관한 것이다."라고 체링(Tsering)은 말한다.

IT 경영진이 아닌 수석 부사장이 이러한 변화를 조율하는 데 도움이 되었다. "난 그들에게 치약 튜브와 최고급 시계는 비즈니스 프로세스 관점에서 본질적으로 동일하다고 확신시켜야만 했다. 이것은 패러다임의 전환(paradigm shift)이었지만, 나는 약 8분에 걸쳐 CEO에게 확신을 시켰고, CEO와 함께 약 1시간에 걸쳐 회장에게 확신을 시켰다."라고 체링(Tsering)은 말한다. 그것에 대한 당위성은 현재 서비스에 대한 위험과 현재 운영 비용보다는 미래

성장에 기반한다는 것이었다.

체링(Tsering)과 슐로써(Schlosser)는 인터뷰를 통해 DKSH가 서비스 비즈니스에 있기 때문에 IT가 없으면 비즈니스를 운영할 수 없다는 사실을 강조했다. "만약 하루 이상이라도 IT가 없다면, 우리 비즈니스는 문 닫게 될 것이다."라고 체링(Tsering)은 말한다. 인프라를 통합하고 표준화하는 것은 가용성 위험을 줄이는 데 있어 많은 도움을 줄 수 있었다. 그러나 더 많은 것이 위태로웠다. 두 사람은 성장세인 비즈니스가 접하게 되는 정확성과 민첩성에 관한 위험을 감소시키기 위해 비즈니스 프로세스와 애플리케이션 표준화에도 집중하였다.9 슐로써(Schlosser)에 따르면, 이 주장은 설득력이 있었다.

"이사회는 우리의 성장 목표가 표준 프로세스와 IT를 통해서만 달성될 수 있다고 생각했다. 우리는 주요 국가들에서 수행하고 있던 것을 그대로 복제하여 아시아 전역에 동일한 수준의 서비스를 제공하기 원했다. IT는 그것을 하기 위한 즉각적인 수단이었으며 미래의 비즈니스를 지원하기 위한 조력자였다."

최적화에 대한 운영상 이점 외에도 가치의 주요 원천은 내, 외부용 정보 제공이며 이는 슐로써(Schlosser)와 그의 직원들이 쉐어드 서비스 엔진 위에 구축한 실시간 데이터 웨어하우스를 통해 이루어졌다. 슐로써(Schlosser)는 이렇게 말한다. "나는 정보 흐름을 간소화해야만 한다고 생각했었다. 하지만, 곧 잘못된 방향으로 가고 있었음을 깨달았다. 정보 흐름을 간소화하고 더 효율적으로 만들어야 했지만, 한편으로는 그것을 강화해야만 했다." 체링(Tsering)은 다음과 같이 덧붙였다.

> 당신은 10~20년간 동일한 공급자를 통해 유통하지 않는다. 당신은 지속적으로 계약과 아웃소싱 거래를 재협상하고 있다. 박스를 이동시키는 것은 하나의 상품이다. 물론 높은 품질 관리, 재고 관리, 판매 기회 상실

관리 등을 해야 함에도 불구하고, 박스 이동은 누구나 할 수 있다. 부가된 가치는 정보이다. 소비자 행동과 시장에 관한 정보는 매우 강력하다. 예를 들어, 우리는 중국에 지사가 있으며, 지리적으로 연관되어 지정된 세일즈팀을 갖고 있다. SAP에서 보유한 정보와 함께 어느 지역에서 어느 팀이 일하는지를 파악함으로써, 시장, 소비자 행동, 판매 시점 등에 대한 내용을 담은 보고서를 배포할 수 있다. 주요 대규모 무역 파트너 대부분은 이런 종류의 정보를 자체적으로 만들어 내지 못한다.

우리는 정보의 공장(information factory)을 통해 3가지를 제공할 수 있다. 첫째, 시장 정보(어떤 제품이 어느 지역에서 판매가 잘 되는가) 둘째, 자신이 소유한 인포메이션 웨어하우스(information warehouse)를 원하지 않는 회사에는 우리의 비즈니스 웨어하우스(business warehouse)에 접근할 수 있도록 허가한다. 마지막으로, 분석 도구를 원하는 회사에게는 비즈니스 웨어하우스 내 분석 도구에 접근할 수 있도록 한다. 우리는 말레이시아에서만 천여 개의 다양한 보고서를 제공하고 아시아 전체적으로는 매일 15만 개를 제공한다.

그림 5-6 DKSH의 IT가치 원천

의사결정 개선	내부용 정보 제공 정보를 통해 예측과 고객 서비스를 개선한다.	외부용 정보 제공 크고 작은 고객들에게 시장 정보를 제공한다.
가치의 원천	최적화 보다 높은 수준의 성과에서 운영을 표준화한다.	재형성 유통 물류 운영의 내/외부 통합을 극대화한다.
프로세스 개선	내부	변화의 범위 외부

체링(Tsering)은 "만약 당신이 시장 정보가 추가된 정통한 보고서와 더불어 완전히 문서화된 세계 최고의 인증 프로세스를 준비한다면 이것이야말로 강력하다. 우리는 이 정보를 수집하지만, 과거에는 그것을 사용해 본적이 없다. 하지만, 지금은 그것을 활용할 수 있다."라고 말한다.

DKSH에 따르면, 구현된 SAP의 "비즈니스 웨어하우스(business warehouse)" 정보 관리 툴 세트는 세계에서 두 번째로 크다. 그림 5-6은 DKSH의 IT 전략이 4개의 가치 사분면에서 어떻게 적용되는지를 보여준다.

특정한 요구사항에 목적을 둔 아이디어를 식별했다면 선순환의 다음 단계는 투명한 투자를 하는 것이다. 즉 정확하게 정의된 기준에 따른 투자 제안의 평가와 선정, 이것이 다음 장의 주제이다.

한눈에 보는 DKSH의 IT 가치

- **주요 비즈니스 성과** 회사 전반에 걸친 물류 운영 표준화에서의 탁월성. 시장 정보 접근에 기반하여 고객에게 높은 부가 가치를 제공한다.
- **IT 중점 사항** 높은 품질과 규모의 효율성을 달성하기 위한 기업 자동화. 고객에게 시장 보고와 분석 서비스를 제공하기 위해 운영에서 생성된 정보를 활용한다.

[06]

투명하게 IT투자를 평가하고 선정하라

4장과 5장에서는 선순환의 첫 번째 부분, 즉 요구 사항 식별을 다루었다. 이 장에서는 다음 단계, 즉 투명한 투자에 관심을 갖고자 한다. 투자가 투명한 프로세스로 이루어질 때, 잘 정의된 우선순위화 프로세스를 통해 승산이 있는 제안을 식별하게 된다. 그 프로세스의 결과물은(거부되거나 연기된 과제 목록과 함께) 개발을 승인한 과제들이다.

적절한 프로젝트의 선정이 프로젝트 관리의 강력한 실행만큼 중요하다는 사실은 너무나 당연하다. IT도 재무에서와 마찬가지로 모든 기회가 동등한 것은 아니며, 투자를 위해 가용한 자원들은 부족하다. 모든 기업은 선택을 해야만 한다. 유일한 문제는 어떻게 선택하는가이다. 이 결정을 하려면 두 가지 방법이 있다. 첫 번째는 투명한 프로세스와 평가를 위한 명확한 기준을 사용하는 것이고, 두 번째는 그 외 다른 것들이다.

'그 외 다른 것들'은 정치나 직관력 또는 덜 엄격한 수많은 접근 방법들을 근거로 당신이 결정하는 것들이다. 이러한 접근 방법 중 어떤 것은 일부 회사에서 어느 정도는 수용할 만한 효과가 있다. 스티브 잡스(Steve Jobs)나 리차드 브랜슨(Richard Branson) 같은 기업가적 리더들은 성공 가능성이 있는 대형 거래를 식별하는 대단한 능력이 있다. 대부분의 사람은 그렇지 않다.

시간이 흐름에 따라, 투자를 통해 최고의 수익을 얻는 조직은 시스템적으로 연습된 신뢰성 있는 방법을 확보하게 되는 경향이 있다. 워런 버핏(Warren Buffett)의 경우, 분명히 그렇다. 또한, 우리가 연구해 온 성공적인 CIO들도 마찬가지로 그렇게 한다.

매우 기본적인 수준에서 성공적인 평가 프로세스들은 일정한 특성을 공유한다. 그것들은 구조화되어 있으며 투명하다. 그것들은 매번 일정한 방법으로 작동하며 그 구조는 관련된 모든 사람들, 즉 제안을 제출했던 당사자들로부터 의사 결정자들까지 잘 이해하고 있다. 심지어 예외 프로세스도 모두에게 투명하다. 프로세스의 기본은 (1) 추정되는 편익, 위험, 자원 요구사항을 포함하는 공식 제안을 개발하며, (2) 투자를 선택할 의사 결정자에게 제안을 제출하는 프로젝트 스폰서를 포함하는 것이다.

더욱 고도화된 기업에서 제안은 특정한 운영상 혹은 재무상의 비즈니스 성과 범주를 정의하며, 이들은 투자 결정에 대한 중요성의 측면에서 가중치가 부여된다. 특정한 범주를 사용함으로써 제안이 합리적으로 비교될 수 있음을 보장하며, 이를 통해 프로젝트 스폰서는 편익과 위험을 보다 적절하게 혼합시킬 수 있도록 과제를 조정하는 방법을 즉시 이해하게 된다. 제안은 가중치 기준을 사용함으로써 명시된 일정 범위의 사유에 대한 조정을 통해 의사 결정자가(아마도 한 명의 최고 경영자보다는 위원회일 때가 더 많다) 순위를 매긴다. 효과적인 프로세스에서 가중치 기준으로 최상위 순위에 오른 제안은 최상위 승인 후보에 가까워지는 경향이 있다.

인텔(Intel)의 프로젝트 스폰서는 하나 또는 그 이상의 운영 성과 지표나 '가치 지표(value dial)(표 6-1 참조)'에 대한 개선을 위해 전념한다. 가치 지표를 각각 클릭하면 특정한 재무 수치가 나오며 이는 인텔(Intel)의 내부 재무 직원들이 평가하게 되는 것들이다. 가치 지표에 중점을 두게 되면 관리자는 즉시 평가될 수 있는 측정치에 집중하며 프로젝트 수익에 관리자가 견적서를 추가함으로써 생기는 곤란함을 피하게 된다.[1]

요약하면, 효과적인 우선순위화 메커니즘은 책임, 프로세스, 의사결정을 위한 기준의 관점에서 정의된다. 프로세스가 정의되기 때문에 개선될 수 있으며, 이는 조직이 시간이 지남에 따라 더 나은 투자 결정을 한다는 것을 의미한다. 또한, 투명하기 때문에 모든 사람이 의사 결정 사유와 효과적인 역할 수행 방법에 대해 알게 된다.

표 6-1 인텔(Intel)의 IT는 다수의 비즈니스 성과 범주에서 기준점을 설정하고 수익을 측정한다.

재고 일수	공장 가동 시간
매출 채권 일수	폐기물 감소
인원 감소율	위험 회피
인원 생산성	시장 출시 기간
인원 이직율	신규 시장 개시
재료 할인율	기존 시장 최적화
하드웨어 및 소프트웨어 투자 회피	크로스 셀링
단위원가 및 기타 비용 회피	벤더 선정

출처: "IT의 중요한 지표들", 인텔 프리미어 IT 매거진(IntelPremier IT Magazine), 2007년 겨울

프로세스의 첫 번째 단계는 사전 정의된 편익의 범주를 이용하여 편익, 비용, 위험을 기술하는 제안을 작성하는 것이다. 투자를 통해 얻게 되는(모든

것이 잘 진행된다면) 편익을 추정하는 것은 매우 중요하므로 그 평가에 대한 논의를 시작해 보자.

적정한 편익에 집중하기 위한
비즈니스의 운영, 성장 그리고 혁신

제안된 과제를 평가하는 데 있어 첫 번째로 답변 되어야 하는 질문은 '투자를 통해 정확히 어떻게 또 얼마나 비즈니스 성과에 영향을 미치며 개선할 것인가?'이다. 어떠한 단일 프로젝트도 가능한 모든 유형의 성과 향상을 만들어 낼 수는 없을 것이다. 사실상 IT 조직이 인프라의 업그레이드 같은 일정한 유형의 과제를 정당화하는 과정에서 흔히 하게 되는 실수는 투자가 비용 절감에서 매출 증대까지, 심지어 판매와 매출의 연관성이 너무 미약해서 의미가 없는 경우까지, 인식 가능한 모든 유형의 편익을 제공한다는 것을 보여 주기 위해 노력하는 것이다. 예를 들어, 신규 인터넷 방화벽이 기업에 새로운 가치를 어떻게 창출할 것인가? 일부 IT 조직은 고객들이 구매를 결정함에서 언제 어떻게 방화벽을 고려하는지 설명하는 것이 어려움에도 불구하고, 그 방화벽은 고객들이 인터넷을 통해 회사와 비즈니스를 할 가능성이 보다 높기 때문에 매출을 발생시킬 것이라고 주장할 것이다.

가치가 크다는 것을 보여 주려고 신규 방화벽과 매출을 반드시 연결할 필요가 없는데, 이는 가치가 있는 모든 것이 매출을 발생시키는 것은 아니기 때문이다(예를 들어 감사(audit)는 가치가 있으며, 비즈니스는 그것을 위해 큰 비용을 지불한다. 하지만, 감사가 매출을 발생시키는 것은 아니다). 어디에서 편익을 찾아야 하는지 알면 그런 어려움을 피할 수 있으며, 이를 위해 비즈니스 성과에서 특정 유형의 개선사항을 지적함으로써 과제를 분류하는 것이 좋종 유용할 수 있다.

메타 그룹(Meta Group)의 루이스 보일(Louis Boyle)에 의해 2000년대 초반 개발되고, 가트너(Gartner)와 맥킨지(McKinsey) 같은 자문 그룹에 의해 사용빈도가 높아지고 있는 모델은 높은 수준에서 투자를 분류하는 비즈니스 중심의 방법을 제공한다.[2] 이 모델은 투자를 3가지 목적 중 하나로 분류한다. 즉 비즈니스 운영(run), 성장(grow), 혁신(transform)이다. 각 분류는 여러 종류의 편익을 내포한다.

비즈니스 운영(Run-the-business)투자

비즈니스 운영 투자는 비용과 품질 간에 요구되는 균형을 맞추기 위해 필수적이면서 차별화되지 않는 서비스를 제공하는 것이다. 편익은 비용 절감, 비용 대 성과 비율, 위험으로 측정된다. 대부분의 비즈니스에 대해 비즈니스 운영 기능의 예로는 감사, 급여, 규제 준수 등이 있다. IT 측면에서 보면 대부분의 인프라 투자와 IT 보안 지출, IT 운영 지출 등이 포함된다.

비즈니스 운영 투자는 매출을 발생시키지 않는다. 비즈니스를 유지하기 위해 필수적이지만, 그렇다고 비즈니스를 차별화하지도 못한다. 예외도 있는데, 고객이 비즈니스 운영 기능을 차별화 요소로 인식하기 시작하는 곳에서 그러한 예를 찾아 볼 수는 있다. 즉 현재 '그린(green)(환경적인)' 과제가 도출되고 있으며 최근에는 재무 서비스와 인터넷 서비스 산업에서 IT 위험관리와 보안 관련하여 과제들이 도출되어 왔다.

앞서 언급한 바와 같이 많은 CIO들은 인프라 투자를 정당화하기 위해 애를 쓰고 있으나, 비즈니스 운영 관점에서 해당 사례는 보통 직관적이다. 첫째, 그 기능은 필수적이며 요구되는 성과 수준이 다를 수 있음에도(어디까지 준수를 해야 하는가), 일반적으로 그 자체는 정당화를 요하지 않는다(예를 들면, 조직은 샤베인-옥슬리(Sarbanes-Oxley) 법을 한가지 또는 다른 방식으로 준수하고자 할 것이다.) 둘째, 제안되는 투자는 요구 성과 수준에 대해 최적의 비용을 제공할 것이다(예를 들면, 5년 동안 시스템을 업그레이드 하는 비용은 매년 비싼 무리의 감사인들을 고용하기 위해 지불하는 비용보다 적게 소요된다). 이 같은 비용 대 성과 편익은 일반적으로 쉽고 정확하게 계산될 수 있다. 이 장 후반부에서 InsComp의 사례를 보기로 하자.

비즈니스 성장(Grow-the-business) 투자

비즈니스 성장 투자는 회사의 기존 시장과 고객 세그먼트에 관련된 운영과 성과에서의 개선에 대한 것이다. 이런 투자의 가치는 주기나 품질 개선 같은 운영 성과 개선의 측면에서 측정될 수 있고, 투자비용 절감, 매출 및 이익 증대, 판매관리비(G&A, general and administrative) 절감 같은 재무 측면에서 측정될 수 있다. 그러한 예로는 기존 제품 라인의 판매와 서비스를 위한 신규 인터넷이나 소셜 네트워킹 채널을 개설하는 것이라든지, 주요 비즈니스 트랜잭션을 수행하는 비용에서 10퍼센트를 절감하는 것 등이 포함된다. 고객에 대한 수익이나 서비스 개선에 관해 이야기할 때, 대부분의 경우는 비즈니스 성장에 관하여 이야기 하고 있는 것이다.

비즈니스 혁신(Transform-the-business) 투자

비즈니스 혁신 투자는 새로운 시장, 새로운 상품, 새로운 고객에 관한 것이다. 다시 말해서 회사 그리고 어쩌면 전 산업에 대한 새로운 지평선이라 볼 수 있다. 이런 투자는 신규 시장 전체를 통틀어 예측되는 시장 점유율과 매출로써 측정된다. 이런 투자는 일반적으로 큰 보상과 높은 위험이 뒤따르게 된다. 이는 회사의 미래를 변화시킬 수 있고 심지어 성공하는 경우, 산업의 미래도 바뀔 수 있으며, 실패한 경우에는 엄청난 타격을 입을 수 있다. 애플은 자사의 진로를 아이튠즈(iTunes)라는 음악 산업으로 바꾸었다. 반면에 모토로라는 이리듐 프로젝트가 실패했을 때, 수십억 달러의 손실과 대안을 가질 수 있는 막대한 양의 기회들을 잃었다.[3]

우리는 혁신(transform)이라는 단어가 종종 비즈니스에서 비즈니스 성장 프로젝트로 분류될 수 있는 수많은 과제를 설명하기 위해 사용되는 것으로 알고 있다. 이 분류 체계에서 정의상 혁신적인 과제는 새로운 시장, 새로운 고객 세그먼트, 새로운 가치 제안, 단순한 개선이 아닌 이익들을 포함한다. 예를 들면 공급망 '혁신'은 20퍼센트의 품질 개선과 30퍼센트의 비용 절감에 40퍼센트의 처리량 증대라는 결과를 만들어 내지만, 이는 비즈니스 성장 과제이지 혁신은 아니다.

운영, 성장, 혁신은 특정한 유형의 편익을 가리킨다

이러한 분류는 그 자체로 목적이 아니며 운영, 성장 혁신이 편익은 아니다. 즉 그것은 단순히 과제로부터 기대되어야만 하는 성과 개선의 유형을 가리킬 뿐이다. 따라서 당신에게 편익을 찾을 수 있는 곳을 제시한다. 만일 당신이 "이것은 성장 비즈니스 과제이다."라고 말한다면, "그럼 그 과제는 정확히 어떻게 비즈니스를 성장시킬 것인가?"라고 이야기할 필요가 있다. 그것이 주요 비즈니스 부서의 이익을 증대시킬 것인가? 만일 그렇다면, 어떻게 할 것인가? 비용을 절감하거나 비용보다 빨리 매출을 증가시키거나 할 것인가? 그것이 시장 점유율을 높일 것인가? 그렇다면, 어느 고객 세그먼트인가? 어느 시장이며 얼마만큼 인가? 그것이 궁극적으로 고객 유지와 매출로 바뀔 수 있는 고객 만족 지수 같은 비금전적 가치의 측정치에 영향을 미칠 것인가?

표 6-2는 이들 각 투자 별 분류에 대해 기대할 수 있는 일부 편익들을 요약하였다.

이 범주들은 투자에 대한 설명에 어떻게 도움을 줄 수 있는지에 대한 예로써, InsComp(가명)를 고려해 보자. 이 회사는 2004년 50억 달러의 매출과 5천만 명의 클라이언트를 보유한 글로벌 재무 서비스 회사의 아시아 지역 지사이며, InsComp는 매출의 8퍼센트를 기여하였다. InsComp는 3가지 방법으로 프로젝트를 분류하고 있다. 즉 소규모/비공식적, 편익 중심, 또는 '비용' 중심 이렇게 3가지 방법이다. InsComp의 CIO는 "모든 프로젝트는 비즈니스 프로젝트로 취급한다."라고 말한다. 하지만, 다양한 프로젝트 유형에 대해서 다양한 편익의 접근 방법들이 사용된다.

표 6-2 가치를 찾아야 하는 곳

투자 유형	편익
비즈니스 운영	비용 성과, 특정한 매출과 연계되지 않은 차별화되지 않으나 중요한 서비스에 대한 위험 감소
비즈니스 성장	매출 증대, 비용 감소, 기존 시장과 고객 세그먼트에서 고객 가치 증대
비즈니스 혁신	새로운 고객 세그먼트와 가치 제안과 함께 새로운 시장에서의 잠재적인 매출과 시장 점유율

- **소규모 프로젝트(small project)** 는 2만 달러 미만의 예산이며, 비즈니스 부서단위에서 조달된다. 이는 대규모 프로젝트보다는 덜 공식적으로 관리되는데, 편익을 식별하고 추적하는 것이 덜 엄격하다는 것을 의미하지만, 비즈니스 부서에서 직접 예산이 조달되기 때문에 비즈니스 담당자는 편익 실현의 보장을 위한 동기 부여가 될 수 있다.
- **비용 프로젝트(cost projcect)** 는 위험관리, 규제 준수, 일부 인프라 프로젝트 같은 비즈니스를 운영하는 데 필요한 비용으로 수행되는 과제이다(비용 프로젝

트는 비즈니스 운영 과제에 대한 InsComp의 용어이다). 이러한 프로젝트들은 일반적으로 IT 예산으로부터 조달된다. 이것들은 수익에 직접 기여할 것으로 예상하지 않기 때문에 프로젝트는 비용 대 성과 기준으로 우선순위가 부여되고 측정된다. 그리고 범위는 합리적인 비용과 위험 한계 내에서 규정된 요구사항을 만족하는 수준이다. CIO는 "우리는 새로운 국내 프라이버시 규정을 놓고 어려운 프로젝트를 수행하였다. 그것은 비용 프로젝트로 분류되었다. 시간은 매우 촉박했고, 초기에 규정은 매우 불명확했다. 그래도 우리는 추진해나가야만 했고, 규정 준수 수준에 따라 반복적으로 범위와 자원, 예산을 조정해 나갔으며 함께 할 준비가 되어 있던 잔류한 위험의 정도에 대해서 요구되는 노력을 균형을 맞춰 갔다. 마지막에 우리는 적절한 위험 완화와 비용 간에 균형을 맞추며 어쩌면 최고일지도 모르는 솔루션을 제공했다."

- **편익 프로젝트(benefit project)**는 기업을 위해 더 높은 매출과 더 낮은 비용을 제공함으로써 수익을 개선할 것으로 기대된다. 즉 비즈니스 성장 과제이다. 이 투자는 미래 수익의 현재 가치와 새로운 비즈니스의 기여도로 측정되는 가치에 기반하여 집계되고, 우선순위가 부여된다. 이는 InsComp가 속한 산업에서 투자 성과를 위해 흔히 사용되는 2가지 측정 방법이다. 프로젝트는 비용과 편익의 추적 가능성을 극대화하기 위해 단기적인 단계로 나누어진다. "가장 어려울 것으로 예상하는 것은 비즈니스 스폰서로 하여금 비즈니스 요구사항을 구체화하도록 하는 것이다."라고 CIO는 말한다. 성공 이야기는 세일즈팀을 위한 납기 관리 시스템(lead management system)이었는데, 이것은 5만 달러의 프로토타입으로 시작하였다. 프로토타입은 매우 호응이 좋아서 InsComp는 생산 버전 개발을 위해 추가로 20만 달러를 투자했다. 생산 6개월 후, 프로젝트는 투자 규모보다 50배가 큰 측정 가능한 비즈니스 편익을 만들어 냈다.

InsComp는 프로젝트 시작 이후, 공정 진척도와 편익에 대한 지속적인 실현 가능성을 모두 보장하기 위해 지속적으로 재평가를 받는다. CIO는 "나는 좋은 프로젝트 관리의 신봉자이다. 좋은 프로젝트 관리의 결실은 환경이 변하는 경우, 조정할 수 있는 능력이다."라고 말한다.

그림 6-1 뉴욕시 휴먼 앤 서비스의 목표

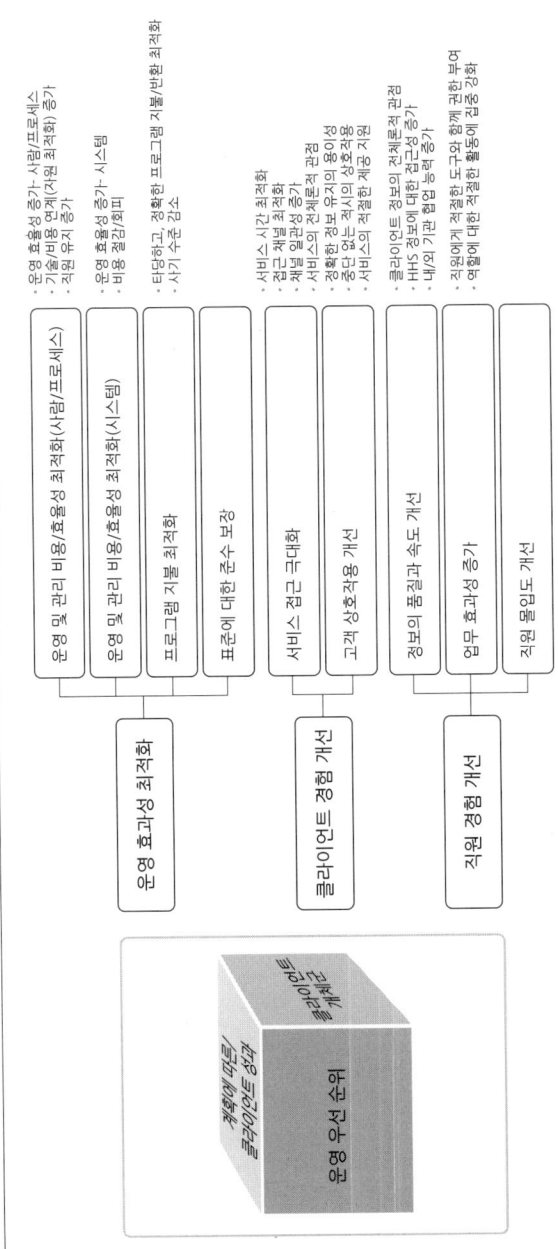

출처: 뉴욕시 제공 자료 이용, 2008. 사용이 허가됨

172 IT 리얼 비즈니스

운영, 성장, 혁신은 민간 분야에 적용 가능한 것처럼 공공 기관에도 적용할 수 있다. 민간 분야에서 '성장'과 '혁신'은 시장과 수익을 의미하며 공공 분야의 경우, '성장'은 임무의 범위(서비스 수혜자의 정의를 확장하는 것), 깊이(얼마나 광범위하게 서비스되고 있는지를 재정의하는 것), 또는 품질의 확장을 의미한다. '혁신'은 임무의 속성을 근본적으로 변화시키는 것을 의미한다. 예를 들면, 공공 자원의 개발을 간소화하는 것에서부터 그러한 자원을 보존하는 것까지가 될 수 있다.

그림 6-1은 지표로 쉽게 변환된 목표를 나타내며, 뉴욕 시의 보건 인적 서비스 기관(Health and Human Services)의 CIO인 카말 베르와니(Kamal Bherwani)와 그의 팀이 시의 HHS 커넥트(HHS Connect) 과제와 연계하여 개발하였다. HHS 커넥트는 단일하게 통합된 원천을 통해 합법적인 모든 보건 인적 서비스에 대해서 뉴요커들이 접근할 수 있게 함으로써 보건과 대민 서비스를 개선하는 것이 목적이다.

금전적 편익(hard benefits)과 비금전적 편익(soft benefits)을 산정하라

가장 의미 있는 편익은 측정될 수 있는 것이며 여기서 이루어져야 할 가장 중요한 구별은 금전적 편익(영향이 재무 관점에서 측정될 수 있는 것)과 비금전적 편익(측정될 수 있다 하더라도 영향이 오직 운영 관점에서만 측정될 수 있는 것) 간의 구별이다. 간단한 테스트는 해당 편익이 손익(P&L) 보고서로 제시될 수 있는지 여부이다. 만약 그렇다면, 그것은 금전적 편익이다. 그렇지 않으면 비금전적 편익이다. '비금전적(soft)'이라는 것은 가치가 없다는 것을 의미하는 것이 아니다. 그러나 스폰서는 정확히 비즈니스 성과에서의 개선이 어떻게 측정될 수 있는지를 설명해야 한다는 것을 의미한다. '민첩성 (agility)' 같은 개념은 합병된 회사를 기업에 통합하는 것처럼 특정 활동과 관련된 속도, 위험, 비용의 관점에서 기업 성과와 연계될 수 없는 한, 극도로 비금전적 편익이라는 것을 주목하라.

특히, 기준치가 측정된 바 없는 지표에 의존하는 비금전적 편익의 수치화에 관해서는 유의하라. 현재 많은 기업들은 웹 2.0 개념과 기술에 기반한 '소셜 컴퓨팅(social computing)' 채널 소통 전략을 실험하고 있는 중이다. 이런 애플리케이션에 대해 자주 언급되는 편익은 향상된 협업 체계, 협동성, 문제 해결 등이며, 이를 통해 거의 틀림없이 생산성은 향상된다. 하지만, 대부분의 기업이 이러한 성과 유형에서 개선을 측정하는 것은 거의 불가능한데, 왜냐하면 이러한 활동에 대한 기준치를 보유한 조직이(있다 하더라도) 거의 없기 때문이다. 그런 기술을 대상으로 하는 실험에 대한 타당성은 그들은 특정 고객이나 직원 세그먼트가 선호하는 채널이라는 것이며, 그 편익은 행동의 관점에서 측정 가능하다.

"이 애플리케이션은 XXX에 소요되는 시간을 하루에 20분씩 절감시켜 줄 것이다."에서처럼 특히 '하루 20분'이라는 주장을 의심하라. 경험 있는 관리자들은 그 20분이 최저점에 달한 상태가 아닐 것이라는 것을 알고 있다. 반대로 고객 만족도는 비금전적 편익이며 순수 추천 고객 지수(net promoter scores) 또는 기타 조사 중심 지표의 관점에서 측정될 수 있으며, 그 지표는 기업 전반에 걸쳐 즉시 수치화가 가능하고 비교가 가능하다.[4]

일부 기업에서 그런 비금전적 편익을 재무적인 것으로 변환하는 데 사용될 수 있는 경험의 법칙이 존재한다. 예를 들면, "순수 추천 고객 지수에서 매 5퍼센트가 증가하게 되면 이력상으로 볼 때 판매에서 3퍼센트 증가와 고객 유지에서 10퍼센트 증가가 예상될 수 있다는 것을 보여준다." 만약 그렇다면 그 변환은 P&L 보고서에 포함될 수 있다.

프로젝트는 여러 가지 방법으로 편익을 제공한다. 하지만, 투자 중심의 접근 방법에서는 프로젝트가 시작하기 전에 모든 프로젝트의 편익이 식별되고 우선순위가 부여되어야 한다. 많은 기업에서 작은 프로젝트는 비공식적으로 승인되고 세간의 관심 없이 운영으로 이행하는 경향이 있다. 이런 조건에서는 관련된 모든 사람으로 하여금 업무를 통해 제공하거나 제공해야만 하는 가치가 무엇인지 이해하도록 하지 못하는 경우가 생기기 쉽다.

많은 IT 조직은 프로젝트에 대한 재무적 임계치가 존재하며 그 아래에서는 간소화되거나 임시적인 우선순위화 프로세스가 사용된다. 만약 당신의 조직의 경우가 그렇다면, 모든 프로젝트에 대한 IT 자원의 투자 합계가 IT 투자를 위해 가능한 모든 자원 대비 작은 비율인가를 확인하라. 관리 감독 없이 작은 프로젝트에서 과투자를 하는 것은 기업이 IT에서 투자 수익률에 대한 의무를 회피하고 있다는 의미가 될 수도 있다. 모든 경우에 있어서 전체 포트폴리오의 많은 부분이 제안된 편익으로 불확실한 프로젝트에 투입된다면 IT는 가시성 함정에 빠질 수 있다. 즉 IT의 가치는 훨씬 덜 가시적일 것이다. 왜냐하면 편익이 거의 가시적이지 못할 것이기 때문이다.

CIO와 프로젝트 스폰서는 대형 프로젝트상의 실행 위험에 대해 당연히 경계할 필요가 있다. 실행 위험이 낮을 때 조차도 그것은 대부분의 프로젝트에 존재하기 때문에 가치 실현(인식)을 결코 장담할 수는 없다는 것을 기억하는 것이 중요하다.

IT 투자를 손익 보고서와 연계하라

IT 투자와 재무 간의 명확한 연계(그리고 어디에 투자할지에 대한 논의의 틀을 잡기 위한 가장 유용한 것)는 손익 보고서(P&L statement)로의 연계이다.

그림 6-2 IT 투자에 대한 손익(P&L) 영향을 보기 위한 가상의 사례

프로젝트	재무 지표			P&L비즈니스 영향도(2008-2014)			
프로젝트명	내부수익률	회수기간	순 현재가치 ($백만)	매출 총 이익 증가	총 비용 감소	운영 비용 감소	운전 자본 비용 감소
프로젝트 1				$58,400	$ -	$ -	$ -
프로젝트 2				$ -	$113,100	$ -	$ -
프로젝트 3				$ -	$6,288	$2,695	$ -
프로젝트 4				$10,146	$ -	$ -	$ -
프로젝트 5				$12,950	$ -	$ -	$ -
프로젝트 6				$ -	$ -	$ -	$ -
프로젝트 7				$8,000	$ -	$ -	$ -
프로젝트 8				$ -	$ -	$1,764	$ -
프로젝트 9				$0,857	$50,889	$138,879	$13,972
프로젝트 10				$ -	$0,630	$1,058	$ -
프로젝트 11				$ -	$ -	$ -	$ -
프로젝트 12				$ -	$ -	$ -	$ -
프로젝트 13				$ -	$ -	$ -	$ -
프로젝트 14				$ -	$ -	$0,450	$ -
프로젝트 15							
프로젝트 16				$ -	$ -	$ -	$ -
프로젝트 17				$ -	$ -	$ -	$ -
소계				$90,353	$170,907	$144,846	$13,972
총 P&L 편익				$420M			

출처: 프리스케일 세미컨덕터(Freescale Semiconductor), 샘 콜센(Sam Coursen), 2008년 2월 업계 발표 자료. 사용이 허가됨

이 같은 양식은 그림 6-2에서 가상의 예로써 제시되어 있으며 2008년 2월 샘 콜센(Sam Coursen)이 발표한 자료 그대로 인용된 것이다. 콜센(Coursen)에 따르면, "ROI(투자 수익률)를 합산할 수 없지만, P&L(손익보고서)은 합산

할 수 있다."라고 말한다. 이 접근 방법은 IT 투자의 영향, 즉 다수의 비즈니스 부서와 시간 경과를 고려한 비즈니스 성과에 대한 영향도를 보여주는 데 특히 유용하다(이 가상의 예는 기간을 2008-2014년으로 함). 손익 보고서는 모든 비즈니스 부서 리더가 바로 인식할 수 있는 관점에서 수치를 구체화 한다. 그것은 어느 IT 투자가 기업을 위해 가장 타당성 있는 것이냐에 대한 논의를 구조화하기 위한 아주 좋은 도구이다.

이 보고서에서 각 행은 지정된 기간 동안 특정 프로젝트의 재무 지표에 대한 전체 영향도를 나타낸다. 열은 내부 수익률(IRR), 회수기간(payback, 최초 투자의 회수까지 걸리는 시간), 순 현재가치(NPV), 매출 총이익 증가, 총 비용 감소, 운영 비용 감소, 운전 자본 비용 감소를 나타낸다. 이 항목들은 함께 투자 기간에 모든 프로젝트에 대한 재무 성과의 전반적인 모습을 보여주게 된다. 재무적인 영향도에 대해 여러 항목을 기반으로 프로젝트들이 쉽게 비교될 수 있다. 이러한 비교는 유용한 데, 예를 들어 매출 증가와 비용 감소가 있는 비즈니스에 대한 상대적인 중요성에 변화가 있는 경우, 우선순위 결정에 영향을 미치게 된다.

명확한 사실은 이 손익 보고서는 요약된 정보를 많이 포함하고 있다는 것이다. 프리스케일 세미컨덕터 (Freescale Semiconductor)는 비즈니스 영향도 보고서(business impact statement)라는 중간 단계의 도구를 사용하여 손익 보고서를 위해 요약될 정보를 수집하고 있다. 이 도구는 그림 6-3에 제시되었다.

이 도구는 열 항목에 해당 프로젝트의 손익에 영향을 미치는 요소들을 포함한다. - 매출, 감가상각비, 자본 비용 감소 - 또한, 이러한 요소들은 손익 보고서에서 후반부 요약을 위해 연도별, 부서별(예를 들어, 그 프로젝트가 다수의 방법으로 판매관리비(SG&A) 절감에 공헌하는 경우)로 기록되어야 한다.

이 도구는 재무적인 편익을 상세하게 계산해 볼 수 있는 가이드가 되면서 추정에 대한 근거까지 추적될 수 있도록 하는 정밀한 실사를 위한 문서이기도 하다. 프로젝트는 매년 이 양식으로 평가되기 때문에 시간의 경과에 따른 수익, 특정 기간의 합계에 대한 양상을 이해하는 데 특히 유용하다. 여기에 표현은 안 되어 있지만, 원한다면 비용 대비 수익의 양상도 그래프로 표현될 수 있다.

그림 6-3 프리스케일 세미컨덕터(Freescale Semiconductor)의 비즈니스 영향도 보고서

비즈니스 영향도 모델							
시작 년도(YYYY): 2008							
단위: $천							
프로젝트 자본투자	1차 년도	2차 년도	3차 년도	4차 년도	5차 년도	비고	
프로젝트 감가상각비 합계	0.0	0.0	0.0	0.0	0.0	프로젝트 자본의 감가상각비	
프로젝트 비자본 투자 비용	1차 년도	2차 년도	3차 년도	4차 년도	5차 년도	비고	
프로젝트 비자본 투자 비용 합계	0.0	0.0	0.0	0.0	0.0		
P&L 편익 (정량적)	1차 년도	2차 년도	3차 년도	4차 년도	5차 년도	비고	편익 유형
증분 수익에 대한 총 이익:							
증분 수익에 대한 총 이익($)	0.0	0.0	0.0	0.0	0.0		
증분 수익에 대한 총 이익 합계	0.0	0.0	0.0	0.0	0.0		
P&L 편익 (정량적)	1차 년도	2차 년도	3차 년도	4차 년도	5차 년도	비고	편익 유형
총 비용 감소 :							
총 마진 비용 감소	0.0	0.0	0.0	0.0	0.0		
총 비용 감소 합계	0.0	0.0	0.0	0.0	0.0		
P&L 편익 (정량적)	1차 년도	2차 년도	3차 년도	4차 년도	5차 년도	비고	편익 유형
총 비용 감소 :							
운영 비용 감소 :							
S&GA 비용 감소	0.0	0.0	0.0	0.0	0.0		
S&GA 비용 감소	0.0	0.0	0.0	0.0	0.0		
운영 비용 감소 합계	0.0	0.0	0.0	0.0	0.0		
P&L 편익 (정량적)	1차 년도	2차 년도	3차 년도	4차 년도	5차 년도	비고	편익 유형
운전 자본 비용 감소:							
운전 자본 비용 감소	0.0	0.0	0.0	0.0	0.0		
운전 자본 비용 감소 합계	0.0	0.0	0.0	0.0	0.0		
프로젝트 편익 합계							

순 현금 흐름	0	0	0	0	0
누적 현금 흐름	0	0	0	0	0
순 P&L 영향도 합계	0	0	0	0	0
자본 투자 비용	0				
순 현재 가치	0				
내부 수익률(IRR)	0				
회수기간(년)	N/A				

출처: 샘 콜센(Sam Coursen), 프리스케일 세미컨덕터(Freescale Semiconductor). 사용이 허가됨

투자를 위한 명확한 기준을 수립하라

여기까지 우리는 CIO와 과제 스폰서는 과제가 제공할 수 있는 가치를 식별하고 평가하기 위해 사용할 수 있는 도구에 대해 논의했다(추정이 정확하고 모든 것이 잘 진행된다는 가정이다). 그러나 많은 기업에서 평가라는 것은 IT 투자에 효과적인 우선순위를 부여하는 데 있어 어려운 문제는 아니다. 오히려 부서의 우선순위와 요구사항이 충돌하는 것이 문제라고 할 수 있다.

IT는 대부분의 기업에서 보통 제공되는 두 가지 자원(돈과 함께) 중 하나이다. 특정 비즈니스 부서의 이해 관계를 압도하는 명확한 우선순위가 제시되지 않을 경우, 서로 경쟁하는 이해 관계에 대해 효과적으로 우선순위를 부여하는 것이 곤란하거나 불가능할 수 있다.

달리 말하면, 명확하게 구조화된 공동의 의사결정 프로세스를 통해 기업 내 가장 중요한 프로젝트에 자원을 할당하는 투명한 투자 프로세스가 있을 때에만 비즈니스 부서의 장들은 다른 사람들보다 자신의 우선순위가 밀릴 수 있겠다고 예상하게 되며 이것이 합리적이다.

그렇지 않으면 한 CIO가 우리에게 와서 "이런 환경에서는 목소리가 크거나, 가장 강한 확신을 불러 일으키는 판매 홍보를 하는 사람이 우선순위가 높고, 정작 투자받을 가치가 있는 사람에게는 우선순위가 없다. 당신은 이것을 회피하고자 한다."라고 할 것이다.

우리는 연구 조사를 통해 투명한 투자 프로세스를 개발하기 위한 실행 가능한 여러 접근 방법을 확인해 보았다.

- 경영진은 투자를 위해 폭 넓은 목표를 설정한다. 예를 들면, 특정 비즈니스 부서에서의 성장 또는 전체 비즈니스 부서에 대한 비용 감소가 당분간 가장 중요한 우선순위라고 선언함으로써 설정한다. 이러한 접근 방법의 변화는 경영

진으로 하여금 전략적 우선순위에 따라 사전에 투자 예산을 분배할 수 있도록 한다. 당시의 CIO인 조 안토넬리(Joe Antonellis)의 통제 하에서 스테이트 스트리트 코퍼레이션(State Street Corporation)은 기업 인프라를 위한 예산은 확보해 놓은 상태에서 각 비즈니스 부서를 위한 특정한 예산 비율을 지정하며 상위 부서에서 하위 부서로 예산을 배분하였다.

- 경영진이 지정한 공정한 당사자(아마도 거버넌스 위원회 같은 조직이 있을 것이다.)는 명확한 기준에 따라 과제 우선순위를 부여하며 그 이후 우선순위가 부여된 과제들은 상위팀이 검토하며 필요한 경우 재조정을 하게 된다. 인텔(Intel)은 체계적인 프로세스를 갖고 있어서 기업 전체에 걸쳐 수치를 통해 프로젝트 우선순위를 부여한다. 이 내용은 이 장 후반부에 자세히 살펴 보기로 하자. 프로젝트는 잠재적인 미래의 수익뿐만 아니라 전략적인 연계와 기업 IT 표준과 정책의 조화에 기반하여 우선순위가 부여된다.

> "약 5년 전, CEO는 상위 비즈니스 부서 리더들을 모아 놓고 부서간 시너지 효과를 창출하기 시작하였다. 시너지가 나타남에 따라, 대부분의 IT에서 중복된 시스템에 투자하고 있었다는 사실이 보다 명백해지기 시작했다. 자신의 시스템을 소유한 개별 부서에서부터 달성되어야 하는 큰 시너지 효과가 있었다는 사실을 인식하기까지 커다란 변화가 있었다. 바로 CEO 회의에 IT가 모습을 나타내기 시작하였다." [5]
>
> **랜디 스프래트(Randy Spratt), CIO, 매케슨(McKesson)**

- 과제는 최고위 관리자와 CIO가 오프라인 협의를 통해 우선순위를 매기게 되며 공식적으로는 보다 공적인 경영진 협의회를 통해 승인하게 된다. 이러한 접근 방법은 진행 중인 정치적 내분을 줄이고 프로세스를 간소화하는 장점이 있다. 셀라니스(Celanese)의 CIO는 회사 운영 협의회에 앞서 각 비즈니스 부서의 장들과 일대일로 우선순위를 협상한다. [6]

투명한 투자 프로세스가 모든 사람을 행복하게 할 필요는 없다. 사실, 투자를 위한 제안과 비교해 볼 때, 전사의 자원은 한정되어 있으므로 누군가 실망할 것은 기정사실이다. 가장 중요한 것은 투자 프로세스로 무엇을 사용했느냐에 상관없이 규칙과 의사결정에 관한 명확성이다. 이러한 실무는 의사 결정과 함께 만족도가 증가하며 시스템의 규칙이나 허점을 이용하려는 시도가 줄어드는 것을 보장한다. 기업의 투자 프로세스가 얼마나 잘 이루어지고 있는가를 측정하는 유용한 방법은 공식적인 채널을 통해 발생하는 예외의 비율을 추정하는 것이다. 만일 당신과 당신의 동료가 대부분의 예외사항을 알고 있고, 그들이 승인된 사유를 알고 있다면, 프로세스가 잘 작동하고 있다고 볼 수 있다. 하지만, 사후에 예외 사항을 알게 된다면 프로세스상 어딘가에 허점이 있다는 것이다.

프리스케일 세미컨덕터(Freescale Semiconductor)의 샘 콜센(Sam Coursen)은 이것을 명심했다. 그는 이전 회사인 NCR(National Cash Register)에서의 경험을 기반으로 새로운 회사에서 각 프로젝트의 자금 조달과 평가에 대한 명확한 프로세스를 구현하였다.

> 우리는 모든 IT 프로젝트가 프로그램 비용과 편익을 제시하는 관점에 따라야만 하는 매우 구조화된 비즈니스 모델을 갖고 있다. 이는 인텔(Intel)의 혁신이다. 즉 그들은 존재할 수 있는 비즈니스 편익의 모든 범주를 엄격히 식별하였다. 그들은 그 범주로 IT 프로젝트를 맵핑하고 그들이 편익을 얻고 있는지 여부를 보기 위해 추적을 한다.
>
> NCR의 이러한 문화는 시간이 지나며 자리를 잡아갔다. 투자 규모에서 일정 금액을 넘어선 모든 IT 프로젝트는 비즈니스 사례 프로세스를 통과했으며 여기서 우리는 편익과 비용을 주위 깊게 식별하였고, 그것을 연 단위인 P&L 영향도로 변환하였다. 예를 들어, 1년 차에는 마이너스

의 P&L 영향도가 있고 그 이후에는 플러스로 바뀔 수 있다. 해당 연도에 대해 모든 P&L을 합할 수 있다. ROI를 합할 수는 없지만, P&L은 가능하다. 따라서 비즈니스 부서 오너에게 이렇게 말할 수 있다. "올해 2천만 달러를 사용하고 있지만, P&L 영향도에서 1억 달러를 보게 될 것이다." 그러므로 프로젝트를 재미로 하는 것이 아니라 P&L 영향도가 있기 때문에 하는 것으로 생각하는 문화가 형성된다.

당신은 예산액에 대한 기준치를 설정한다. 프로그램이 완료되고, 다시 되돌아가서 당신이 생각하기에 지금 얻고자 하는 것이 진정 무엇인지 추정한다. 때로는 당신이 감사도 수행한다. 그리고 시간이 지나면서 당신은 예산 수립을 더 잘할 수 있게 된다. 또한, 비즈니스 가치 관리의 문화를 개발하게 된다. 우리는 NCR의 문화가 있다. 이제 당신은 비즈니스 가치 관리 접근 방법 없이는 대형 프로그램을 수행할 수 없다.

우리는 금전적 편익과 비금전적 편익을 구분한다. 따라서 재무적인 편익을 검토하지만, 무형의 것도 검토한다. 위험 평가를 돈으로 환산하려고 시도하지 않는다. 그 결과는 신뢰할 수 없기 때문이다. 따라서 무형과 유형의 것, P&L 영향도를 각각 유지한다. 예전에는 모든 사람이 대규모 편익을 추정하고 아무도 그것을 믿지 않았다. 이제 우리는 인텔(Intel)의 모델을 엄격하게 사용해서 편익을 범주에 할당하려고 시도한다.

당신에게 한가지 예를 제공할 것이다. 우리에게는 고객들이 원하는 것을 보다 쉽게 찾을 수 있도록 웹 검색의 개선을 제기하는 요구사항이 있었다. "그들은 더 행복할 것이므로 더 많이 구매할 것이다."라고 쉽게 말하는 것보다 비금전적 편익을 재무적인 수치로 직접 변환하는 것의 어려움을 인정했다. 대신에 고객 만족도, 검색 건수 등과 같은 지표, 즉 측정 가능한 지표를 찾았다. 만일, 다른 한편으로 재무적인 편익이 있다고 말

한다면, 그것을 P&L로 매핑하는 방법을 나에게 알려주어라.[7]

인텔(Intel)의 IT 우선순위화 프로세스는 구조화되고 투명하다

인텔(Intel)의 IT 우선순위화 프로세스는 명확성의 모델이며 회사의 IT 가치를 보는 경영진의 인식에 상당한 기여를 한다. 그것은 관리자로부터 적지 않은 양의 분석을 요하지만, 반도체 공장 구축을 결정할 때마다 수십억 달러 규모가 오가는 엔지니어링 주도의 회사에게 특이한 것도 아니고 예상 외로 부담되는 것도 아니다.

각각의 제안된 프로젝트에 대해서 관리자들은 복합적인 기준 중심의 체크리스트를 완성해서 프로젝트가 아래 3가지 관점의 장점과 얼마나 잘 연계되어 있는지를 점검한다.

- **FI** 또는 재무적 매력도(financial attractiveness)
- **비즈니스 가치** 즉 전략적 연계의 측정치
- **IT 효율성** 또는 프로젝트의 구축 기반 혹은 인텔(Intel)이 선호하는 아키텍처를 개선하는 범위

FI는 프로젝트로부터 발생할 수 있는 잠재적인 재무적 수익(financial return)에 관한 것이며 신규 매출과 프로젝트 비용 대비 잠재적인 운영비의 절감을 포함한다. 그것은 중요하지만 전부 중요한 것은 아니며, 우선순위에 균형을 부여하기 위해 기타 다른 관점들이 포함된다. 예를 들면, 강력한 재무적 수익이 있는 프로젝트라도 그것이 기업의 전략과 연계성이 부족하거나 프로젝트에서 제안된 기술의 범위가 인텔 기술 기반에 대한 총 소유 비용에 영

향을 미치게 될 때를 고려한다면, 그다지 매력적이지 않을 수 있다.

왜냐하면 인텔(Intel)의 IT팀은 모든 프로젝트에 대해서 동일한 질문서를 사용하기 때문에 그림 6-4에서와 같이 3가지 모든 차원에서 모든 프로젝트를 표시할 수 있다. 이 그래프는 왜 일부 프로젝트들이 다른 프로젝트들에 비해 선호되어야 하는지를 명확하게 보여준다. 인텔(Intel)의 그래프 규정은 재무적 매력도를 표현하기 위해 X나 Y축에 그 순위를 위치시키지 않고, 원의 크기를 이용한다.

그림 6-4 인텔(Intel)의 투자 투명성(Invest transparency)

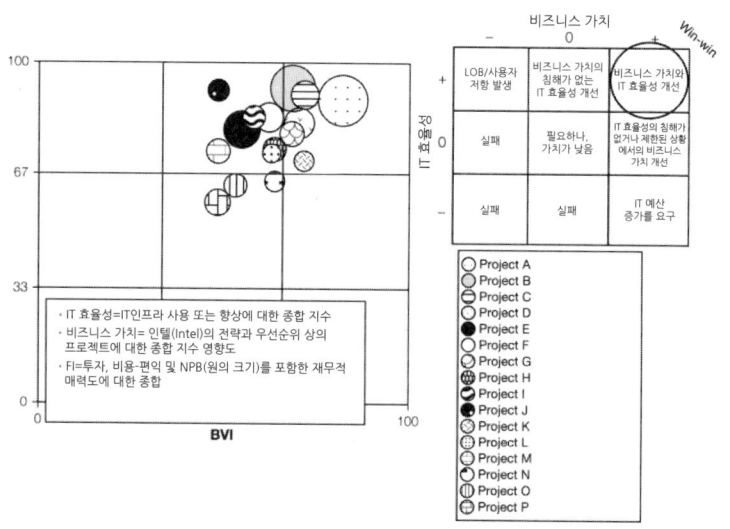

출처: M.컬리(M. Curley)의 비즈니스 가치를 위한 IT 관리로부터 자료를 인용함, 인텔 프레스(Intel Press) 2004. 사용이 허가됨

이러한 방식을 통해 비즈니스 가치와 IT 효율성이 현저하게 보이며 양쪽에서 각각 높은 점수가 되면 프로젝트가 그래프 상에서 위쪽과 오른쪽으로 위치하

게 된다.

인텔(Intel)의 방식은 프로젝트 우선순위를 설정하지 않는다. 대신에 하나의 프로젝트가 제공하는 편익과 다른 프로젝트가 제공하는 편익이 어떻게 비교되는가에 대해서 의사 결정자를 위해 투명한 방법으로 정보를 제공한다. 오른쪽 위 사분면 바깥쪽은 여전히 자금 조달을 할 수 있다. 그러나 스폰서는 그 기업이 선호하는 프로젝트 프로파일과 더 잘 맞는 다른 프로젝트들을 제치고 프로젝트가 선정되어야 하는 이유를 명확히 주장해야 한다.

프로세스는 중요한 교육의 역할을 수행한다. 관리자들이 프로젝트 평가를 시작할 때, 그것의 가치를 증대시키기 위해 프로젝트가 어떻게 구현되는가에 대한 이해를 하게 된다. 스폰서는 비표준 기술을 사용하는 대신에 아키텍처 규칙을 준수하기로 결정할 수 있다. 그는 가치가 낮거나 불명확한 프로젝트는 탈락시키고 다른 우선순위에 집중하도록 결정할 수 있다. 또는 프로젝트를 일정 단위로 나누어 재정렬시켜 프로젝트가 전략적 목표에 명확하게 도달하도록 할 수 있다.

여기서 한 단계 더 언급할 가치가 있는 것으로 인텔(Intel)은 각 프로젝트를 통해 예상된 편익에 대해서 프로젝트별로 성과를 감사하기 위해 재검토한다는 것이다. 다시 말해, 그들은 계획하는 것과 마찬가지로 체계적인 결과를 얻는다. 이러한 접근 방법은 관리자들이 단지 자금 조달을 받기 위해 프로젝트의 매력도를 과장하는 것을 막을 수 있고 스폰서는 프로젝트 제안서에 기술한 편익을 달성하기 위해 모든 노력을 기울일 것이다. 편익의 측정과 관리에 대한 보다 상세한 내용은 8장에서 논의하고자 한다.

다음 장은 과제의 선정과 우선순위화가 끝나는 곳에서 실행(execution)과 서비스 제공(delivery)에 대한 선순환 요소(virtuous cycle)로 시작한다.

[07]

기술, 비즈니스 프로세스, 조직적인 변화를 통합하라

좋은 IT 투자 의사 결정은 고 성과에 대한(실제가 아닌) 가능성을 제공한다. 현실적인 편익을 만들어내기 위해 조직은 과제 실행에 대한 선순환의 요소를 효과적으로 완료해야만 한다. 비즈니스 프로세스 재설계(BPR, business process redesign), 애플리케이션 개발(AD, application development), 조직의 변화 관리가 그것이다. 우리가 지금까지 말해왔던 다른 모든 것과 마찬가지로 실행은 전부 비즈니스 성과에 관한 것이다. 애플리케이션 솔루션을 구축하는 것은 IT 과제로부터 가치를 창출하는 데 필요한 것 중에서 작은 부분일 뿐이다. 진정한 가치, 그리고 진정한 노력은 비즈니스 관리자들로 하여금 비즈니스를 변화시키는 방법을 인식하도록 하고 그런 변화를 구현하면서 역할을 수행할 수 있도록 돕는 데 있다.

이것이 CIO에게 새로운 소식은 아닐까 의심스럽다. 사실, 조직의 변화 관리가 과제의 성공을 위해 중요하며, 그 변화 관리는 CIO의 통제 범위를 잘 넘어선다는 것을 인식하는 강력한 증거가 있다. 2004년 메타(Meta) 그룹 조사에서 조사 대상 115명의 CIO 중 40퍼센트 이상이 변화에 대한 가장 중요한 장애 요소 3개로 문화, 우선순위, 사내 정치로 선택하였다(그림 7-1 참조). 상대적으로 자금 조달, 기술, 방법론 등은 훨씬 덜 중요해 보인다.[1]

그림 7-1 변화에 대한 가장 중요한 장애 요소는 감성(heart)과 지성(mind)

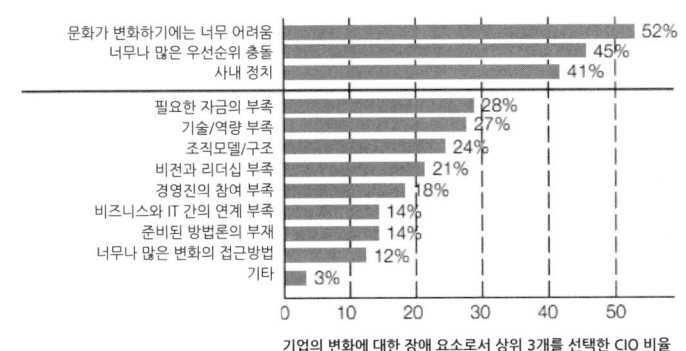

출처: 가트너(Gartner)/메타(Meta), 2004년 CIO 115명의 조사결과

비 IT 경영진, 즉 비즈니스 영역의 리더 같은 사람들은 본인들이 IT 담당자들보다 변화 관리를 더 잘할 수 있다고 쉽게 믿을 순 있겠지만, 증거를 보면 그렇지 않다는 것을 알 수 있다. 4장의 MIT CISR에서 수행한 비 IT 경영진을 대상으로 한 조사 결과를 언급했지만, 비즈니스 재설계(BPR)와 조직 변화를 IT 부서의 책임으로 여겼다. 2단계 연구에서는 비 IT 경영진 153명이 BPR과 조직 변화를 IT 부서가 가장 저조하게 성과를 내는 과업(10점 중 5.5점)으로 식별하였다. 그 경영진들이 자기 자신에 대해 평가했을 때에는 IT의 관리감독(5.5)과 효과적인 사용(5.8)이 제일 낮았지만, 전략적 방향성(6.7)과 구현 지원(6.4)에서 더 높은 점수를 주었다.[2] 간단히 말해서 그들은 자신들이 제대로 일을 하고 있다고 생각했지만, 결과가 제대로 나오고 있다고 생각하지 않는다. '제대로 한다(right thing).'는 것이 무엇인가에 관해 약간의 혼란

이 있는 것이 확실하다.

어려움이 IT 프로젝트에 국한된 것은 아니다. IT 관리자들처럼 비즈니스 부서 관리자들은 심지어 자신의 조직에 변화를 추진하는 데에도 분명히 저항을 느낀다.

이코노미스트 인텔리전스 유닛(Economist Intelligence Unit)은 2008년 5월에 발표한 연구에서 최근의 변화 과제와 관련하여 최고 경영진의 조사 결과를 발표하였다. 해당 연구에서 언급한 변화를 추진하는데 있어 가장 중요한 장애 요소 5개 중 4개는 공식적인 전략과 활동을 구현하는 것보다 비공식적이며 문화적인 요소, 즉 이기는 감성과 지성, 그리고 관련된 관리자와 직원에게 영향을 미치는 행위에 관한 것이다. 누가 책임지거나 영향을 받든지 간에 변화는 어렵다.[3]

이것은 모두 비즈니스 성과에 관한 것이다

대부분의 기업이 BPR과 조직의 변화관리보다 애플리케이션 개발을 더 잘한다는 것은 의심의 여지가 없다. 또한, 대부분의 조직이 가까운 과거에 조직의 변화를 다루는 데 있어 많은 진전을 해왔다고 보기 어려운 부분도 의심할 여지는 없다. 사실상 많은 기업은 조직 변화 관리를 시스템적으로 향상시키는 것이 정말 가능하리라고는 아직 확신하지 못하고 있다.[4]

1980년대와 1990년대에는 대부분의 기업이 IT 프로젝트 관리에 대하여 동일한 태도를 가졌다. 항상 자멸적이며 결국 모두 잘못된 것으로 드러나게 된 태도였다. IT 조직들은 1994년, 스탠디시 그룹이 업계 전반의 IT 프로젝트 중 80퍼센트가 일부 실패하거나 완전하게 실패하였다고 보고한 이후, 장족의 발전을 하였다.[5] 그 이후 IT 조직은 프로젝트 관리에 대한 생각과 기대, 실무를 변화시켰다. 프로젝트 관리 협회(Project Management Institute)와 같은 조직들은 IT 리더로 하여금 성공적인 실무를 식별하고 문서화하며 전문가를 교육하고 결과를 측정하여 실행을 위한 시스템을 체계적으로 개선하도록 한다.

IT 리더는 조직 변화 관리를 위해 프로젝트 관리로 해왔던 것을 수행할 수 있으며 또 그래야만 한다. 그렇게 하지 못하면 비용에 합당한 가치를 제시함으로써 얻어진 신뢰성이 손상될 수 있으며 IT 부서가 가치를 향해 다가서는 것에 방해가 될 수 있다. 이는 프로젝트가 실패하면 그 원인에 상관없이 대개 IT가 그 대가를 치르기 때문이다. 뿐만 아니라, 이러한 상황은 IT 부서와 CIO에게 IT가 이미 프로젝트 관리에 성공적으로 적용했던 방법과 유사한 체계적인 접근방법을 사용함으로써 심각하다고 통상적으로 인정되는 문제를 해결하기 위한 좋은 기회를 제시해준다.

비즈니스 프로세스 재설계, 애플리케이션 개발, 조직 변화를 위한 기술에 대해서(수많은 책과 글을 통해) 곳곳에 광범위하게 문서화되어 있으며 우리는 여기서 그러한 내용을 요약하진 않을 것이다. 대신 우리는 이 책의 주요 포인트, 즉 투명성과 소통에 대한 내용을 선순환의 3가지 요소로 연관 짓고자 한다. 우리는 활동, 성과 역할의 투명성을 확립하는 것에 집중하게 됨으로써 변화에 관련된 모든 직원이 기대하는 바와 역할 수행 방법에 대해 알게 된다. 이는 2가지 주요 요소로 요약될 수 있다.

1. 모든 과제에 앞서 BPR과 조직 변화 요구사항을 체계적으로 식별하라.
2. 투명성을 구축하고, 전체 실행 프로세스를 파악하라.

변화의 모든 방면에 대해 시작부터 체계적으로 검토하라

많은 회사가 잠재적인 위험과 애플리케이션 개발의 요구사항을 검토하도록 배워왔으나, 조직 변화와 BPR을 평가 체계로 완전하게 통합시킨 것은 소수에 불과하였다. 이 점에서 인텔(Intel)은 자사의 IT 혁신을 추진하는 과정에서 상당한 발전을 하였다. IT 혁신팀의 혁신적인 서비스 제공 프로세스의 일환으로 관리자들은 변화와 관련하여 6가지 관점에서 검토한다.

1. 문제 또는 기회에 대한 통찰력
2. 솔루션과 그것이 IT를 통해 가능하게 되는 방법
3. 변화를 위한 비즈니스 사례
4. 내부 비즈니스 프로세스 변화
5. 내부 조직 변화
6. 고객 수용, 이는 일반적으로 고객 혹은 사회의 변화를 요구한다.

각각의 '방향성(vector)'은 혁신이 약속한 편익을 제공하는지 보장하도록 주위 깊게 관리되어야만 한다.

시작점은 특정한 기회가 어떻게 활용될 수 있는지 혹은 특정한 문제가 IT 부서로부터 지원을 받아 어떻게 해결할 수 있는지에 대한 명확한 통찰력을 얻는 것이다(혁신이 투자 이상의 수익을 낼지와 그 방법을 제시하는 것). 비즈니스 사례는 일반적으로 잠재적인 IT 솔루션보다 식별하기가 더 어렵다.[6]

다른 세 가지 관점은 비즈니스 프로세스, 조직, 고객 행동의 변화에 관한 것이다. 이 비금전적인 이슈들이 보통 가장 어렵다. 비즈니스 프로세스를 변화시키는 것은 공식적으로 과업의 방향을 바꾼다든가 프로세스 단계를 제거하는 것보다 훨씬 더 많은 것을 필요로 한다. 그것은 행동, 역할, 조직 구조, 프로세스 흐름도 상에서 보이지 않는 동기 부여의 변화를 요구한다. 이 조직 변화는 기술이 아니라 사람에 대한 주의를 요하기 때문에 다루어야 할 가장 많은 관리 기술을 필요로 한다. 거기에 실패하면 프로세스 설계에서의 실수보다 훨씬 더 타격이 클 수 있다.

마지막으로, 많은 과제는 외부적으로, 즉 고객, 공급자, 규제기관, 파트너, 기타 이해관계자들에 의해 수용되는 경우에만 성공할 수 있다. 만약 재형성이나 외부용 정보제공이 새로운 가치를 창출하는 수단이라(5장 참조) 외부 고객이나 파트너가 변화를 수용하지 않는다면 그 가치는 달성될 수 없다.

만일 과제가 고객들로 하여금 기존의 프로세스를 보다 효과적으로 하거나, 노력이나 변화를 거의 하지 않고 보다 쉽게 수행하도록 한다면, 빠르게 수용될 가능성이 있다. 그러나 외부의 이해관계자들이 새로운 기술, 역량 또는 프로세스에 반드시 투자해야 할 때, 즉 월마트가 자사의 공급망 파트너들에게 RFID 기술을 수용하도록 하는 경우, 그럴 때에는 과제 관리자들은 변화를 가능하게 하는 수단을 찾아야만 한다.

인텔의 6가지 관점은 프로세스, 조직, 고객의 변화에서 보이는(기술만이 아닌) 위험과 기회를 드러나게 한다. 그들은 관리자들이 먼저 기대하는 바를 알도록 도와주며 혁신을 통해 발생하는 편익의 제공을 관리하는 데 도움이 되는 이정표를 제공한다.

비즈니스 프로세스 재설계를 체계화하기

CIO들은 BPR이 얼마나 중요한지를 알고 있다. 여러 연구 가운데 해머(Hammer)와 챔피(Champy)의 연구는 1980년대와 1990년대에 그 개념을 대중화시켰다.[7] BPR을 가능하게 하기 위한 컨설팅 실무도 정립되었고 IT는 항상 중요한 역할을 했다.

프로세스는 모든 IT에 대해 지배적인 패러다임이며 비즈니스 프로세스가 고려되는 기업의 경영진들은 일반적으로 CIO를 첫 번째나 두 번째로 가장 많이 아는 인물로 인정하고 있다. CIO들은 사전에 충분히 주의 깊게 생각하지 않은 프로세스를 자동화하는 IT 지원 과제는 가치보다 위험이 더 많다는 것을 확실히 알고 있다.

그럼에도, 놀라운 것은 20년 이상의 업계의 실무 적용에도 BPR을 잘하는 기업은 거의 없다는 사실이다. 따라서 모든 프로젝트에서 BPR을 개선할 수 있는 CIO는 그렇게 하지 못하는 경쟁사보다 더 많은 가치를 제공할 기회를 갖는 것이다. 또한, BPR을 개선하는 것은 선행하는 문제 분석에 대한 체계적인 접근 방법을 수용함으로써 시작한다. 우리는 CIO들이 체계적으로 기업의 BPR을 개선하도록 했던 두 가지 방법을 공유하고자 한다.

첫 번째 접근 방법은 IT 영역이 시작되기 전에 비즈니스 프로세스 분석을 신속하게 진행할 소규모 팀을 구성하는 것이다. 다이렉트 에너지(DirectEnergy)의 CIO인 큐머드 칼리아(Kumud Kalia)는 비즈니스 프로세스 분석가로 일할 수 있는 최상위 비즈니스 스쿨 출신의 소규모 MBA 팀을 구성하였다. 그는 그 분석가들을 보내 비즈니스 부서 경영자들과 함께 일하도록 함으로써 만성적인 비즈니스 문제를 분석하도록 한다. 분석가들은 전체 비즈니스 프로세스를 처음부터 끝까지 검토하고 오랜 시간 지속되어 온 문제들의 근본 원인을 진단하여 솔루션을 제안하게 된다. 그 팀은 보통 비즈니스가 원하는 것을 달성하기 위한 다수의 선택 사항들 외에도 유연한 프로세스 흐름, 운영비 절감, 기능 개선을 통한 추가적인 편익들과 함께 더 많은 것들을 식별한다. 이것은 후속적인 IT 투자를 요할 수도 있고 그렇지 않을 수도 있다. 칼리아(Kalia)는 비즈니스 프로세스를 리엔지니어링함으로써 대규모 IT 지출을 회피하는 것이 타당성 있는 부가 가치라고 믿고 있으며 이는 그로 하여금 가장 많은 영향을 줄 것으로 예상되는 곳에 IT의 관심을 집중하도록 한다. 전체 실무는 3개월 미만이 소요된다. 이는 그들이 식별하게 될 절감 요소들과 기회에 비하면 작은 투자라 볼 수 있다.

다른 CIO들은 자사의 시스템 개발 생명 주기(system development life cycles)에 특정한 BPR 단계를 추가하였다. BT(British Telecom)의 CIO인 알 누어 램지(Al-Noor Ramji)와 그의 팀은 대규모 프로젝트 시작부터 IT와 비즈니스 부서 공동으로 프로세스 재설계에 참여하는 것을 보장할 수 있도록 핫하우스(hothouse, 온실) 개념을 개발하였다. 핫하우스는 IT와 비 IT의 여러 분야 전문가들을 모아 빠르게 진행되는 풀 타임의 워크샵 환경을 제공한다. 목표는 새로운 프로세스에 대한 가장 좋은 설계안을 찾는 것이다. "3일 동안 우리는 6개에서 8개의 경쟁팀을 가진 3가지의 프로토타입을 만들어 낸다."라고 램지(Ramji)는 말한다. "그것은 IT 대 비즈니스 사람들의 문제가 아니다. 이는 모든 전문 기술 역량을 나타내고 그것을 수행해야만 한다는 것이다. 그리고 그것은 대규모의 변혁이었다. 자기 자신의 분야에서만 제대로 일하는 것은 고객이 위험에 처해 있을 때 아무런 도움이 되지 않는다. 그리고 고객에게 완전한 서비스(end-to-end service)를 제공하기엔 특정 부서로는 불충분하다. 우리 모두가 필요하다."라고 램지(Ramji)는 말한다.[8]

프로세스 변화에 대한 영향과 연관성을 자세히 검토하기 위해 분석가들로 구성된 팀을 사용하든지 간에 BPR을 위한 노력은 더 나은 설계 그 이상의 것을 제공할 수 있다. 성공적인 개별 BPR 실무를 통해 비즈니스 경영진에게 시스템 자체 외에도 비즈니스 프로세스 측면에 대한 중요성과 영향력을 보여 줄 수 있다. 뿐만 아니라, 개별 반복을 통해 IT 부서가 비즈니스를 이해하는 데 도움이 되며 IT 리더들에게 비즈니스와 전략 논의에 도움이 될 수 있도록 부가적인 신뢰성을 제공한다.

많은 경우, 이 실무를 통해 기술뿐만 아니라 비즈니스 프로세스에 대한 IT 부서의 책임이 증가하게 된다. 예를 들면, 솔렉트론(Solectron)의 CIO인 버드 매타이젤(Bud Mathaisel)은 기업 CPO(chief process officer)로서 일하면서 IT와 비즈니스 프로세스 효과성을 담당하였다. 그는 고객을 정기적으로 방문하고 비즈니스하기에 더 용이한 회사로 만드는 과제를 후원하기 위해 비즈니스 전반에 걸친 경영진들과 함께 일했다. 여전히 다른 IT 리더들은 새로운 프로세스를 구현하였지만, 자신들의 IT 책임뿐만 아니라 그 프로세스 운영을 인수하도록 요청받는이다. 우리는 이렇게 확장된 역할과 기타 내용에 대해 9장에서 검토하고자 한다.

조직 변화를 체계화하기

체계적인 조직 변화 관리가 애플리케이션 개발과 BPR보다 반드시 어려운 것은 아니지만, 종종 무시되는 경우가 더 많다. 가트너는 조직 변화를 관리하고 가능하게 하는 책임을 명확하게 부여한 역할과 조직 구조를 수립한 기업이 15퍼센트 미만인 데 비해, PMO(project management office)를 구성한 기업은 그 비율을 40퍼센트로(호주 같은 일부 지역에서는 90퍼센트) 추정하였다.[9]

이 현상은 극도로 근시안적인데, 왜냐하면 변화와 관련된 모든 위험 때문에 변화로 영향받는 사람들의 저항은 너무나 예측 가능한 것들이기 때문이다. 대부분의 어떤 변화에 직면한 사람들이 처음으로 반응하는 것은 그것을 저항하는 것이다. 저항은 정상적이며 심지어 그것이 명백하게 바람직한 때일지라도 예상될 수 있으며 – 예를 들어 승진이나 아기의 출산 같은 경우이다. – 특히 변화가 외부로부터 강요된 것으로 보이는 경우에도 그러하다. 그뿐만 아니라, 저항은 일반적으로 시간이 지나면서 예측 가능한 형태를 취하게 되어 있다.[10]

간단히 말해서, 관리자들은 변화에 대한 저항 주기를 예측하고 관리해야 하는데, 그 이유는 저항은 예측하고 관리하든 하지 않든 간에 반드시 일어나기 때문이다.

저항에 대한 가능성을 점검하고 프로젝트 계획에 고려사항으로 포함하기 위한 체계적인 방법들이 있다. 10년 이상의 시간 동안 MIT 슬론 경영 대학원 교수진은 학생들에게 조직 변화 모델을 가르쳐 오고 있다. 이 모델은 3가지 다른 관점, 즉 공식적(formal), 정치적(political), 문화적(cultural) 측면에서 변화의 요구사항들을 점검한다(그림 7-2 참조).[11]

그림 7-2 조직과 변화에 대한 3가지 관점

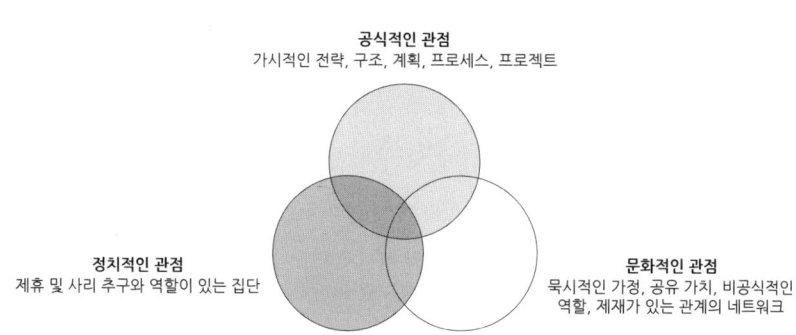

출처: 드보라 앙콘(Deborah Ancon) 외, 미래를 위한 관리 방안: 조직의 변화와 프로세스, 세 번째 개정판. ©2005 센게이지 러닝(Cengage Learning)의 한 부문인 사우스-서던 (South-Western Inc). 재작성이 허가됨. www.cengage.com/permissions.

공식적인 설계(이는 전략적(strategic) 설계라고도 한다.)에는 차트상에 바로 그려질 수 있는 조직의 요소를 포함한다. 거기에는 조직과 역할, 비즈니스 프로세스, 관리 시스템, 인센티브, 공식적인 전략, 정책이 포함된다. 새로운 IT 애플리케이션, 비즈니스 프로세스 변화, 조직 구조는 모두 다 공식적인 설계에 영향을 미친다. 공식적인 설계에 대한 변화는 계획하기 쉬운데, 이는 과제의 요구사항에 기반하여 타당성 있게 설계될 수 있기 때문이다. 그러한 변화는 종종 변화로 인해 영향받는 사람들이 더 많이 저항하게 하는 나머지 다른 2개의 관점에 영향을 미친다.

정치적인 관점은 조직에서 권력의 원천과 사용을 점검한다. 즉 누가 그것을 가졌는지, 어디에서부터 오는지, 어떻게 사용되는지에 대한 것들이다. 그들의 권력이 변화의 결과로써 서서히 약해질 것이라고 믿는 사람들이 보통 저항하며, 때로는 간접적으로 그렇게 한다. 그러나 과제에 대한 목표가 조직 부서와 그들의 구성원들의 (명시적이거나 명시적이지 않은)목표와 반대로 진행될 때처럼 목표의 충돌로부터 오는 의도하지 않은 저항은 중요하다. CIO와 다른 리더들은 누가 먼저 권력을 얻고 잃을 지에 대해 인식하고 충돌하는 목표가 어디에 존재하는지를 인식함으로써 가능한 한 빨리 저항에 대처하기 위한 조치를 취할 수 있다.

문화는 조직의 구성원에 의해 유지되는 공유 가치와 믿음의 체계이다. 조직의 문화는 종종 내부에 뿌리 깊이 스며들어 있어서 내부 사람들이 가시적으로 인식하기가 어렵다. 그러나 그것은 조직이 하는 모든 것을 통해 누비게 된다. 그것은 무엇이 가능하며 혹은 무엇이 허가되는지에 관해 사람들이 하는 모든 가정, 즉 반대자들이 다루어지는 방식에서부터 고객에게 제공될 수 있는 제품과 서비스에 이르기까지 하는 가정에 영향을 미친다. 강력한 문화가 매우 효과적임에도 불구하고(사우스웨스트(Southwest) 항공이나 USAA 보험사 또는 애플(Apple)을 고려하라), 그것은 변화가 지배적인 문화에 반대되는 가치와 행동을 요구할 때 변화의 기반을 심각하게 약화시킬 수 있다.

예를 들면, 폴라로이드(Polaroid)는 회사가 디지털 사진에 대한 기술이 있었음에도 그것에 적응할 수가 없었는데, 그 원인은 대부분이 계속적인 구성품(필름 같은)이 필요하지 않은 제품은 무엇이라도 반대하는 그들의 문화 때문이었다. 물론 그 구성품은 고객에게 카메라만 판매한 이후에도 오랫동안 팔 수 있었다. 그리고 많은 전문적인 서비스를 제공하는 비즈니스는 고시가격이나 국외 아웃소싱 같은 서비스나 과금 모델에 적응하는데 어려움을 겪었다. 새로운 과제에 대한 조직 변화 요구사항을 평가하는 것은 프로젝트 종료 시점의 새로운 세계는 각 관점에서 볼 때 기존 세계와 어떻게 달라질 것인가를 점검하고, 그 차이를 해결하기 위해 조치하는 체계적인 프로세스이다. 이러한 실무는 다른 모든 프로젝트 계획과 함께 통합되어야만 하는데, 이는 프로세스와 기술의 공식적인 설계는 정치적이고 문화적인 관점에서 볼 때 고통스러운 변화가 당연히 나타나야 하기 때문이다.

일부 문화적인 이슈들은 효과적인 소통을 통해 관리될 수 있다. 사실 수많은 인수 경험을 통해 일부 변화 역량을 구축했던 회사인 시스코(Cisco) 내 관리자들과 2005년도에 가진 인터뷰에서, 그들이 일하는 시간 중 50-80퍼센트를 주요한 변화 과제에 대해 스폰서와 변화 대상들과 소통하는 데 소비한다고 하였다.[12] 정치적인 이슈들은 구조 혹은 인센티브를 재연계하기 위해 공식적인 설계를 조정함으로써 관리될 수 있다. 하지만, 때로는 더욱 직접적이며, 극적인 조치가 필요할 수 있는데, 한 예로, 텍트로닉스(Tektronix)의 새로운 최고 관리자 팀이 회사 내 세력 있는 지사장들을 제거하는 구조 조정을 단행함으로써 프로세스와 지원 시스템에 대한 글로벌 구조 조정에 따른 정치적 저항에 대응하였다.[13] 성공적인 경영진들은 조기에 조직의 변화에 대한 잠재적 위험을 이해하고, 그들이 효과적인 대응을 할 수 있게 다른 관계자들과 협력하고자 이 책에서 서술된 기술들을 사용한다.

변화에 따르는 저항에 대응하는 강한 리더십은 필수적이다. 강한 리더는 비전을 수립하고, 공통의 목표를 기반으로 조직을 화합시키기 위해 소통을 수행한다. 그들은 또한 변화를 강제하기 위해 강한 조치를 시행할 시점을 알고 있다. 성공적인 과제의 관리자들은 저항이 무너지고 프로젝트의 미래가 보장되는 결정적인 순간을 얼마나 자주 보여주는지는 주목할 만하다.

네슬레(Nestlé)의 세계 판매 프로세스 구조 조정은 프로젝트 글러브(Project Globe)라고 칭하였는데 이때는 회사가 재무적으로 잘 수행하고 있을 시기였지만, 투자 분석가들은 회사에게 보다 강력한 것을 요구하고 있었다. 영향력 있는 세일즈 경영진들에 의한 수동적인 저항은 프로젝트 관리자인 크리스 존슨(Chris Johnson)이 글로벌 세일즈 회의에서 공세를 취하자 해당 과제에 대해서 노골적인 적대감으로 변했다. 존슨(Johnson)은 만약 프로젝트가 실패하면 자신은 직장을 잃게 될 것이지만, 그 이후의 책임은 그것을 성공시키기 위해 세일즈 경영진에서 한 명이 담당할 것이라고 설명하였다. 그 과제는 CEO에게 중요해서 누가 그것을 하던 간에 발생하도록 되어 있었다. 이 회의는 존슨(Johnson)에 대한 CEO의 한결 같은 지원과 함께 세력을 잃을까 염려하는 지역 경영진에서부터 본사에 이르는 정치적 저항을 진압하기 위해 오랫동안 지속하였다.

BPR과 조직 변화 관리는 거의 모든 과제에서 필수적이기 때문에 IT PMO는 보통 변화 관리 전문 기술을 개발하기 위한 회사 내 첫 번째 조직으로 손꼽힌다. CIO들은 프로젝트 관리를 위해 IT의 명성을 이용할 수 있는데, 이는 기업 전체에 걸쳐 일반적으로 인정되고, 조직 변화 관리를 옹호하려는 것이다. 이는 변화 관리를 위한 자금과 활동을 모든 주요 프로젝트에 포함하면서 시작한다. 다시 말해 IT가 관련된 모든 자원을 통제하지 않는다고 할지라도 IT는 그 결과로써 다른 어떤 집단보다 최소한 같거나 더 많은 편익을 제공할 것이다.

셀렉트론(Selectorn)의 전 CIO인 버드 매타이젤(Bud Mathaisel)은 그의 PMO에게 프로젝트 상황에 대한 모니터링뿐만 아니라 프로젝트에 투입된 비즈니스 부서 직원들이 회의에 참가하고 진행 중인 업무를 검토하여 비즈니스 부서가 새로운 프로세스를 구현하도록 준비되어 있는지를 보장함으로써 그들의 역할을 제대로 수행하는지를 보장하는 책임이 주어졌다. 이 프로그램은 가시적으로 프로젝트 성공률을 개선했다. "우리의 PMO는 너무나 귀중한 존재이며 지금은 회사 내 다른 그룹들이 그들을 모방하고자 합니다."라고 매타이젤(Bud Mathaisel)은 말한다. "우리는 다른 그룹에게 사람을 잃고 있다. 그들을 채용해 버리고(우리의 격려 속에서) 그 조직에 프로그램 관리의 사고방식을 적용하도록 하였다."[14]

투명성을 구축하고 프로젝트 실행을 파악하라

프로세스와 조직의 변화에 대한 요구사항을 이해하고 관리하는 것은 필요한 실무이지만, 성공을 위해서는 충분하지 않다. 효율적이고 효과적인 프로젝트 실행이 없다면 가치는 감소하거나 사라질 것이다. 앞 절에서 보았듯이 우리는 프로젝트 관리의 특정한 세부영역을 여기서 강조하는 것이 아니라, 프로젝트 실행에 참여하는 모든 이에 대한 방식, 역할, 성과에서 투명하다는 것을 보장하는 2가지 방법에 대해 집중하고자 한다.

첫 번째는 프로젝트의 방식과 역할에 대해 참여하는 모든 이에게 가능한 한 명확하게 하는 것이다. 이것은 잘 구조화된 소프트웨어 개발 생명 주기

(SDLC) 방법론의 역할이며 이것은 특정 유형의 과제에 대해 무엇을 해야 하고, 누가 해야 하며, 어떤 순서로, 어떤 예상 결과와 산출물이 있는지 구체화하는 것이다. 지난 십 년간에 걸친(이 장 초반에 언급한 바와 같이) 프로젝트 성공률의 개선을 고려해 볼 때, 대부분의 CIO는 좋은 SDLC의 중요성에 대해 이해하고 있다. 이해하지 못한 사람들은 그것이 애플리케이션 개발-가용성, 접근성뿐만 아니라 정확성과 민첩성에 이르기까지-과 관련된 위험이 잘 관리되고 있다는 것을 보장하는 중요한 구성 요소라는 사실을 알아야만 한다.[15] 또한, CIO는 1997년 가트너가 발표한 15,000개 이상의 프로젝트로부터 나온 데이터에 기반한 연구에서는 적절하게 엄격한 방법론을 사용하는 프로젝트가 그렇지 않은 프로젝트보다 생산성이 평균 35퍼센트가량 높다는 결과를 나타내고 있다는 것을 알아야 한다.[16]

SDLC 방법론의 상세 내용과 엄격성은 달라질 수 있다. 가장 중요한 규칙은 프로젝트의 복잡성과 팀의 역량에 비례하도록 해야 한다는 것이다. 비행기를 착륙시키기 위해서 파일럿은 조종석 내 계기판에 붙여진 체크리스트만 있으면 되는데, 이는 파일럿은 이미 잘 훈련이 되어 있고 경험이 많으므로 순서대로 비행기를 착륙시키기 위한 단계별 실행에 대해 상기시켜주기만 하면 되기 때문이다. 마찬가지로, 역량 있는 팀과 익숙한 유형의 프로젝트를 수행하는 잘 훈련된 프로젝트 매니저는 성공을 보장하기 위해 체크리스트 이상 필요한 것이 없다. 그러나 프로젝트의 복잡성이나 요구사항이 익숙함을 넘어서는 프로젝트에 대해서는 엄격하게 해야 하며, 그렇지 않을 경우, 리스크는 배가될 것이다.

애플리케이션 개발에 대한 투명성을 개선하기 위한 두 번째 접근 방법은 진행 중인 프로세스의 관리 감독이며, 이것은 정기적으로 IT 경영진과 비즈니스 부서 내 다른 사람들이 함께 모여 주요한 의사결정을 하는 것을 의미한다.

프로젝트는 일련의 각 관문에 다다를 때 해당 프로젝트는 목표에 대한 진도와 주요 위험에 대해서 스폰서, 프로젝트팀, PMO와 검토를 한다. 각 관문은 다음 단계 활동과 자금 조달을 위한 go-no go(계속 진행 여부) 의사 결정을 필요로 한다.[17] 이 프로세스는 프로젝트가 처리되지 못한 위험이 발생하는 경우에는 시작하거나 진행되지 않는다는 것을 보장하도록 한다.

그러나 관문이 있는 SDLC는 비즈니스 경영진들을 좌절하게 하는 원인이 될 수도 있다. 단계마다 관리되는 이슈들과 그들을 관리하는 프로세스는 강력한 기술적 배경을 갖지 못한 사람들에게는 고될 수 있다. 주요한 의사결정 포인트에 대한 정당성 또는 추정을 이해하지 못하는 바쁜 경영진들이 불안하게 느끼는 부분에 대해서는 변명의 여지가 있다. 일반적으로 매우 능력 있는 이들에게는 그들의 전문성이 부족한 부분에 대해 의사 결정을 하도록 요청이 오거나(그들의 관점에서 볼 때) IT의 요구사항이 충족되는지를 보장하기 위해 부서의 계획을 늦춰 달라는 요청을 받는다. 어느 것도 IT와 비즈니스 부서 내 다른 사람들 간에 협력관계를 구축하는 유용한 방법이 아니다. 다시 말해서, 관문이 있는 SDLC 프로세스는 IT를 'IT는 장애 요인이다.'라는 가치 함정으로 빠뜨릴 수 있다.

레이시언 글로벌(Raytheon Global)의 CIO인 레베카 로즈(Rebecca Rhoads)는 장애 요인으로 인식되는 것을 피하는 방법을 발견했다. 비즈니스 경영진에게 IT를 위한 별도의 SDLC 언어를 배우도록 하는 것이 아니라, 그와 그의 직원들이 모든 IT 의사 결정 사항들을 레이시언(Raytheon)이 자사의 모든 주요 투자 프로그램에 대해 사용한 것과 동일한 프로세스에(통합 제품 개발 시스템, Integrated Product Development System, IPDS) 적용시키는 것이다(그림 7-3 참조).

그림 7-3 레이시언(Raytheon)의 IT 거버넌스는 회사 전반에 걸쳐서 통합 제품 개발 시스템(IPDS)과 연결된다.

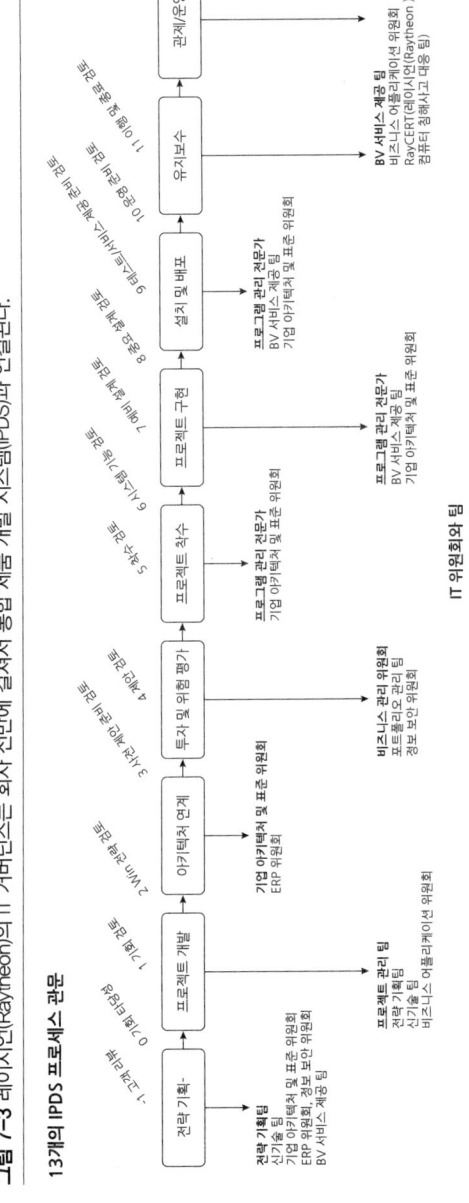

출처: 레이시언 코퍼레이션(Raytheon Corporation), 사용이 허가됨

기술, 비즈니스 프로세스, 조직적인 변화를 통합하라 203

IPDS, 즉 레이시언(Raytheon)의 표준 엔지니어링 프로젝트 마일스톤 방법론은 회사의 8천여 개의 엔지니어링 프로젝트에서 어떤 기간에라도 사용되고 있다. 대규모 프로젝트는 모든 관문을 통과하며, 반면에 소규모 프로젝트는 보다 적은 관문으로 구성된 간소화된 프로세스를 통과한다. 어떠한 방법이든지 간에 그 관문은 다른 비즈니스 부서 사람들이 이미 사용하는 관문과 일치한다.

IT 프로젝트를 IPDS에 적용시킴으로써 그들이 다른 엔지니어링 프로젝트만큼 중요하고, 동일한 기술과 엄격함을 사용한다는 것을 보여준다.

로즈(Rhoads)는 이러한 통합은 프로세스와 참여에서 엄청난 편익을 제공한다고 말한다. "우리는 동일한 구조, 동일한 언어, 동일한 선수를 사용한다. 또한, 당신이 요점에 들어가면 그들은 자신들이 관련되어 있다고 느끼고 어떻게 해야 하는지를 알고 있다. 만약 당신이 그들을 회의에 참석 요청을 하고 나서 IT 언어로 말을 하면, 그들은 기여하는 방법에 대해서 확신하지 못하며, 이렇게 되면 그들은 좌절하게 된다. 그러나 당신이 다른 프로젝트 관문 검토와 마찬가지로 그들을 관문 검토에 참석 요청하면 그것은 우리가 특정한 관문을 통하게 되어 있는 것과 그들의 역할에 대해 그 사람이 아는 방식으로 구조화 된다. 그렇게 되면 당신은 그들을 팀 동료로서 맞이하게 된다.[18]

IT를 IPDS로 통합하는 것은 소통 개선 이상의 것을 수행한다. 즉 그것은 회사 문화에 대한 연결고리를 만든다. 경영진이 이미 아는 동일한 프로세스에 따라 IT 프로젝트를 관리하는 것은 모든 이해관계자가 자신의 역할을 더욱더 쉽게 하는 데 도움이 된다. 모든 이들은 5번 관문이 무엇인지 알고 그것을 통과하는 것이 무엇을 의미하는지 알고 있다. 그리고 관문 통과에 실패하는 것은 많은 비즈니스 영역에서 항상 발생하는 일이므로 그럴 수도 있다는 것을 모든 이가 이해하게 된다. 관문은 프로젝트와 프로젝트 관리자에 대한 잠재적인 파멸을 가져오는 감리(audit review)가 아니다. 오히려 모든 이로 하여금 프로젝트가 어떤 주요 요구사항을 처리했다는 것을 이해하도록 하는 체크포인트라 할 수 있다. 실패하게 되면 되돌아가서 다시 제대로 하여 계속 진행될 수 있도록 한다는 것을 의미하며, 이는 회사 내 다른 모든 프로젝트에 대해서도 마찬가지다.

검토는 학습을 보장하고 위험을 감소시키기 위해 자주 해야만 한다. 만약 조직의 프로젝트가 최종 납기일을 지키지 못할 때에만 해당 프로젝트가 실패할 것이라고 배운다면, 회사는 시간과 돈, 그리고 기회를 낭비해 버린 셈이다. 더 안 좋은 것은 프로젝트가 곤란에 처해 있다는 것을 관리자들이 더 일찍 알면 알수록 그것이 실패하기 전에 조치를 취할 수 있었는지 모른다는 것이다.

BT의 CIO인 알 누어 램지(Al-Noor Ramji)는 프로젝트 성과에 대한 학습의 속도를 향상시키는 간단하고 효과적인 접근 방법론을 구현하였다. "우리는 모든 프로젝트 하나하나가 매 90일 마다 제공한다고 확신하며 만약 제공하지 않는다면, 구현 후(post-implementation) 검토 프로세스는 잠자게 될 것이다."라고 그는 말한다. 관리자들은 그들의 프로젝트를 90일 만에 의미 있는 기능을 제공할 수 있는 더 작은 부분으로 나누도록 독려받는다. 검토는 프로젝트의 성과 측면에서 일하는 모든 이들의 역할을 점검한다.

또한, 관리자들의 연간 인센티브 보너스는 프로젝트 성공만이 아니라 분기 검토 참석에 기반한다. 90일의 검토 프로세스는 투자에 대해 제공하고 프로그램 전체에 걸친 자원 관리하는 회사의 능력을 개선하는 데 효과적이었다.

요구사항 평가, 투명한 투자, AD와 BPR의 통합, 조직 변화 관리를 완료하게 되면 남아 있는 선순환의 유일한 요소는 제공된 가치의 측정이다. - 우리가 회수(harvest)라고 부르는 것인데, 이는 다음 장의 주제가 되며 어떻게 하면

CIO가 IT를 비즈니스 성과 측면의 투자로써 성공적으로 차별화할 것인가에 대한 논의를 결론짓는다.

[08]
제공된 가치를 측정하라

우리는 이전에 "선수는 점수를 알고 있다."라고 말한 적이 있다. 선순환의 마지막 영역은 점수를 유지하는 것이며 이 경우에 당신은 IT에 투자하여 제공된 실제 가치를 합산하여 점수를 기록하게 된다. 비즈니스 사례(프로젝트 제안서에 기술된 바와 같이)가 인원수 감축, 특정 제품의 판매량 증가, 또는 제조 프로세스 비용 절감을 추정하였는가? 이는 선순환의 일부로써 기업은 그러한 편익이 제공되어야 할지 말지를 결정하게 된다. 편익을 측정하는 것은 과제 스폰서와 함께 IT 부서로 하여금 비즈니스 성과 개선에 대한 신뢰를 얻도록 한다.

비즈니스 사례에 의해 제안된 가치가 실현된다는 것을 보장하는 것 외에도, 가치를 측정하는 것은 기업이 과제의 편익을 보다 정확하게 추정하는 법을 배울 것이라는 것을 보장한다. 이는 다시 정확성을 통해 기획과 투자 프로세스를 개선시키며 IT 투자로부터 얻는 성과를 끌어올린다. 스폰서가 실제적인 편익이 고려될 것이라는 것을 알게 될 때, 그들은 프로젝트를 홍보하기 위해 편익을 부풀릴 가능성이 적다. 그들이 그러할 때, 의사 결정자들은 그것을 고려하여 그 다음 제안이 도래할 시점을 참작할 수 있다.

기업 대부분이 지금 편익을 측정하지 않아도 측정할 만한 좋은 이유가 있다

그것들은 편익을 측정하는 좋은 이유이며 실제로 매우 좋다. 하지만, 많은 기업에 충분히 좋은 것은 아니라는 것이 확실하다. IT를 포함하는 과제가 제공하는 가치를 측정하는 것은 대부분의 비즈니스가 수용하지 않았던 실무이다. 비영리 기관인 JUAS(Japan Users Association of Information Systems, 일본 정보시스템 사용자 협회)는 2004년 실시한 963명의 참가자를 대상으로 한 조사 결과에서 10억 이상의 매출을 한 기업의 13퍼센트만이 지속적으로 사후 구현 편익 실현 분석(post-implementation benefits realization analyses)을 실시한다고 밝혔다. 샘플에 있는 전체 규모 회사에 대해서는 그 수치가 7퍼센트로 떨어졌다.[1]

우리는 그 수치에 놀라지 않는다. 첫째, 그것은 습관의 문제이다. 기업이 플랜트와 장비 또는 부동산에 투자한 것에 대한 점수를 기록하는 것에 익숙해질 때라도 IT가 고려되는 곳에서 그렇게 하는 기업은 별로 없다. 관여된 노력이 특별히 부담스러운 것은 아니지만, 그 일에 관해 한 번도 노력하지 않았던 기업에는 부담이 될 수 있다.

게다가, 모든 관리자가 실제로 IT 투자에 대한 결과를 측정하길 바라는 것은 아니다. 특히 빠르게 성장하는 기업의 관리자들은 기회 포착에 집중하며 점수 기록에 집중하는 것은 아니다. 그들이 가능한 많은 기회를 추구한다면 점수는 자체적으로 관리가 될 것이고, 많은 경우에서 볼 때 IT 자원들은 자신의 것보다 덜 실제적이며 덜 제한적인 것처럼 보인다고 생각한다. 이는 특히 거버넌스 같은 요구사항 관리 체계가 미성숙할 경우에 그러하다. 이러한 관리자들에게는 편익을 측정하는 것은 측정하지 않으면 확실히 승인될 앞으로의

프로젝트에 대한 자금 조달을 거절하기 위해 부른 초대처럼 보일 것이다.[2]

많은 관리자는 단순히 대형 IT 투자는 극도로 위험하고 결과를 통제하지 못한다고 느끼는 경우 편익을 제공하는 데 따르는 책임을 지길 원하지 않는다. 그리고 만일 편익이 제공되지 않으면 IT가 가장 많이 책임을 질 것이라는 것은 부정적이긴 하지만 진실이다. 2004년도에 가트너(Gartner)와 포브스닷컴(Forbes.com)이 실시한 조사 결과에서는 CEO의 94퍼센트가 프로젝트 실패에 대한 책임을 IT에 지게 했다.[3]

일반적으로 경영자가 조직도상에서 CEO에 가까워지면 질수록, 실패가 일어날 때 경영자가 IT에 책임을 묻게 되는 가능성이 높아진다. 그렇다면 지원자 외에 어느 누가 그 위험을 왜 떠안아야만 하는가?

CIO는 IT 투자의 편익을 측정하지 않을 수 없다

이것은 심각한 논의이며 CIO는 이를 뛰어넘을 필요가 있다. 편익을 측정하지 못하는 것은 "IT는 기술만 제공한다."는 가치 함정의 변형이며, 이는 투자로 발생하는 모든 성과로부터 IT를 분리하는 것이다. 회사는 종종 자본 투자를 위해 구조화된 투자 프로세스를(그리고 때로는 측정 프로세스를) 갖고 있다. IT를 포함하는 투자는 왜 달라야만 하는가? 그리고 회사는 7장에서 기술된 애플리케이션 개발, BPR, 조직 변화 관리를 개선함으로써 서비스 제공의 위험을 다룰 수 있게 된다.

문제는 선순환의 다른 영역과 마찬가지로 IT 자체적으로 쉽게 나아갈 수 없다는 데 있다. 편익을 측정한다는 것은 과제에 관여된 IT 안팎의 모든 이들의 참여가 있어야 한다. 이는 순수하게 인프라가 아닌 IT 내 모든 투자의 가치는 IT 예산에 표현되지 않기 때문에 특히 그렇다. 그 가치는 비즈니스 성과로 표현된다.

예를 들면 미국의 한 대형 건강 보험 회사는 기업 매출의 약 4퍼센트에 대항하는 IT 예산을 관리한다. 이 비율은 – 회사의 경영층이 동료 그룹으로 간주하는 6개 회사의 일반적인 IT 예산의 약 2배 –경영진과 업계 분석가들의 주목을 끌기에 충분히 크다. IT 예산만 유일하게 고려하고 있다면, 이 회사의 IT 비용은 높은 것으로 보인다.

그러나 회사의 G&A 비용은 매출의 약 10퍼센트로 운영되는데, 이는 동료 그룹이 18에서 30퍼센트에 이르는 것과 비교된다. 달리 말하면, IT에 투자되는 매출의 추가적인 2퍼센트는 매출에 대한 G&A의 퍼센트 비율을 8에서 20퍼센트 감소시켰으며, 이는 동료 그룹과 비교할 때 이익을 증가시킨 것이다.

"우리는 선별 정확도를 향상시킬 수 있는 품질 관리를 보유할 수 있다. IT 투자는 이러한 목표의 견지에서 고려되어야 한다. 또한, 그러한 목표를 달성하기 위한 다른 요소들, 예를 들면 프로세스 변화나 인센티브 계획 변화 등이 있을 수 있다. 우리는 투자에 대한 성과의 품질을 측정한다. 우리는 구현 후 2년까지는 우리가 가치를 얻었는지를 확인하기 위하여 반복적으로 되돌아간다."[4]

존 해머그렌 (John Hammergren), CEO, 매케슨(McKesson)

비즈니스 비용에서 이렇게 많이 절감할 수 있었던 것은 전자 기록 관리에 최근 투자한 결과이며, 이는 IT 비용을 올렸지만, 모든 보험 비즈니스가 매일 처리하는 거대한 양의 기록들을 관리하는 데 필요한 시간, 노력, 품질 관리에 드는 비용을 획기적으로 줄였다.[5]

이것이야말로 정확히 투자를 통해 우리가 기대하는 바이다. 즉 긍정적인 대규모 성과를 창출하기 위해 상대적으로 소규모의 자원을 이용하는 것이다. 성과가 IT 예산 밖에 있을 때, —그리고 우리는 지금까지 일이 올바른 방향으로 진행되고 있을 때 그것이 정확히 성과가 위치한 곳이라는 것을 명확히 했다고 믿는다. — 그때는 IT 투자에 대한 가치를 측정하는 유일한 방법은 비즈니스 성과를 보는 것이다.

성공적인 회수를 위한 여건 만들기

농업의 비유를 들자면, 선순환의 첫 번째 단계는 — 판별과 투자 기획이 필요하다. — 마치 땅을 준비하는 것과 같다. 비즈니스 프로세스 재설계, 애플리케이션 개발, 조직 변화 관리는 씨를 뿌리고 밭을 가꾸는 것과 같다. 마지막 단계는 회수를 관리하는 것이다. 즉 기획과 실행을 위해 투입되었던 노력과 자원이 열매를 맺고, 가치를 창출하는지를 보장하는 것이다.

성공적인 회수를 위해서는 과제에 관여된 모든 사람의 참여가 필요하며, 이를 위해서 IT는 관여된 모든 사람이 편익을 달성하고 측정하는 데 필요한 것들을 수행하는지 보장할 필요가 있다. 실질적으로 말해서 IT 조직이 사후 구현 편익 측정을 위한 요구사항을 가장 설득력 있게 제시할 수 있는 유일한 시기는 프로젝트가 승인되고 막 준비되기 바로 전이다. 이 시점에는 프로젝트 시작을 이끄는 모멘텀이 강력하다. 스폰서는 이끌고 나갈 준비가 되어 있고 자원은 적극적으로 고려되고 있으며 편익도 구체적으로 보인다. CIO는 그 모멘텀을 사용하여 프로젝트 참여자에게 편익 회수에 대한 사후 프로젝트 검토(post-project review)에 참여함으로써 가치를 제공하고 측정하는 데 전념해 줄 것을 요청할 수 있다. 프로젝트를 위해 많은 시간과 정치적 자본들이 확대되어 온 이상 프로젝트가 임박하고 편익 검토는 아직 멀게 보이는 이 시점에 거절하는 스폰서는 거의 없을 것이다.

이것은 특히 그러한데, 왜냐하면 거절이라는 것은 편익 평가에 대한 신뢰성에 의문을 던지는 것처럼 보이기 때문일 것이다.

성공적인 가치의 회수는 특히 3가지를 필요로 한다.

- **편익에 대한 명확한 예측** 만일 기회 평가와 투자 결정 프로세스가 합리적으로 잘 이루어진다면, 정확히 과제를 통해 제공하게 되어 있는 것과 운영 또는 재무 등 어떤 성과 측정 방법을 적용할 것인가에 관한 의문은 이 시점에서 거의 없을 것이다. 만일 그렇지 않다면, 평가와 투자 프로세스에 문제가 있는 것이며, CIO는 그 문제를 해결하기 위해 영향력을 발휘해야 한다.
- **과제의 목표가 되는 재무 또는 운영 성과의 기준치 측정** 이들은 다시 기회 식별과 평가 중에 수립되어 있어야만 한다. 그렇지 않으면 IT는 인텔(Intel)과 다른 IT 리더들이 하는 것, 즉 적정한 수치를 식별하고 기준치를 측정하기 위해 회사의 재무 영역 및 다른 영역의 부서와 함께 일하는 것을 할 수 있다.
- **구조화된 사후 구현 검토 프로세스** 이 검토는 비즈니스 성과 개선에 중점을 두고 있으며, 이 프로세스의 기간과 엄격함은 프로젝트의 규모와 범위에 비례한다. 이는 대부분의 조직이 보유하지 않은 회수 기제(harvest machinery)이며 선순환의 초기 단계까지 고려되지 않는다. 이 프로세스와 편익 실현에 관련된 성공 사례에 대해서 이 장 나머지 부분에서 중점적으로 다루고자 한다.

회수 운영 위원회(harvest steering group) 구성하기

가치가 제공되는지를 보장하는 것은 하나의 프로세스이며 프로세스는 관리되어야 한다. IT 솔루션이 제공되고 비즈니스 변화가 완료된 이후에 프로젝트 운영 위원회는 회수 운영 위원회로 대체된다.

모든 운영 위원회의 가장 중요한 기능 중의 2가지는 위험을 관리하는 것과 의사 결정을 하는 것이다. 성과물에 포함된 의사 결정과 위험은 실행 단계에 포함된 것들과 다르므로 운영 위원회의 구성원 자격 또한 두 단계 간에 변경되어야 한다. 회수 운영 위원회의 일반적인 구성원에는 비즈니스 스폰서, 주요 내부 사용자, CFO 또는 지정된 CFO 대리인, IT 개발과 운영 직원이 포함된다. 운영 위원회 상의 IT 직원들은 일반적으로 실행 기간에 상급 개발 직원에서 성과 회수 기간 동안 상급 운영 직원으로 이동한다. 일반적으로 CFO는 개발 때보다 회수 운영 위원회에서 보다 강력한 역할을 취하며 종종 의장이 된다. 그림 8-1 은 전형적인 회수 운영 위원회의 역할, 책임, 활동들을 보여 준다.

그림 8-1 프로젝트 거버넌스 팀을 성과물 운영 위원회로 발전

일반적인 회수 운영 위원회의 활동과 책임
- 편익 실현이 평상시처럼 비즈니스 일부가 될 때까지 계속 남아있는다.
- 계획 대비 실현된 편익에 대한 주기적인 검토를 수행한다 .– 매월, 매 분기, 매년 이행 주기
- 편익이 궤도를 벗어나고 있거나 비즈니스 변화가 편익을 위협하는 곳에서 비즈니스 프로세스 담당자/사용자를 자문한다.
- 중대한 편차가 발생하는 곳에서 비즈니스 경영진에게 보고한다.
- 비 프로젝트 자원을 사용하여 회수 단계(harvest phase) 동안 편익 감사(benefit audit)를 위임한다.

일반적인 운영위원회의 역할

비즈니스 스폰서	편익 실현에 대한 총괄 책임을 담당
CFO	편익 실현에 대한 세부적인 감사, 또한 집행자와 이사회에 대한 연결 고리 역할을 담당
주요 고객	요구사항의 충족 여부와 개선 방법에 대한 피드백
CIO와 IS 관리자	회수에 관련된 정보 보안 이슈를 진단하고, 교정 조치를 식별하고, IT 실무에 관련된 지식을 포착함

프로젝트를 위한 회수 운영 위원회는 실행 기간에 제공된 비즈니스 변화가 평상시처럼 비즈니스 일부가 될 때까지 계속 남아 있어야만 한다. 위원회는 편익 계획에서 벗어난 것은 없는지 주기적으로 회의하며, 필요한 모든 교정 조치에 대해 비즈니스와 IT 운영 직원들을 자문하여 경영진 위원회로 이슈를 확대시킨다.

회의 간의 정확한 주기는 프로젝트의 규모와 복잡성, 관련된 비즈니스의 변화에 따라 다르며 보통 대규모 프로젝트는 주기가 더 길다. 이 그룹은 이 장 후반에서 기술하는 바와 같이 편익 감사(benefit audit)도 의뢰해야 한다.

측정은 4가지의 주요 구성요소를 포함한다

측정과 편익 회수 단계(benefit harvest phase)를 관리하는 전체 프로세스가 그림 8-2에 제시되어 있다. 이는 다음과 같은 단계를 포함한다.

1. 시작
2. 주기적인 회수 검토(harvest review)
3. 회수 감사(harvest audit)
4. 회수 종료

이를 순서대로 논의해 보자.

그림 8-2 전체 회수 단계를 관리

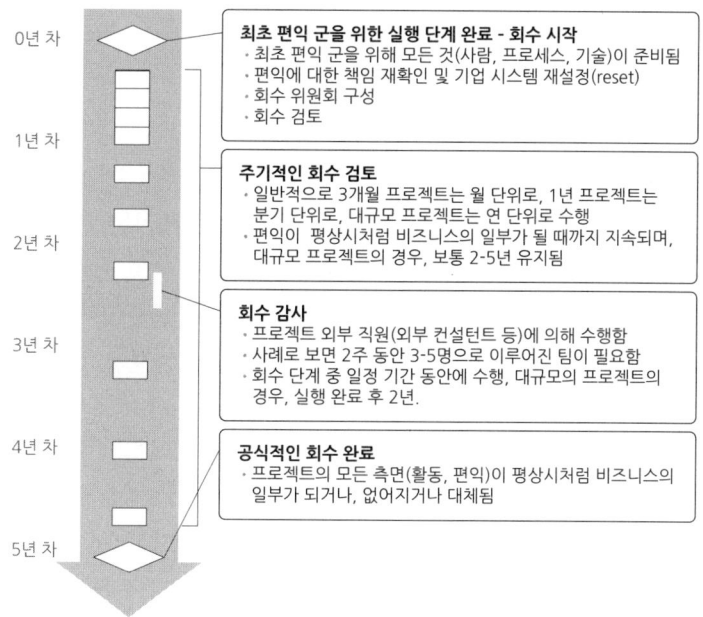

출처: Dave Aron, Chuck Tucker, and Richard Hunter, " 가치 경영: 편익 실현을 위한 고급 실무(Show Me the Money: Advanced Practices in Benefits Realization)" 가트너 이그제큐티브 프로그램 시그니처 보고서 2005년 12월

스타트업

대부분의 기업은 프로젝트 구현 단계가 완료되면 일종의 검토를 수행한다. 그런 검토는 바람직하다. 즉 MIT CISR 조사 결과에 따르면 사후 구현 검토(post-implementation reviews, PIRs)를 하는 기업은 다른 기업보다 IT를 통해 더 높은 비즈니스 가치를 얻는다는 결과를 보여주었다. 그런 많은 검토를 IT팀이 수행하기 때문에 가치를 거두어 들이는 비즈니스의 민첩성보다는 IT의 성과에 주목하는 경향이 있다. 전통적인 PIR에 대한 일반적인 질문은 다음과 같다.

- IT가 적절한 시기에 약속된 기능을 제공하였는가?
- 비용은 효과적으로 관리되었는가?
- 어디에서 이것이 일어나지 않았는가? 그리고 그 이유는 무엇인가?
- 다음 기회를 위한 교훈이 있는가?

이러한 종류의 검토가 필요하고 바람직하긴 하지만, 충분한 것은 아니다. 사후 구현 검토는 시스템 인도까지 프로젝트에 대한 IT 성과를 넘어서야 한다. 참석자들은 비즈니스 스폰서, 사용자, IT서비스 제공팀, 프로그램 및 변화 관리팀, IT 운영팀을 포함하여 모든 주요 이해관계자 집단을 포함하여야 한다.

그뿐만 아니라 서비스 제공 활동을 통해 얻는 교훈이 중요하다고 하더라도, 비즈니스가 예상된 편익을 거두어 들일 수 있는지와 초기 목표가 비현실적으로 높거나 낮았다는 것이 확실해져서 편익의 목표가 재설정될 필요가 있는지를 묻기 위해 더 많은 검토가 진행되어야 한다. 이 논의를 통해 편익 포지션(benefit position)을 회복하기 위한 모든 교정 조치가 취해질 수 있는가 혹은 취해져야만 하는가와 포트폴리오 프로세스로 반영되어야 하는 모든 새로운 편익 기회가 발생하였는가를 다루어야 한다. 이 검토는 편익에 대한 소유권과 책임을 재확인하고 예산, 인원수 같은 관리 목표가 적절히 재설정되어야 한다는 것을 보장하기에 좋은 시간이다(좀 더 나중에 자세히 기술될 예정임) 마지막으로 지속적인 편익에 대한 스케줄이 사후 구현 검토에서 설정되어야 한다.

달리 말하면, 이 회의의 기능은 수준을 설정하고, 모든 사람이 과제에 의해 제공된 가치를 지속적으로 평가하도록 준비하는 것이다.

표 8-1은 전통적인 IT 운영의 사후 구현 검토를 편익 중심의 사후 구현 검토와 비교한다.

편익의 기초를 마련하기 위한 재설정 관리 프로세스

편익 측정이 아무리 정확하다고 하더라도, 그것이 단순히 비즈니스 사례에 있는 것이라면 아마도 비즈니스 사용자의 행동에 영향을 미칠 수 없을 것이다. 편익은 새어 나가는 경향이 있다. 부분적인 인원수 감소(예를 들면, 1/2명)는 보통 없어지며 실질적인 인원수 감소는 실제로 감축하기보다는 결국 다른 영역으로 직원을 이동시키게 된다. 매출 증가에 충족하지 못하는 것은 보통 프로젝트 실행 기간에 경쟁사의 캠페인 같은 외부 요인에 기인한다.

그러나 만약 편익이 비즈니스를 추진하는 주류의 관리 프로세스에 내장된다면(그림 8-3 참조), 지정된 개인은 그 시스템에서 서비스를 제공할 책임이 있으며 그러한 편익을 추구할 때 훨씬 더 명확하고 동기 부여가 된다.

예산, 인원수, 성과표, 인센티브는 가장 일반적인 관리 프로세스이며, 이를 통해 편익을 통합해야 한다. 문제는 이러한 프로세스의 목표가 보통 고정 시점에 설정되는데, 반년이나 일 년마다 이루어진다. 편익을 내장하는 것은 이러한 목표를 주기에서 벗어나 재설정하는 것을 필요로 할 수도 있다.

이는 CFO 직원을 개입시킴으로써 얻는 편익이다. 그들은 CIO가 할 필요가 없도록 예산을 조정하고 추정 비용을 정할 수 있다.

주기적인 회수 검토

편익의 달성을 향한 진도를 측정하고 조치가 취해질 필요가 있는지, 누구에 의해 이루어지는지를 결정하고, 위험을 교정하거나 기회를 극대화하기 위해 주기적인 검토가 이루어진다. 여기는 초기 검토에서와 마찬가지로 승인된 제안 내용에 포함된 편익 추정 비용 측정에 대한 가장 중요한 가이드이다.

표 8-1 사후 구현 검토가 편익에 중점을 두고 있는지를 보장하라.

요소	전형적인 IS 랩업 미팅(wrap-up meeting)의 특성	편익 중심 사후 구현 검토의 추가적인 특성
개입	가용성에 따라 가변적임	모든 주요한 이해 관계자들, 즉 내부 고객, 비즈니스 스폰서, CIO, 개발팀, 프로그램 및 변화 관리팀, IS 운영팀, 모든 외부 파트너/고객
범위	IS 서비스 제공	편익을 수확하는 기업의 능력
논의 포인트	• 요구된 대로 기능이 제공되었는가? 우리가 제공했다는 것에 만족하는가? • 시스템이 적기에, 예산에 맞추어 제공되었는가? • 어떤 기술과 접근방법이 효과가 있으며, 그렇지 않은 것은 무엇인가?	• 실행 단계의 현실적인 부분이 편익에 어떻게 영향을 주었는가? 외부 요인(예, 예상치 못한 경쟁사의 행위)이 편익 공식(benefit equation)을 변경시켰는가? • 편익 산정이 변경될 필요가 있는가? • 비즈니스가 지금 편익을 수확할 위치에 있는가? 그렇지 않다면 시정 조치를 취해야 하는가? • 실행 단계 중에 발생했던 예상치 못한 비즈니스 기회가 존재하는가? • 향후 과제를 개선하기 위해 어떤 성공 사례와 함정을 포착하여 소통할 수 있는가?
결과물	• IS 성과표/보고서에 대한 입력 자료 • 개발 기술과 관련된 IS 지식 기반에 대한 입력 자료	• 회사 시스템으로 포함한다고 동의한 (수정된)편익에 대한 책임과 이행 • 개선과 기회가 있는 프로젝트 제안 • 동의한 성과물 운영 위원회, 검토, 감사 일정

출처: 데이브 아론(Dave Aron), 척 터커(Chuck Tucker), 리차드 헌터(Richard Hunter), " 가치 경영: 편익 실현을 위한 고급 실무(Show Me the Money: Advanced Practices in Benefits Realization)" 가트너 이그제큐티브 프로그램 시그니처 보고서 2005년 12월

그림 8-3 기업 시스템과 프로세스로의 편익 반영

- 비용 절감, 매출(수익 증대) 및 직원 감축과 같은 편익은 보통 '누설(leakage)' 될 것이다.
- 주요 기업 시스템, 프로세스, 예산을 재설정함으로써 책임을 강화하고 모든 이해관계자의 사고 방식에 관심을 집중하게 된다.

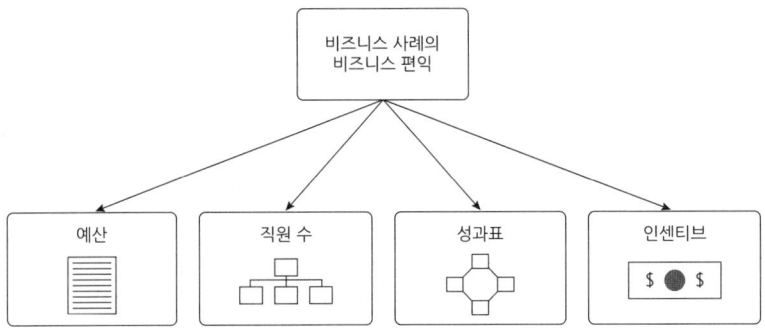

검토자들은 제안서에 제시되지 않은 추가적인 금전적 편익 또는 비금전적 편익이 발생하는 것에 유의해야 한다(의도하지 않은 결과의 법칙(The law of unintended consequences)은 양면성이 있다). 예를 들면, 브리티쉬 페트롤륨(British Petroleum)에서는 고객의 액화 천연가스(LNG)를 위한 자동 수준 측정 방법을 구현하였는데, 이를 통해 회사는 그 고객들에 필요에 따른 서비스를 제공하게 되었으며 서로의 비용을 절감하게 되었다. 예상하지 못한 비금전적 편익은 고객이 LNG를 다 소모한건지 아닌지를 걱정했던 점을 해소시킨 것이다. 사실상 BP는 고객의 우려를 자체적으로 넘겨받아 BP의 서비스에 대한 고객 만족도를 눈에 띄게 향상시켰다.[6]

독립적인 회수 감사

시간이 지남에 따라 예산 산정의 일부였던 환경이 급격하게 변화할 수도 있으므로, 충실하게 주의하여 계산된 편익을 현실화하는 것은 불가능할지도 모른다. 이유가 무엇이던 간에, 예산 산정이 왜 타당했는지 혹은 왜 타당하지 않았는지를 파악하는 것이 중요하기 때문에 향후의 예산 산정과 투자 결정에서 그러한 예산 산정의 사용을 개선할 수 있다.

회수 검토의 목적이 프로젝트로부터 발생한 편익을 극대화하는 것임에도, 회수 감사는 주로 기업을 위한 가치를 창출함에 무엇이 효과가 있었고, 없었는지를 파악하기 위해 수행된다. 감사 그룹의 주요 활동은 편익을 측정하고, 그것을 계획과 비교하며, 편차에 대한 근본 원인을 조사하는 것이다. 이 일을 통해 일련의 성공 사례들과 조기에 회피하거나 처리해야 하는 이슈들이 도출된다.

회수 감사의 특징은 다음과 같다.

- **타이밍** 이상적으로 볼 때, 회수 감사는 성과물의 실체가 안정적이며 명확하게 가시적이 되도록 수확 단계에서 잘 수행되어야만 한다. 적절한 시기는 비즈니스와 IT 변화가 전개되고 난 후 1년이다.

- **투입 규모** 팀 규모와 감사 기간은 프로젝트의 규모와 복잡성에 따라 다르다. 예를 들면, 10억 달러 규모의 기업의 경우, 3백만 달러에서 5백만 달러 규모의 ERP 프로젝트를 구현하는 데는 2년이 소요되며, 전형적인 감사는 3명에서 5명으로 구성된 팀이 10일에서 14일간 수행하게 된다.

- **팀** 프로젝트에 중요한 비즈니스 기능, 재무 기능, IT 영역에 대해 광범위한 지식을 갖춘 사람들로 팀이 구성되어야 한다. 감사팀은 시스템과 프로세스 변화를 개발했던 프로젝트팀과 독립성도 유지해야 한다. 일반적으로 사정을 잘 알지만, 상대적으로 독립성이 있는 다른 지역의 비즈니스 부서에서 팀을 구성하는 것이 좋다.

회수 완료

최근의 연구 조사는 IT 지원 과제에 대한 수익은 평균적으로 볼 때(생산성과 생산량 증대 관점에서), 1년 후에 측정할 수 있었으며 그다음에는 시간이 지남에 따라 가속화된다고 밝혔다. 7년 후에는 2배에서 7배까지 수익이 증가하였다.[7]

긴 시간에 걸쳐 증가하는 원인은 회사가 대부분의 기술 투자를 일으키는 보완적인 조직과 프로세스 변화를 구현하는 데 오랜 시간이 필요하기 때문이다. 지속적인 개선의 점진적인 가치가 정점에 오르면서, 후에는 수익 감소가 발생하게 된다. 그러면 회사는 다음 성과의 성장기에 도달하기 위해 보다 급진적인 변화가 필요로 할 수도 있다.

이는 보다 대규모 과제의 경우, 특히 편익에 대한 예상은 시차를 고려해야 한다. 그러한 과제에 대해서는 리뷰를 통해 1년 동안은 상당한 편익이 제시될 수 있을 것이라는 기대는 하지 말아야 한다. 일단 편익이 명확해지면 5년 동안 측정을 하거나, 평시와 같은 수준인 비즈니스의 일부 과제로부터 얻는 이익에 기업이 만족할 때까지 측정을 계속될 수 있다.

선순환 연결하기

선순환을 향상시키기 위해 대기업이거나 기술 중심 기업일 필요 없고, 완벽할 필요도 없다. 58.6억(2008년 기준) 규모의 글로벌 제지 제조업체인 사피 리미티드(Sappi Limited)의 북아메리카(NA) 지역 자회사가 이용했던 프로세스를 고려하라. 2005년, 사피(Sappi) NA는 ERP 기술로 지원되는 프로세스의 표준화에 목적을 둔 주요 과제를 통해 규칙을 개선했다.[8]

북아메리카 구매 부사장과 CIO인 밥 위트스타인(Bob Wittstein)은 ERP를 구현할 때 선순환의 모든 단계에서 일했었다. 2005년에 개발되었고 그 이후 꾸준히 정제화되었던 것처럼 편익 식별은 각 프로젝트의 전략적 목표에 따라 맞춰진다. 인프라 프로젝트의 경우, IT 부서는 예산을 차치하고 덜 광범위한 비용 편익 분석을 수행한다. 투자 구매의 경우에는 더 공식적인 프로세스가 존재한다. 고객 서비스나 혁신에 직접적으로 관련되는 프로젝트에 대해서 위트스타인(Wittstein)은 공들여 편익 분석을 수행하는 것이 아무런 소용이 없다는 것에 주목한다. 즉 이미 결정은 내려져 있다. 그럼에도 보통 비용 절감을 의미하는 운영 탁월성 과제에 대해서는 편익 계획과 후속 조치를 철저히 하는 것이 타당하다. 마지막으로, 재해 복구 계획 프로젝트는 시스템 장애가 시간 경과에 따라 비즈니스에 미치는 영향을 기반으로 타당성을 확보한다.

기존에 사피(Sappi) 경영진은 편익 실현에 대해 비호의적인 인식을 갖고 있었다. "나는 IT 프로젝트의 경우 시간과 비용이 2배 더 소요될 것으로 예상하곤 했었다."라고 사장이자 CEO인 마크 가드너(Mark Gardner)는 말한다. "그것은 엄격함이 덜 했기 때문이었다. 즉 IT는 투자 요건에 대한 프로세스를 고려하지 않았다."

실행은 잘 통솔된 프로젝트 관리를 통해서도 개선될 수 있다. 또한, BPR은 모든 프로젝트의 일부이다. 사피(Sappi)는 각 기능 영역의 사용자 전문가들(그들은 기능 영역별 부사장들에게 직접 보고한다.)과 그들의 IT 담당자들로 구성된 비즈니스 프로세스 엔지니어링 그룹을 구성했다. 위트스타인(Wittstein)은 이렇게 설명하고 있다.

> 이 그룹은 다 기능팀(Cross Functional Team, CFT)이라고 부른다. 프로젝트 스폰서는 프로젝트의 목표, 편익, ROI를 기술한 양식을 채운다.

그 양식은 CFT로 넘어가서 어떤 프로젝트가 회사 전체에 가장 많은 편익을 줄 것인지 결정하는 근거가 된다. 만일 어떤 교착 상태가 발생하면 그 제안은 CFT 운영 위원회로 넘어가는데, 그 운영 위원회는 IT, 공급망, 재무, 제조, 마케팅 부사장들을 포함한 더 소규모의 고위 경영진들로 구성된다. 그러나 운영 위원회가 마지막으로 교착 상태를 해결해야만 했던 시점 이후로는 오랜 시간이 흘렀다.

CFT는 운영 위원회에게 전체 개발 예산, 프로젝트 상황, 훌륭한 거버넌스에 대해 6주마다 보고한다. 운영 위원회 회의에는 대기하고 있는 다음 10개 프로젝트에 관한 논의도 포함된다. 우리는 가장 중요한 프로젝트를 진행하고 있으며 그것들이 완료된 이후에는 그 다음 10개 프로젝트가 가장 중요하다는 것을 확신하길 원한다. 보다 중요한 것을 위해서는 일단 접어 두어야 하는 프로젝트가 있게 되는데, 이를 통해 중도를 판단해야 하는 경우가 생기며 현재 경제 상황을 고려할 때 이전보다는 최근에 그럴 가능성이 크다. 그러나 중간에 연기되는 프로젝트 비율은 낮다. 일반적으로 명확한 투자 수익률과 단기적인 수행 기간을 가진 프로젝트나 사피닷컴(Sappi.com) NA의 웹사이트와 같이 일관된 브랜드로 모든 것을 엮어 주는 매우 전략적인 프로젝트를 선택하게 된다.[9]

사피(Sappi)는 사후 구현 후 수확 프로세스(post-implementation harvest process)를 충분하게 갖는다. 보다 대규모 프로젝트에 대해서는 구현 후 1년간은 운영 위원회에 있는 CFO와 함께 월 단위 검토를 수행하며 그 이후에는 연 단위 검토를 수행한다. 또한, 구현 후 5년 이내에는 내부 직원들, 즉 주로 비즈니스의 다른 영역에서 온 직원들이 감사를 시행한다(일반적으로 2주간 3명에서 5명이 투입된다). 보다 소규모의 프로젝트에 대해서는 사후 구현 후 검토를 월 단위로 수행하는 데 구현 후 1년 이내에 종료된다.

IT는 모든 수확 활동의 사후 전개에서 덜 공식적으로 개입된다. 위트스타인(Wittstein)은 "모든 이들이 단일한 대규모 프로젝트에 집중하고 있을 때 이는 크게 문제가 되지 않지만, 다수의 소규모 프로젝트를 고려한다면, 여기에는 개선할 것이 많다."라고 말한다.

위트스타인(Wittstein)은 IT 프로젝트로부터 지속적인 편익을 달성하기 위한 2가지 성공요소가 있다고 결론지었다. 즉 어떤 프로젝트를 수용할 것인가에 대해서 냉정함을 유지하는 것과 훌륭하고 보수적인 프로젝트 관리와 실행이다. "실행보다 더 중요한 것은 없다. 당신이 만약 잘못된 프로젝트를 선택할지라도 실행을 잘 하면 회복할 시간이 주어지게 될 것이다."라고 위트스타인(Wittstein)은 말한다. 표 8-2는 3개 기업들이 그들의 선순환을 어떻게 구현했는지를 보여준다.

선순환 개선을 어디에서 시작하는가?

선순환의 어떤 영역에 대한 개선이라도 IT투자에 대한 가치를 개선하기 때문에 특정한 곳에서 시작하고자 기다리는 것보다 어떤 곳에서라도 시작하는 것이 더 좋다. 효과적인 가치 실현 프로세스를 실행하는 기업들은 그렇지 않은 기업들보다 평균적으로 21퍼센트 높은 편익을 확보할 수 있다.

그렇긴 하지만, 요구사항 평가와 투명한 투자로 시작하기가 더 쉬울 수 있다. 대부분의 비즈니스는 이미 투자 평가와 의사 결정 프로세스가 준비되어 있으며, 그러한 기준과 결정에 영향받는 프로젝트에 대해 IT를 추가하는 것은 상대적으로 거의 변화가 없다.

표 8-2 인텔(Intel), BT, 사피(Sappi)에 대한 선순환

	인텔(Intel)	BT	사피(Sappi)
계획	측정 가능한 성과에 기반을 둔 정량화된 편익 예상치가 있는 명확한 비즈니스 사례. ROI 외에도 전략적 연계와 기술적 레버리지에 기반을 둔 투명한 우선순위화.	명확한 비즈니스 사례. 예외사항은 CEO 승인을 요함. 프로젝트 시작에 앞서 다수의 가능한 솔루션의 프로토타입을 만들기 위한 조기 개발(핫하우징, Hothousing)	여러 유형의 프로젝트에 맞춰진 예상 편익이 있는 명확한 비즈니스 사례.
실행	수립된 성공 기준에 기반한 프로젝트 단계 타당성 및 승인 결정.	가시성과 중점사항을 보장하기 위한 프로젝트 수의 감소. 프로젝트는 90일마다 인도되거나 철회되어야 한다.	모든 프로젝트에 대해 PMO의 역할과 Go/No Go 결정에 CFT가 개입됨. CFT 운영 위원회와 CFT에 의한 빈번한 상태 모니터링과 타당성/우선순위화.
수확	가치 다이얼(value dial)의 '클릭'에 기반을 둔 비즈니스 편익의 공식적인 측정. 예산 산정은 재무 직원이 수행하고 관리하며, 매년 재방문함	모든 프로젝트에 대한 완전한 사후 구현 후 검토(PIR). 보너스 및 내부 지식과 관련됨.	매우 큰 규모의 프로젝트에 대해서는, 구현 후 즉시 반복적인 수확 프로세스를 시작하고, 이후 수년간 지속함. 보다 소규모의 프로젝트에 대해서는, 구현 후 1년 이내에 수확이 완료됨.

대부분 기업에 대해서는 BPR과 애플리케이션 개발에서의 개선사항들은 그들이 비즈니스 는 방식에 대한 거대한 변화가 아니라 세부적인 개선을 나타낸다. 그러한 의미에서 볼 때, 이들 2가지 요소는 최소한의 저항이 보장되는 방법을 나타낸다고 할 수 있다. 그러나 가장 큰 보상은 기업의 변화를 관리하고 회수를 관리하기 위한 프로그램을 구현함에 따른 결과일 것 같다. 특히 전

자는 경쟁사 대비 상당한 우위에 대한 가능성을 제공하는데, 그 경쟁사들 대부분은 새로운 프로세스와 시스템을 가용할 때 그것을 이용하기 위한 준비와 실행을 보장할 실무와 프로그램을 구현하지 않았을 것이다(또한, 그러한 경향이 지속한다면 가까운 미래에 구현하지 않을 것이다).

그뿐만 아니라, 통제할 수 없을 때 CIO는 이 방향으로 기업을 이끌고자 상당한 영향력을 가할 수 있는데, 이는 필요한 역량을 구현하기 위한 기반인 PMO를 활용하게 된다. 마지막으로 경영진들은 보통 그들 과제의 가장 큰 장애 요소로서 조직 변화 관리의 부족이라고 판별하고 있으며, 이 부분에서의 진전은 전체 성공에 상당한 영향을 미칠 것이라는 것에는 의심의 여지가 없다.

선순환 활동을 개선하면 CIO는 비즈니스 성과에 대한 개선으로서 IT에 대한 당위성을 설명할 수 있게 된다. - 성장과 수익에 직접적으로 연관된 명백한 관점으로 IT의 가치를 설명할 수 있다. 일단 CIO가 IT에 대한 모든 투자가 비즈니스를 위한 가치를 설명하게 되었다면 한가지 성과는 확실하다. 그것은 CIO와 IT에게 기회가 확대됨과 동시에 기업에 대한 CIO의 가치를 제대로 인식해 주는 것이다. 그러한 성과와 기회는 다음 장의 주제가 된다.

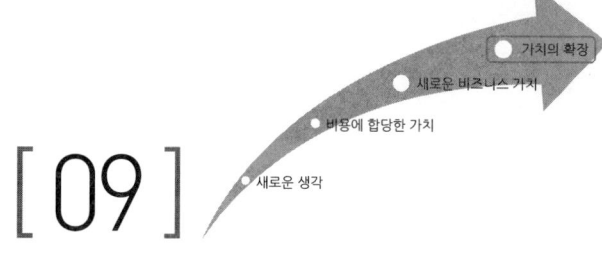

[09]

CIO 플러스

"당신이 어디로 향하는지 모른다면, 어딘가에서 끝나게 될 것이다."

-요기 베라(Yogi Berra)

회사와 직원에 대한 가치를 창출하고 소통하기 위해 당신이 노력한 것에 대한 성공을 통해, 필연적으로 당신 조직뿐만 아니라 당신도 보상받게 된다. 이러한 의미에서 볼 때 IT 가치를 향한 여정은 최종 목적지가 없다. 그것은 CIO와 IT팀을 위한 기회의 세계 속으로 흘러들어온다.

우리가 이 장의 후반에서 보여주겠지만, 찰리 펠트(Charlie Feld)와 버드 매타이젤(Bud Mathaisel) 같은 일부 CIO들은 자신의 CIO 경험을 지렛대 삼아서 업계 리더십을 극대화하고 CIO 세계의 인정받는 전문가로서 영향력을 발휘하였다. 다른 사람들은 IT 외 분야에서 최고 경영자 책임으로 가는 경로를 밟았다. 포드(Ford)의 전 CIO인 마브 아담스(Marv Adams)는 지금은 재무 서비스의 거인 피델리티 인베스트먼트(Fidelity Investments)를 위한 핵심 재무 운영과 공유 서비스를 관리하고 있다. 컴퓨크레디트(CompuCredit)의 귀도 사키(Guido Sacchi)는 회사의 기업 전략 부사장이 되었으며 지금은 모네타 코퍼레이션(Moneta Corporation)의 CEO이다.

또한, 스테이트 스트리트 코퍼레이션(State Street Corporation)의 조 안토넬리(Joe Antonellis)는 지금은 70억 달러의 매출을 올리는 회사의 부회장이면서 주요 고객 서비스 비즈니스 부서의 수장이다. 10년 전, IT 직원과 업계 분석가들은 CIO가 "경력이 끝난다(Career Is Over)."는 말을 나타낸다고 농담했었다. 그러나 명확한 것은 성공적인 CIO에 대해서는 그 말이 결코 사실이 아니라는 것이다.

이 CIO들은 우리가 소위 CIO 플러스라고 칭하는 사람들의 예가 된다. -간단히 말해서, 그들은 기업 안팎의 지명도와 영향이 다른 모든 경영진의 그것에 필적할 만한 인물들이다. CIO 플러스 현상은 비록 나중에 일어나더라도 놀라운 일이 아니다. 모든 비즈니스에 대해 IT의 중요성을 확대시킴으로써 IT를 책임지는 경영진들의 역량과 비즈니스 감각도 같이 성장한다. 10년 전에는 자신의 커리어 패스로 CEO가 추가되었던 한 명의 CIO의 이름을 대는 것이 매우 힘들었을 것이다. 이 책을 통한 연구 조사에서는-명백하게 입증된 능력으로 선정된 일련의 CIO들 사례- 우리는 3명을 만났다.

비즈니스 지식과 신뢰성을 향상시키는 것에 대한 보상은 IT에 있는 모든 이에게 돌아온다. 인텔의 IT 위기관리 이후, IT 부서는 회사 전체에 걸쳐 혁신을 돕는 역할을 부여받았다. - 4년 전에는 누구도 IT에 대해서 그러한 상상을 하지 못했었다. 솔렉트론(Solectron)의 PMO 직원은 관례대로 비즈니스 부서의 수장들과 CIO의 동조를 등에 업고, 비즈니스에 대한 그들의 방법과 지식을 지렛대로 삼아 비즈니스 경영 역할로 옮기고자 하였다. 회사 내에서 같은 IT 역할에 머물러 있던 사람들조차도 기존에 그들이 할 수 있었던 것보다 훨씬 더 흥미 있고 가치 있는 프로젝트를 판별하고 구현할 기회를 갖는다. 파도가 밀려오면 모든 배는 떠오른다(A rising tide raise all ships).

우리는 이 책에서 인터뷰한 CIO들에 의해 깊은 감명을 받았으며 그들의 경력 중 다수는 이 주제에 관한 집중 연구가 시작된 이래 몇 년 지나지 않았는데 성공 수준이 새롭게 올라갔다. 그들의 경로를 보건대, IT 가치를 제공하고 소통하는 데 필요한 비즈니스 감각을 개발하는 CIO는 그들 앞에 아주 밝은 미래를 갖게 된다. 또한, 더 위대한 역할을 갈망하는 IT 관리자들은 자신들의 IT 전문지식을 기반으로 그들이 원하는 미래를 구축하는 방법을 고려할 수 있다.

CIO 플러스는 이루어질 수 있다

이 장에서 우리는 새로운 비즈니스 책임을 맡은 매우 효과적인 CIO의 이야기를 공유하고자 하며 어떤 경우에는 CIO의 사무실을 완전히 떠나기도 했다. 이 현상은 결코 드물지 않다. 높은 역량을 갖춘 CIO들 모두가 완전히 비IT 책임으로 전환하는 것이 필연적이지(혹은 반드시 바람직할지라도) 않음을 알게 될 것이다. 그러나 대부분의 효과적인 CIO들은 이미 CIO 플러스의 역할을 특징 짓는 확장된 책임의 길에 들어서고 있다.

2007년 후반, 1,400명의 CIO를 대상으로 한 가트너 이큐제큐티브 프로그램 조사결과는 그림 9-1에서 보다시피, 과반수가 적어도 전통적인 IT 영역 외에서 적어도 한 가지 책임을 담당하고 있었다. 이 그림에서 기업을 위해 추가적인 책임을 가진 CIO들의 높은 비율을 주목하라. 기업 전략이나 콜 센터 운영 같은 외부 역할 뿐만 아니라 프로세스 개선이나 설비와 같은 내부 역할은 주목할 만하다. 최고 경영진들은 이러한 역할을 강력한 CIO가 공헌할 수 있는 역량에 대한 자연스러운 확장으로 명백히 인식하고 있다.

그림 9-1 과반수의 CIO는 전통적인 IT 영역 외에서 적어도 한 가지 책임을 담당한다고 보고

3개 이상 책임	비즈니스 프로세스 개선 조달 관리 자산 및 설비 인적 자원	기업 전략 기획 고객 콘택트 센터 혁신 사무소 비즈니스 개발
2개 혹은 3개 책임	비즈니스 프로세스 개선 조달 공급자 관리 자산 및 설비 인적 자원	기업 전략 기획 고객 콘택트 센터 혁신 사무소 비즈니스 개발
단 1개 책임	비즈니스 프로세스 개선 조달 공급자 관리 자산 및 설비	기업 전략 기획 고객 콘택트 센터 혁신 사무소
	내부 중심	외부 중심

출처: "차별화 하기(Making the Difference): 2008 CIO 아젠다," 가트너 EXP 프리미어 리포트, 2008년 1월)

CIO 중에서 잠재적인 경력 이동에서 볼 때 두드러지게 많으며, 그 비율이 점진적으로 증가하고 있는 것은 – 2006년 15퍼센트에서, 이 글을 쓰는 시점부로 24퍼센트이다. – IT에서의 첫 번째 역할이 CIO인 비즈니스 경영진들이다. 우리는 이 다수의 경영진에 대해 IT에 있었던 기간에 업무는 그들 자신의 경력에 가치 있는 것으로 간주하는 수많은 경험 중 하나일 것이며 의도했던 최종 목적지일 필요가 없다. 그러나 IT가 그들의 경력에서 최종 목적지이건 아니건 간에 이 비기술적인 CIO들은 추가적인 신분 상승을 위해 존경받을 만한 경력을—어떤 면에 있어서는 의무적인 –이력서 항목에 넣고자 회사 안팎에서 해당 역할에 대한 인식을 바꾼다.

CIO 역할은 강력한 발사대와 같다

비즈니스 경영진이 CIO가 되는가의 여부 혹은 CIO가 추가적인 비즈니스 책임을 갖게 되었는가는 중요하지 않다. 새로운 역할이 선택이냐 의무사항이냐의 여부도 중요하지 않다. 중요한 것은 IT 리더들이 비즈니스에서 점차 중요한 역할을 하고 있다는 것이다.

CIO는 모든 비즈니스 부서의 계획, 전략, 역량을 알아야 하는 당위성이 있는데 이는 그들이 그 전략들을 자동화하고 정보 제공하는 것에 대한 책임이 있기 때문이다. COO를 있을 수 있는 예외라고 한다면 어느 누구도 회사의 비즈니스 프로세스가 어떻게 작동하는지를 CIO보다 더 잘 아는 사람은 없다. 또한, CIO는 보통 회사에서 가장 능력 있는 프로젝트 수행팀(project delivery team)을 소유한다. 간단히 말해서, CIO는 전략을 만들어 실행하고, 서비스를 제공하기 위한 회사의 성공 사례와 주로 관련되어 있다. 회사가 능력 있는 리더를 필요로 할 때(회사 또는 다른 사람들이), CIO에게 요청하는 것은 자연스럽기만 하다.

CIO 플러스 역할은 저절로 일어나는 것은 아니다. CIO 역할을 잘 수행해야 할 뿐만 아니라 더 많은 업무 수행을 위한 가능성을 만들어가는 노력이 필요하다. 이는 당신이 확장된 역할에 관심이 있다는 것을 알게 하고, CIO 경험을 지렛대로 삼는 기회를 찾으며, 위험하고 새로운 도전이 제시되었을 때, 그것을 받아들여야 한다는 것을 의미한다.

CFO와 마찬가지로 CIO는 회사 내 다른 모든 경영진에게 합법적인 접근 권한을 갖는다. 2005년, 랜디 스프랫(Randy Spratt)가 매케슨(McKesson)의 CIO가 되기 전에 그는 비 IT의 최고 경영진이었다. 그는 매케슨 테크놀로지 솔루션(McKesson Technology Solutions)에서 완전한 P&L 책임을 맡았는데 매케슨 테크놀로지 솔루션(McKesson Technology Solutions)의 비즈니스는 병원과 의사를 대상으로 하는 마켓 플레이스에서 소프트웨어 애플리케이션을 개발, 설치, 지원하는 것이다. 스프래트(Spratt)는 CIO 역할을 의뢰 받았을 때 수용하는 것에 대한 약간의 의구심을 가졌다. 그는 이렇게 말한다. "나는 매출에 대한 책임이 없는 역할을 맡는 것에 대해 상당히 긴장되었다. 매출은 많은 실수를 보이지 않게 한다. 즉 비즈니스를 성장시킴에 있어서 당신이 효과적으로 하면 할수록 실수할 여지는 점점 많아지게 된다. 당신이 코스트 센터(cost center)라면, 매년 비교 가능한 것들을 제외하면 계속해야 할 것이 없다. 그러나 이는 매케슨(McKesson)의 확장 계획에 명확하게 중요한 것이었다. 나는 그 역할에 비즈니스 원칙을 적용하리라는 기대로 그 일을 받아들였다."[1]

이 책의 앞 장에서는 스프래트(Spratt)가 IT 부서 관리 방법을 어떻게 변화시킬 수 있었는지와 더불어 매케슨(McKesson)이 IT에 투자함으로써 얻은 가치를 설명한다. 그가 예상하지 못했던 것은 그 자신이 CIO가 되는 결과로서 어떻게 변화해야 할 것인가 이다. 그는 이렇게 말한다. "나는 CIO가 되기 전까지 그것을 열망하지 않았다. 그러나 내가 지금 아는 바를 알았더라면, 나는 그래야만 했다고 생각한다. 당신이 실제로 그 자리에 앉기 전까지는 그 자리의 잠재력을 이해하지 못한다. 나는 매케슨(McKesson)과 오늘날의 미국 경영진들에게 이전보다 훨씬 더 소중한 존재이다. 매케슨(McKesson)에서 전체 비즈니스의 다양성에 걸쳐 있는 변화를 완수하는 능력은 내가 생각했던 것보다 훨씬 더 흥미가 있다.

스프래트(Spratt)는 기술 중심에서 새로운 제품과 서비스의 신속한 제공을 지향하는 것으로 역할이 이동할 것이라고 예측한다. – 비즈니스 운영에서 비즈니스 성장으로 이동하는 것이다. 마케팅의 배경이 기업의 리더십으로 가는 전통적인 경로라는 것을 고려할 때, 그의 마케팅과의 비교는 다음을 이야기해주고 있다.

> 이것은 기술에 관한 것이 아니다. 즉 이것은 전략과 변화 리더십에 관한 것이다. 10년에서 15년 안에는 지금 CIO의 많은 시간을 점유하는 많은 것들이 공익 설비처럼 보일 것이다. 당신은 물과 가스, 전기가 어디에서 오는지 걱정할 필요가 없다. 미래에는 컴퓨터 전원, 스토리지, 네트워크, 소프트웨어 애플리케이션이 어디에서 오는지 걱정할 필요가 없을 것이다.
>
> 문제는 새로운 상품과 서비스를 시장에 내놓기 위해 그 설비들을 어떻게 하면 빠르게 전개해 나갈 것인가에 관한 것이다. 그 역할은 당신이 마케팅과 결부시킨 많은 신속성과 위험 요소를 갖게 될 것이다. – 어떻게 하면 위험 없는 데이터 센터를 지을 수 있는가가 아닌 얼마나 빨리 전개할 수 있는가 이다.

오, 당신이 가야 할 곳

그림 9-2는 우리가 연구 조사를 통해 확인한 가장 현저한 CIO 플러스의 커리어 패스를 보여준다. 그림에 표시된 각 역할은 비즈니스와 IT 책임을 요소로 하며 한쪽 또는 다른 한쪽으로 보다 많은 가중치를 주었다. 지금까지 제시해왔던 바와 같이 효과적인 CIO는 기술적 리더 이상의 존재이다. 그들은 비즈니스 관점에서 가치를 설명하며 비즈니스 변화를 승인하고 제공하는 사람들이다. 우리가 그림에서 CIO 역할을 IT 관리자 역할보다 비즈니스 스케일 면에서 더 높게 표시한 것은 그러한 이유이다.

그림 9-2 CIO 플러스의 커리어 패스

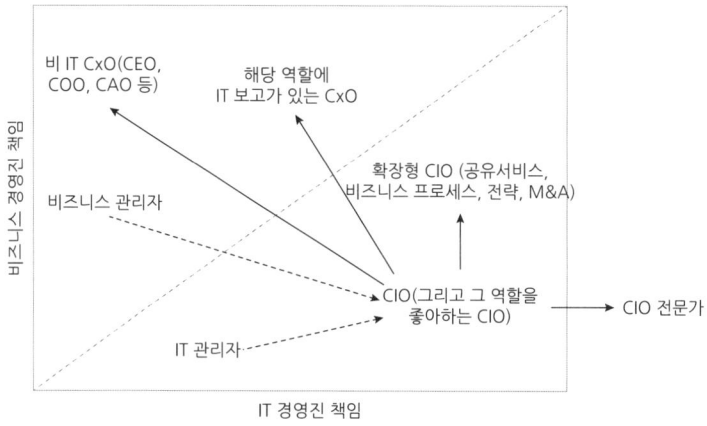

그러나 CIO는 거기로부터 어디로 가는가? 일부는 CIO 역할에 머무는 것을 선택하며 그들은 그 일을 매우 효과적으로 하며 매일 그 일을 즐긴다. 다른 이들은 새로운 CIO 역할로 이동하기를 선택하는데 보통 다른 회사로 가거나, CIO 컨설턴트가 되어 출판, 강연, 다른 외부 포럼 등을 통해 그들의 경험을 공유한다. 이들은 CIO 전문가(CIO guru)인데, 우리가 종종 언론에서 보는 이들이다. 이러한 역할을 수행하는 CIO와의 대화를 통해 그들이 동기 부여가 되는 것은 역할에 대한 자유와 보상뿐만 아니라 다른 사람들과 성공하면서 어렵게 얻는 지식을 공유하고자 하는 열망도 있다는 것을 알 수 있다. – 해당 업계에 지식을 되돌려 주는 것이다.

많은 CIO는 그림상에서 위로 이동하고 있으며 CIO 책임은 유지한 채로 추가적인 비즈니스 책임을 맡아가고 있다. 이러한 확장형 CIO(extended CIO)는 본질적으로 2개 또는 3개의 업무를 수행하고 있으며, 일부는 그들의 역량에 대한 다소 명시적인 테스트로써 수행하고 있다. 그러나 다른 CIO들은 보다 명시적으로 비기술적인 비즈니스 역할을 맡게 됨에 따라 기술적인 책임을 포기한다. 이렇게 새로 생겨난 CxO는 자신들에게 보고하는 CIO 역할에서 그들의 계승자를 둘 수 있거나 IT에 대해 직접적인 책임을 맡지 않을 수도 있다.

이러한 2차원의 그림에서 CIO의 위치를 통해 암시할 수 있는 가치 판단이 없다는 것에 주목하라. 오른쪽 상단 코너는 가장 바쁠 것이며 이는 IT와 비즈니스 전 영역에서 막중한 책임을 암시하기 때문이다. 누군가가 얼마나 많은 풀타임 업무를 한 번에 처리할 수 있는지에 대해서는 한계가 있으며 비 IT CxO에 의해 점유된 왼쪽 상단 영역으로 이동하는 CIO는 필연적으로 그들의 IT 책임 모두 혹은 거의 대부분을 포기한다. 이 CIO들은 보통 CIO 플러스 역할로 '상향' 이동하면서 시작하고, 그 다음에는 다른 역할로 좌측 이동할 기회가 나타나면 잡는다. 그러나 특히 비 IT 비즈니스 역할에서 CIO 역할로 오는 사람들은 종종 한 번에 점프를 하기도 한다.

그뿐만 아니라, CIO 역할을 유지하는 것은 어떠한 면에서도 본인 능력 이하의 성과를 내는 것이 결코 아니다. 우리가 인터뷰한 많은 CIO들은 매우 만족스러운 경영진들이었다. 그 역할은 그들이 소유한 기술 역량을 강조하였고 자신의 비즈니스 내 중요한 변화에 영향을 주는 상당한 지위를 가졌으며, 자신들의 기여가 소중하기도 하고 잘 인정된다고 느꼈다. 한 CIO가 다음과 같이 말한 것처럼 말이다. "나는 이것에 매우 능통하다. 나는 왜 완전히 다른 역량을 필요로 하는 역할로 가야 하는가?"

이 장의 나머지 부분에서 우리는 보다 위대한 책임으로 자신의 경로를 따라가는 CIO들의 이야기를 하고자 한다. 그다음에는 당신의 궤도상에서 다음 단계를 위한 고려사항을 논의하고자 한다. 이 이야기들은 우리에게 감명을 준다는 것을 강조하고 싶다. 뿐만 아니라 현재와 미래의 많은 CIO들에게 감명을 줄 것이라고 기대한다. 이전에 그들의 이력서에 CIO 항목이 들어가기를 상상하거나 갈망하지 않았던 사람들도 포함해서 말이다.

CIO(그리고 그 역할을 좋아하는 CIO)

일부 CIO는 CIO인 것을 좋아한다. 그들은 세계 최고 수준의 IT 조직—조직이 원하는 민첩성을 제공하면서 유연하고 효율적으로 운영하는 조직—을 만드는 일과 IT 기능에 대한 세계 최고 수준의 비즈니스 개입과 관리 감독을 구축하는 일에서 엄청난 도전과 만족감을 얻는다. 많은 사람, 특히 엔지니어들에게 CIO의 역할은 기분 좋은 일이다. 그들은 지속적으로 해결할 도전 과제들과 기회를 찾을 수 있으며, 그 결실을 보기 위해 IT 직원과 비즈니스 동료와 함께 일한다. 조직에 대한 전략적 의사 결정에 통합을 지속적으로 확대시킴으로써 CIO와 그 직원들은 점점 더 흥미 있는 도전을 수용하게 된다.

이를 즐기는 CIO는 보통 오랫동안 회사와 함께 하며 회사를 성장시키기도 하고 회사 덕분에 자신이 성장하기도 한다. 또는, 보다 대규모나 IT 집약적인 회사로 CIO 역할을 옮겨서, 도전을 받아들이고 보다 큰 조직을 관리함에 따른 보상을 얻는다. 일부는 그들이 배운 것을 전달할 수 있는 CIO 전문가 위상을 차지한다. 그러나 더욱 많은 수는 기회가 나타날 때 다음 역할을 고려하면서 '당분간' CIO가 되는 것에 동의하고 있다.

영국 에너지 회사 센트리카 PLC(Centrica)의 북아메리카 자회사인 다이렉트 에너지(DirectEnergy)가 성장을 위한 다음 단계를 준비하고 있었을 때, 최고 경영진들은 매우 특정한 유형의 CIO를 원했다. - 월 스트리트에서도 일한 경험이 있는 텔레콤 업무 경험자. 월 스트리트 경험은 회사의 에너지 트레이딩 비즈니스를 이해하고 일련의 인수 대상을 물색하는 데 도움이 될 것이었다.

텔레콤 업무 경험은 신뢰성 있는 대형 고객서비스 인프라를 유지하는 중요성 뿐만 아니라 회사의 규제 시장을 이해하는 데에 도움이 될 것이었다.

경영진은 그렇게 혼합된 업무 경험을 가진 사람이 있을지 의문을 품었지만, 그 업무 기술 내용은 큐머드 칼리아(Kumud Kalia)를 위한 맞추어진 것이나 다름없었다. 그는 월 스트리트에서 드레스드너(Dresdner)에서 근무했고, 콜로라도에서는 퀘스트 커뮤니케이션(Qwest Communications)에서 근무했다.

처음부터 회사의 최고 경영진의 구성원이었던 칼리아(Kalia)는 그의 역할을 단순한 기술 관리 이상으로 보았다. 회사는 빠르게 성장하고 있었고, 인수는 그러한 성장의 중요한 부분이었다. 모든 인수에는 부분적으로 통합된 다수의 애플리케이션으로 이루어진 복잡한 레거시 시스템들이 존재하였으며, 유사한 비즈니스 프로세스를 수행하는 방법이 여러 가지로 존재하였다. 칼리아(Kalia)는 프로세스 엔지니어로 구성된 팀을 만들어 그의 동료들이 회사 프로세스 개선의 중요성과 기회를 이해하도록 도왔다.

칼리아(Kalia)는 그의 다음 역할이 무엇이 될지 알지 못한다. 하지만, 그는 빠르게 성장하는 회사에서 CIO로서의 역할을 하는 것이 도전적이면서 보상을 받는 일이라는 사실을 알고 있다.

샘 콜센(Sam Coursen)은 그의 역할이 무엇이어야만 하는지 알고 있었다. 다음의 문장을 완성하도록 요청 받았을 때, 즉 "내가 CIO가 아니었다면 나는… " 그는 간단히 대답했다. "나는 CIO가 되기를 원한다." [2]AT&T와 인수한 회사인 NCR의 오랜 직원이었던 콜센(Coursen)은 1998년 NCR의 CIO가 되었다. CIO로서 7년 동안, 그와 그의 팀은 NCR이 프로세스 리엔지니어링, 통합, 자동화, 아웃소싱을 통해 세계 최고 수준의 비용 효율성을 달성하도록 도왔다. 그가 55세 때 퇴직 의사를 밝히자마자, 채용 담당자들이 전화하기 시작했다.

"프리스케일 세미컨덕터(Freescale Semiconductor)는 모토롤라(Motorola)로부터 막 스핀 아웃(spin out)된 시점이었으며, 최고 경영층에 새로운 힘을 불어 넣고 있었다. 프리스케일(Freescale)은 내가 NCR에 있었을 때 구현했던 것과 유사한 IT 변혁을 필요로 했다."라고 콜센(Coursen)은 말한다.

콜센(Coursen)은 그 이후로 몇 년 동안, 프리스케일(Freescale)의 IT가 일하는 방식을 변혁하도록 도왔으며 그 부서가 제공하는 가치를 보여주고, 새로운 IT의 효율적인 사용을 통해 회사가 성장할 수 있도록 어떻게 도울 수 있는지를 보여주었다.

콜센(Coursen)은 프리스케일(Freescale)에서 IT 변혁이 완료된 이후에 무엇을 할지 명확하지 않았다. 그러나 IT가 그 역할에서 큰 구성요소일 가능성은 크다. 그리고 그 역할의 일부는 IT 관리 방법에 대해 그가 배운 것을 알리는 일이 될 것이다. 왜냐하면 콜센(Coursen)은 업계에 되돌려 주기를 원하기 때문이다. "IT를 위한 가치를 창출하고 전달하는 관점에서 내가 하는 모든 일을 다른 사람으로부터 배웠다. 따라서 나는 성공 사례 공유에 관심이 많다. 나는 자신을 위해 모든 지식을 쌓아만 둘 수는 없다."라고 콜센(Coursen)은 말한다.

CIO 전문가

그가 배우고 개발한 성공 사례를 공유하려는 열망은 보통 CIO 전문가 집단(gurudom)으로 가는 첫 번째 단계이다. - 조언가로서 가치를 창출하기 위해 CIO의 경험을 지렛대로 삼는 것이다. 버드 매타이젤(Bud Mathaisel)은 연임하고 있는 CIO인데, 디즈니(Disney), 포드(Ford), 솔렉트론(Solectron) 같은 업계 선두 회사에서 그 역할을 수행하였다. 또한, 그는 보스턴에 있는 어니스트 앤 영 비즈니스 혁신센터(Ernst & Young's Center for Business Innovation)의 창립 이사였다. 솔렉트론(Solectron)에서 CIO와 CPO로서의 기존 역할을 떠나고 그는 북미/유럽 지역 아키에보(North America and Europe at Achievo)에서 CIO와 CPO가 되었는데, 이 회사는 중국 기반의 해외 서비스를 글로벌 클라이언트에게 제공하는 회사이다. 다른 CIO 전문가처럼 매타이젤(Mathaisel)은 수많은 자문 위원회와 이사회를 통해 일해왔으며 업계 신문에도 기고해왔다. 그의 성공이 MIT에서 교육받은 것으로부터 기인했던지 혹은 다른 요인으로부터 기인했던지 간에 그는 업계지와 협회로부터 수많은 상을 받았으며, 2008년에는 인포월드(InfoWorld)의 상위 25명의 CTO 목록에 이름을 올렸다. ³

찰리 펠트(Charlie Feld)의 경력은 CIO 전문가 역할을 열망하는 IT 관리자들에게 유익하다. 원래 IBM에서 시스템 엔지니어로 근무했던 그는 1981년에 그의 고객 중 하나였던 프리토 레이(Frito-Lay)의 CIO가 되었다. 프리토 레이(Frito-Lay)에서 그는 공통의 커뮤니케이션과 데이터 네트워크에서 모든 부서를 연결하기 위해 통합 컴퓨터 시스템 개발을 주도하였다. -이는 고속 분산 시스템과 만여 명의 영업사원들을 위한 포켓용 컴퓨터 네트워크의 기반이 되었으며, 이것으로 회사는 세계적인 명성을 얻었다.

1992년에 펠트(Feld)는 그와 그의 부서가 받았던 수많은 상을 지렛대 삼아 더 펠트 그룹(The Feld Group)을 만들게 되었으며, 이는 그들의 고객을 위해 위기관리 CIO로서 임시로 근무한 IT 경영진 팀이었다. 펠트(Feld) 자신은 버링턴 노던(Burlington Northern)에서 부사장이자 CIO로 근무했으며, 버링턴 노던(Burlington Northern)과 산타페(Santa Fe)도 회사와의 거대한 통합을 관리하였다. 그 이후 그는 Y2K와 인터넷 시대에 앞서 델타 항공의 전체 IT 기반을 변혁하는 도전 과제를 맡았다. 그는 CIO 역할에서 델타의 'e-leader'로 옮겨서 항공사가 고객, 비즈니스 파트너, 종업원과 관계하는 방법을 개선하는 수십 개 과제에 대한 책임을 맡았다. 그다음에 그는 퍼스트 데이터 코퍼레이션 (First Data Corp.)의 한 부분인 퍼스트 데이터 리소스(First Data Resources (FDR))의 CIO 대행이 되었다. 2003년, 글로벌 IT 서비스 제공자인 EDS가 펠트 그룹(The Feld Group)를 인수하였는데, 펠트(Feld)는 그 회사에서 수많은 역할을 수행하기 시작했다. 2008년 10월 EDS/HP의 합병이 완료된 후, 그는 EDS에서 나와 저명한 컨설턴트, 발표자, IT 리더십 센터 (Center for IT Leadership)의 창시자로서 자신의 길로 돌아갔다. [4]

전문가 역할은 훌륭한 관리자가 되는 것 이상의 많은 것을 필요로 한다. CIO 전문가로서 명성을 얻으려면 자신이 수행했던 과업을 적극적으로 홍보할 필요가 있다. 지난 15년을 지나면서 Feld는 업계지와 업계의 관련 조직들로부터 정기적으로 세계 최고의 IT 리더 중 한 명으로 언급되어 왔다. 또한, 그는 하버드 비즈니스 리뷰 (Harvard Business Review), CIO, 컴퓨터 월드 (Computerworld) 같은 경영층 출판물에 수많은 기고와 프로필을 올렸다. 이 점에서 펠트(Feld)는 혼자가 아니었다. 샘 콜센(Sam Coursen)도 수많은 출판물을 통해 모습을 나타내었고, 인텔의 IT 리더들은 그들이 구현한 기술과 결과에 대해 적극적으로 홍보했다. 그러한 자기 홍보는 다른 CIO에게 영향을 주기 원하는 CIO에게 요구되는 객관적인 인정과 영향력을 위해서라도 필수적이다.

펠트(Feld)의 배경이 보여주듯이 CIO 전문가의 역할은 모험적이며 마음이 약한 사람에게는 맞지 않는 부담이 큰 역할이다. 전문가는 종종 복잡한 IT 관련 비즈니스 문제를 해결하도록 요청받게 되며 해당 문제의 해법은 관련된 비즈니스에게 매우 중요하다.

한편, 이전 CIO 역할을 통해 당신에게 경험과 지렛대로 삼을 수 있는 결과와 당신의 의견에 관한 독립성을 보장할 수 있는 충분한 부가 제공된다면 전문가 역할을 시도해 볼 수 있다.

확장형 CIO

확장형 CIO 역할은 일반적으로 CIO가 비 IT 역할로 처음 진출하는 영역이다. 이 직책은 보통 '부사장 겸 CIO'와 유사하다. – IT에 대한 소유주의 주된 관심과 경영층이 부여한 추가적인 책임을 모두 반영하는 직책이다.

확장형 CIO는 보통 CIO와 관련된 기능이나 과업에 대한 책임을 지며 완전한 CxO 레벨의 역할을 요하진 않는다. 이는(합병 통합에 따른) 임시 자리일 수도 있고(설비나 물리적 보안 같은) 인프라로 관리될 수 있는 중앙 집중화된 서비스에 대한 지속적인 자리도 될 수 있다. 다른 CIO는 비즈니스 프로세스나 전략처럼 일반적으로 최상위 경영진에 의해 관리되지 않는 영역에 대한 책임을 맡는다.

확장형 CIO 역할은 CIO 역할의 도전 과제는 즐기지만, 기업의 추가적인 책임이 수반되는 비즈니스에는 자신의 확장된 영향력이 미치길 원하지 않는 많은 IT 경영진들이 바라는 커리어가 될 수 있다. 그 역할은 CIO에게 비즈니스 전체에 대한 보다 큰 영향력을 제공하고, 종종 CIO로 하여금 비 IT C 레벨 경영진 역할로 이동하도록 돕는다. 그것은 비즈니스 가치의 언어로 이야기하는 것을 수월하게 생각하는 IT 경영진에 대해서 자연스러운 진행이라 할 수 있다.

모든 확장형 CIO 역할에 공통적인 사항은 경영진의 주된 역할이 CIO라는 것이다. 다른 책임은 보통 추가적이며 주된 것이 아니다. 또한, 새로운 책임은 상위 비즈니스 역할로 가는 다음 단계로 보이거나 CIO가 추구했던 부가적인 의무사항으로 보이게 된다. 언급했던 바와 같이 대부분의 CIO는 이미 어느 정도까지 이 역할을 수행하고 있다.

종종 확장형 CIO의 역할이 임시적일 때가 있는데, 임시 역할은 반복되거나 무한하게 연장될 수도 있다. 2006년, 매케슨(McKesson)의 랜디 스프래트(Randy Spratt)는 인수 회사인 퍼세테크놀로지(Per Se! Technologies)의 통합을 관리해 줄 것을 요청받았다.

그는 처음부터 프로젝트에 관심을 가졌는데 통합에 관한 매케슨(McKesson)의 방법론을 적용하는 본보기로써 가능하다고 보았던 것이다.

> 나는 모든 인수 때마다 하나의 사례 그 자체로 접근했다는 사실을 발견했다. 비즈니스 통합을 포착하고 제공하기 위해 당신이 필요로 했던 것들이 그 일을 수행했던 개인들, 주로 핵심 인재들에게 남겨졌던 것이다. 또한, 그들이 그러한 프로젝트를 수행할 때는 보통 처음과 마지막 시기였으므로 기업에 내재된 학습이 없었다. 그래서 우리는 소규모의 M&A 통합 사무소를 구성해서 인수 통합을 관리하였고 이를 통해 정말 위대한 비즈니스 통합 역량을 창출하였다. - 비즈니스 통합팀을 구성하기 위한 체크리스트, 프로젝트 계획, 도구, 방법론 등이 있다. 이는 IT 조직이 비즈니스의 결과과 성과 측면에서 생각할 수 있다는 관점에 추가되는 요소들이다. [5]

스프래트(Spratt)는 McKesson 전체에 걸쳐 IT 운영을 혁신하기 위해 2005년 이래 중앙의 IT 조직을 위해 그가 구축했던 신뢰성을 지렛대로 삼았다.

2008년 그와 McKesson의 부문별 CIO들은 McKesson의 회사 전체로 처음 수행하는 첫 IT 전략에 착수하기로 동의하였다. "우리는 프로세스에 인프라 통합을 추진하고자 하였고, 남는 것은 어떻게 하면 IT가 회사의 비즈니스 요구사항을 제공해 주는 가와 우리가 그것을 통해 얻을 수 있는 레버리지 효과이다. 따라서 17개의 총계정원장 시스템을 교체하는 데 비용이 얼마가 소요된다고 이야기하기보다는 17개의 여러 재무 프로세스를 운영하고 비즈니스 프로세스 리엔지니어링 수준까지 올라오기 위해 비즈니스에 얼마가 소요된다고 이야기해야 한다. 그렇게 함으로써 우리는 운영 효율성이라는 다음 수준까지 올라갈 수 있고 비즈니스와 비즈니스 확장 전략의 성과에 직접적으로 연계될 수 있다."라고 스프래트(Spratt)는 말한다.

비즈니스 성과에 미치는 IT 영향도 관리를 위한 체계적인 방법론은 현재 매케슨(McKesson)의 합병 통합을 위한 표준 운영 절차가 되어 있다. 스프래트(Spratt)는 "우리는 단일한 전략을 - 예를 들면, ERP 혹은 판매 지원을 위한 전략 - 보유하지 않은 상태로 그들 마음대로 표류하도록 내버려 두지 않으며 그들을 볼 수 있는 렌즈를 갖고 있다."라고 말한다.

일부 CIO는 확장된 임무가 영구적인 임무가 된다고 알고 그들의 역할에 추가된 것을 환영한다. 부치 레오나드슨(Butch Leonardson)은 보잉 임플로이 크레디트 유니온(Boeing Employees Credit Union (BECU))의 CIO이다. BECU 같이 큰 신용 조합(Credit unions)은 고객의 친밀도와 고객서비스를 통해 번성한다. 레오나드슨(Leonardson)은 CIO의 역할로서 IT 직원들에게 그 사실을 끊임없이 상기시키는 데 주력했다. "IT는 우리 고객과 함께한 중요한 시간에 대해 전부 알 필요가 있으며, 그들을 믿을 수 없을 정도로 행복하게 해야 한다."라고 말한다." 그는 또, "당신은 비즈니스를 배우는 학생이어야 한다. IT 기획자는 비즈니스 기획자가 되며 비즈니스 대화의 한 부분이 된다.

그러면 IT 전략에 대한 전체 아이디어는 사라지지 않는다. 즉 기업의 전략적인 계획이라는 태피스트리(tapestry, 역자 주: 색색의 실로 수놓은 벽걸이나 실내 장식용 비단)로 들어가게 된다. 이것이 바로 고객과의 전략적인 만남이며, IT는 태피스트리의 실이 된다."라고 말한다.[6]

2006년 이래 레오나드슨(Leonardson)은 넷 프로모터(Net Promoter)라는 BECU 고객과 직원들의 충성도 과제의 수장을 겸직해오고 있다.[7] 이 역할에서 그는 고객 서비스를 측정하고 개선하려는 방법을 끊임없이 검토하고 있다. 특정 유형의 상호 작용이 고객 만족도의 특정 측면에 어떤 영향을 미치는지를 측정함으로써, 그와 그의 동료는 개선을 위해 프로세스 변화와 정보 제공, 특정한 개입을 설계할 수 있다. "BECU 직원들이 아침에 로그온할 때, 그가 만일 [고객을 만나는] 직원이라면, 그는 우리의 4가지 전략적 목표를 보게 된다." 레오나드슨(Leonardson)은 계속 설명한다. "넷 프로모터(Net Promoter)를 통해 우리는 73.5퍼센트에 맞출 예정이었으나 지금은 74.6퍼센트에 이르고 있다." 이는 순 고객 중 거의 75퍼센트가 친구, 가족, 동료에게 BECU를 추천할 것이라는 것을 의미한다.

레오나드슨(Leonardson)은 고객 서비스를 위한 성과를 개선하기 위하여 데이터를 활용하는 회사의 능력에 대한 개선점을 계속 찾고 있다. 그와 그의 직원은 넷 프로모터(Net Promoter) 지수를 다른 회사와 비교하여 벤치마킹하고 넷 프로모터(Net Promoter)지수를 전체 회사로부터 지점 수준까지 적용하기 위해 외부 회사와 일하고 있다.

고객 경험의 역할은 레오나드슨(Leonardson)의 동료와의 처리 방식으로 변환된다. 예를 들면, 그는 이사회와 이야기하는 방식과 이사회 구성원이 IT의 역할에 대해 생각하는 방식을 변화시키려고 한다. "나는 이사회가 점진적으로 변화할 것이라고 믿고 있으며, 그들은 IT 지출을 IT 지출이 아닌 고객 가치 지출로써 볼 필요가 있다. 나는 이사회에 프레젠테이션을 할 때, 항상 IT 관점이 아닌 이사회 구성원의 관점에서 한다. 한 지점 관리자는 내게 와서 우리가 전개했던 내용이 그의 삶을 변화시켰다고 말했다."

CIO 전문가인 버드 매타이젤(Bud Mathaisel)은 두 회사에서 확장형 CIO의 역할을 수행했다. 솔렉트론(Solectron)에서는 CIO 역할에 추가로 CPO를 하였으며, 비즈니스 프로세스가 잘 설계되었는지와 그것을 지속적으로 개선하기 위해 가능한 모든 일이 이루어졌는지를 보장하는 책임이 주어졌다. 프로세스 역할에서 그는 고객과 정기적으로 시간을 보내며 솔렉트론(Solectron)이 보다 쉽게 비즈니스 하는 방식을 찾아나갔다. 또한, 그는 내부적으로는 회사의 프로세스가 효과적으로 동작하고 있는지를 보장하는 데 시간을 사용했다.

프로세스에 대한 책임에도 매타이젤(Mathaisel)의 주 업무는 여전히 회사의 CIO였다. 그는 IT로 하여금 회사가 어디에서나 사용할 수 있는 우수한 사례를 만드는 데 집중하도록 애썼다. 예를 들면, 그의 PMO는 매우 높은 평가를 받아서 비즈니스 부서가 정기적으로 PMO 직원을 불러서 그들 부서의 프로젝트를 관리하도록 했다. 매타이젤(Mathaisel)은 그것을 명예라고 느꼈다. 그는 새 PMO 관리자들을 훈련할 수 있었다. 그러나 그가 우수한 프로세스와 인력을 통해 얻은 신뢰성은 하룻밤 사이에 이루어질 수는 없었다. 그는 IT 부서의 성과를 지렛대 삼아 솔렉트론(Solectron)의 성과와 비즈니스 프로세스를 변화시키는 자신의 능력과 회사 안팎에서의 개인적 신뢰성을 개선하고자 하였다. 최근에 매타이젤(Mathaisel)은 또 다른 확장형 CIO 역할을 찾아 솔렉트론(Solectron)을 떠났다. -아키에보(Achievo)의 CIO 겸 CPO 역할이었으며, 이 회사는 중국에 있는 애플리케이션 개발 사무소를 기반으로 전 세계 곳곳에 있는 사무소로 발전해 가는 아웃소싱 비즈니스 회사이다.[8]

컴퓨크레디트(CompuCredit)의 이전 CIO였던 귀도 사키(Guido Sacchi)는 모네타 코퍼레이션(Moneta Corporation)의 CEO 사무실까지 CIO 역할을 내내 확장시켜가며 이어갔다. 그가 CIO였을 때, 그는 이를 가리켜 역할들이 융합됨에 따라 많은 CIO가 선택할 수 있는 자연스러운 다음 단계라고 설명했다. "내게 있어 IT 역할은 지난 18개월 동안 많이 변해 왔다. 이제 나는 비즈니스 사람, 즉 IT를 책임지고 있는 C 레벨 경영진처럼 보인다." 그가 이야기한 것은 2008년이었다."그러나 우리가 어떻게 하면 비즈니스를 더 개선할 수 있는지는 훨씬 활발한 논쟁이 된다. 나는 기술보다는 정보에 더 많은 중점을 두었다. 지적 도전 의식을 불러일으키는 문제들은 정보의 흐름과 의사 결정에 관한 것들이다. 최근 우리의 가장 성공적인 프로젝트 중의 일부는 BI에 관한 것이거나 소위 '데이터 공급망(data supply chain)'이라고 부르는 것들이다. —우리 자신에게 물어보자. '리더들은 매일 매일 어떤 종류의 의사결정을 내리는가? 또한, 우리는 어떻게 그것을 획기적으로 개선할 수 있는가?'"[9]

2006년 초반, 사키(Sacchi)는 컴퓨크레디트(CompuCredit)의 CIO이자 기업 전략 부사장으로 근무했다. 그는 혁신 관리를 위해 기업 프로세스를 수립했으며 기업 변화 과제뿐만 아니라, 자금 조달과 신규 비즈니스 개시에 주안점을 두었다. 그 역할을 통해 그는 조직 내 전반에 걸친 경영진들과 기업 전체의 비즈니스 변화에 대해 이야기할 기회를 많이 가졌다. 예를 들면, 그는 운영 레버리지(Operational Leverage)라고 하는 과제에 착수했는데 이는 IT 인프라, 전화, 콜센터 공간과 같은 전통적인 간접비 영역에서 운영 효율성을 획기적으로 개선하기 위함이었다.

2008년 사키(Sacchi)는 컴퓨크레디트(CompuCredit)의 신규 IT 집약 비즈니스 중 하나, 즉 신용 요소가 많이 있는 이동 전화 벤처의 COO 대행으로 근무해 줄 것을 요청받았다. 그는 "내가 직접 C 레벨 비즈니스 역할에서 P&L 책임을 지며 도전할 수 있는 기회를 받았기에 충분히 운이 좋다고 생각한다. 그 것은 확실히 내게 있어 관심사항이다. 나는 성공 가능성을 시도해 볼 것이다. 나는 이곳에서 약 6년 동안 CIO로 근무해왔으며 아마도 다른 누군가가 그 역할을 맡아 성장할 시간인 것 같다. 우리는 위대한 팀을 가졌고 명확한 계승 계획을 세웠으므로 누군가에게 그 기회를 줄 시간이 되었다."라고 말한다.

사키(Sacchi)가 모네타 코퍼레이션(Moneta Corporation)에 CEO로 이동한 것은 CIO 플러스에는 정말로 다수의 선택권이 있다는 사실을 보여준다.

IT를 겸하는 CxO

일부 CIO들은 그들의 역할을 확장할 때, 비즈니스 책임이 IT 역할보다 훨씬 더 많은 주의를 필요로 한다는 것을 알고 있다. 이 리더들은 일반적으로 부사장 또는 CxO의 직책을 갖게 되며 여전히 그들의 책임에 IT가 들어간다. 그러나 그들의 포트폴리오를 보면 확장형 CIO보다는 더 작은 요소가 된다. 이들을 −최고 행정 책임자(CAO), 최고 운영 책임자(COO), 공유 서비스 부사장, 또는 다른 직책이던 간에 − IT를 겸하는 CxO라고 한다.

사실상, 확장형 CIO와 IT를 겸하는 CxO는 많은 면에서 유사한 특성, 책임, 도전 과제, 보상을 공유한다. 그들의 비즈니스 책임은 서로 유사한 형태일 수 있으나, 하나는 다른 하나보다 비즈니스 책임이 더 크다. 확장형 CIO는 여전히 CIO다. IT를 겸하는 CxO는 그의 포트폴리오상에 IT를 큰 요소로 포함할 수 있으나, IT 기능을 관리하려면 새로운 CIO를 고용한다.

1990년대에 마브 아담스(Marv Adams)는 뱅크 원 코퍼레이션(Bank One Corporation)의 부사장 겸 CIO였으며, 이전에는 IBM과 제록스에서 엔지니어링과 관리 역할을 담당했었다. BankOne은 매우 IT 집약적이었으며, 마브(Marv)는 경험으로부터 IT를 관리하는 것에 대해 많이 배웠다.

2000년에 아담스(Marv Adams)는 포드 모터 컴퍼니(Ford Motor Company)의 CIO로 임명되었다. 그는 회사가 해당 비즈니스 영역에서 더욱 효율적이며 효과적이 되도록 집중하는 동안 회사의 세계 IT 전략, 개발, 인프라를 관리 감독하는 역할을 부여받았다. 2005년 5월, 그는 기업 전략 부사장이라는 추가적인 역할을 부여 받았다. 그 능력으로 IT 전략뿐 아니라 자동차와 회사 전략을 이끌었으며 자신의 CIO 책임을 유지한 채로 글로벌 환경에서 주요 비즈니스 변화를 통해 포드(Ford)의 경로를 개척해 나가도록 도왔다.

그는 2006년 포드를 떠나서 시티그룹(Citigroup)의 CIO가 되었다. 시티그룹(Citigroup)에서 그는 기업의 인프라와 시스템에 대한 글로벌 리더십의 책임이 주어졌다. 그는 시티그룹 경영협의회(Citigroup Management Committee)의 구성원이었다. 또한, 그는 회사의 CIO 협의회(CIO Council)을 이끌었으며 여기서는 기업의 IT 방향성에 대한 책임을 가졌다.

아담스(Adams)는 지금 피델리티 쉐어드 서비스(Fidelity Shared Services)의 사장이며, 이 회사는 글로벌 재무 서비스 제공자인 피델리티 인베스트먼트(Fidelity Investments) 내의 다른 부서에게 공유 서비스를 제공하는 기업으로 12,000명이 근무한다. 새롭게 구성된 조직은 3개 부서로 이루어지는데, 부서별로 사장이 있다. 피델리티 테크놀로지 그룹(Fidelity Technology Group)은 인프라, 애플리케이션, 웹사이트를 포함한 IT 서비스를 관리하며 고객 접촉 활동과 내부 중심 활동 모두에 대해 서비스를 제공한다. 피델리티 엔터프라이즈 오퍼레이션(Fidelity Enterprise Operations)은 가격 책정과 현금 관리 같은 핵심 재무 서비스 처리와 공급 관리 같은 기타 운영 서비스와 인도에 기반을 둔 일련의 공유 서비스를 포함한다. 피델리티 리얼 에스테이트 컴퍼니

(Fidelity Real Estate Company)는 글로벌 기업 내 다른 부서에게 부동산 계획과 서비스를 제공한다. 아담스(Adams)는 더 이상 IT 경영진이 아니다. 즉 그는 IT와 다른 서비스의 리더들에게 보고받는 비즈니스 경영진이다.

공유 서비스를 제공하는 것은 피델리티(Fidelity) 같은 회사에게는 흥미 있는 도전 과제인데, 그 회사의 부문은 각자의 독립성에 대해 자부심을 느끼고 있기 때문이다. 아담스(Adams)의 주요 역할은 구조를 혁신하고, 회사 전체의 다양한 비즈니스 부서들에게 효과적인 서비스를 제공하는 것이다. 주요한 도전 과제는 회사의 문화를 변화시켜서 아무리 독립적인 비즈니스 부서라 할지라도 공통 서비스가 유용할 수 있다는 사실을 보여주는 것이다. 그와 최고 경영진 동료는 재무 서비스 안팎에서의 그의 경험을 통해 아담스(Adams)와 그의 팀이 혁신을 성공적으로 이루어 낼 것으로 믿고 있다.[10]

비 IT CxO

일부 비즈니스에서 IT는 생명선이 된다. IT의 임무와 비즈니스의 성공 간에 연관성을 만들 수 있으며 비즈니스의 언어로 이야기할 수 있는 CIO는 어떤 경우에는 회사 부문, 스핀 오프(spin-off) 기업, 창업 기업의 수장으로 자리를 옮길 수도 있다. 우리는 그런 점프를 한 CIO가 여전히 상대적으로 드물다고 알고 있다. 즉 지금도 세일즈나 제조에 대해 그들이 생각하는 관점에서 IT 역량을 생각하는 비즈니스는 거의 없다. 하지만, 우리는 이러한 현상이 변하고 있다는 증거를 보게 될 것이다.

더그 부쉬(Doug Busch)는 만우절 사건 직후 CIO로 선임되었을 때 당시 인텔의 엔지니어링 관리자였다. 부쉬(Busch)는 정말로 구두 수선공의 아이들이 맨발로 다닌다(cobbler's children wearing no shoes)는 속담과도 같은

IT 부서를 이어받았다. 인텔의 IT 부서는 – 인텔은 세계의 모든 IT 부서들의 동력이 되는 회사이다. –형편없는 서비스와 비즈니스로부터 존중받지 못함으로 인해 어려움을 겪고 있었다. 부쉬(Busch)와 그의 팀은 강력한 관리 감독과 개선 실무를 구현함으로써 인식을 완전히 바꾸었다. 그들은 신뢰성을 향상시켰고, 내부 고객에 대한 서비스를 향상시켰으며, IT 부서를 파트너라고 부르는 인텔 직원이 점차 많아지는 것을 경험하였다. 또한 이것을 수행하면서 IT 예산을 지속적으로 절감하였다. IT 서비스와 비용 개선에 대한 성공을 기반으로, 부쉬(Busch)와 그의 직원들은 그의 부서와 회사 전체에 대한 혁신성을 향상시키는 노력을 시작했다. 그 노력의 결과로 2004년부터 2007년에 이르기까지 4억 달러 이상의 개선 성과를 올렸다.

IT 부서의 성공적인 혁신을 이끌고 난 후, 부쉬(Busch)는 인텔의 디지털 헬스 그룹(Digital Health Group)의 CTO(chief technology officer)로 선임되었다. 인텔 기술 기반의 의료 애플리케이션에 중점을 두는 이 새로운 조직은 IT로부터 완전히 분리되어 있다. 부쉬(Busch)는 더 이상 CIO가 아니며 지금은 다른 입장에서 그의 전 IT 동료에게 수행에 대한 서비스 제공을 요청하게 된다.

스테이트 스트리트 코퍼레이션(State Street Corporation)의 조 안토넬리(Joe Antonellis)는 전문가로서의 모든 삶을 은행업과 보스턴 지역에서 보냈다. 뱅크오브보스턴(Bank of Boston)의 운영 관리 역할 이후, 그는 재무 서비스 회사인 스테이트 스트리트(State Street)로 자리를 옮겨 대용량 트랜잭션 처리에 중점을 둔 비즈니스 부서를 이끌었다. 2002년, 스테이트 스트리트(State Street)의 CEO는 조(Joe)에게 CIO가 되어 달라고 요청하였다. 그가 기술적인 경험이 없었음에도 그는 회사의 프로세스들이 IT로 어떻게 처리되는지를 이해하였다. 그는 회사 내 IT의 한계를 이해하였으며, 가장 중요한 것은 IT 서비스와 프로세스가 처리하기 쉽도록 잘 튜닝하기에 충분한 능력을 갖고 있는 시니어 팀을 알고 있었다. 그는 또한 스테이트 스트리트(State Street) 고객들의 IT 요구사항과 현재와 미래 시장 개발에 대해 어떻게 하면 가장 잘 서비스를 제공할지에 대해서 예리한 이해력을 갖고 있었다. 안토넬리(Antonellis)가 IT 부서를 인수할 때까지는 기술적으로 잘 관리되었고, 거버넌스와 애플리케이션 개발에서 개선도 이루어지고 있었지만, 일부 비용 이슈가 있었다. 안토넬리(Antonellis)는 일부 고된 도전 과제를 받아들였는데, 이들은 강력한 최고 경영진의 지원이 필요한 것들이었다. 즉 애플리케이션 개발 프로세스 변경, IT 자금 조달 프로세스 변경, 해외 개발 사무소 개설, 기술 혁신 소개, 비용 절감 등이 그것이다.

그 일은 회사와 안토넬리(Antonellis)에게 보상이 있었다. 3년 후, 그는 자신의 IT 역할에 추가하여 회사 내 가장 큰 부문의 운영 책임을 맡도록 요청받았다. 2006년, 그는 북아메리카 지역 투자가 서비스와 글로벌 투자 관리자 아웃소싱 서비스의 수장으로서 추가적인 책임을 담당하는 부회장으로 임명되었다. 2008년 그는 자신을 대신할 CIO를 고용했으며, 이로 인해 안토넬리(Antonellis)는 자신의 클라이언들과 기업 리더십 책임에 더욱 집중할 수 있었다.

자신의 진로를 그려보기

당신이 만약 CIO라면, 지금 다음 단계에 대한 계획을 시작해야만 한다. 만약 IT 관리자라면 필요로 하는 경험을 얻을 수 있는 방법을 계획하라. CIO 역할로 이동하기 원하는가? 아니면 비즈니스 역할로 이동해서 나중에 CIO나 CIO 플러스로 가기를 고려하는가? 만약 당신이 비즈니스 사람이고, CIO 포지션을 고려하고 있다면 당신의 선견지명에 박수를 보낸다.

당신이 어디로 갈 수 있는가는 당신이 무엇을 즐기고, 무엇을 잘하며, 새로운 경험을 통해 무엇을 향상시킬 수 있는지 회사가 요구하는 게 무엇인지에 따라 다르다. 이러한 요소들은 당신을 CIO 플러스로 만들고자 항상 함께 오는 것은 아니며, 현재 회사에서 이들은 함께 오지 않을 수도 있다. 그러나 우리의 이야기들이 보여주듯이 당신이 당신의 역할을 제대로 수행하지 않으면 이들은 함께 올 수 없다. 즉 당신의 역할을 잘 수행한다면 추가적인 기회의 가능성이 있다.

가능성을 높이려면, 지금 바로 진로를 그려보는 단계에 들어가 보자. 어떤 역할이 자신에게 가능할지를 이해하면서 시작하라(표 9-1 참조). 설명을 참조하여 이 위치에 자신의 경험과 관심이 서로 잘 맞는지를 물어보자. 성공적인 CIO에게는 수많은 보상과 도전과제가 있으며 직업을 바꾸지 않고 비즈니스 내에서 보다 넓은 책임을 수용할 수많은 기회가 있다는 것을 명심하자

우리는 이러한 모든 역할을 수행하는 CIO들의 사례를 보았다(그들 대다수의 이야기를 공유했다). 그러나 사람은 서로 교체할 수 있는 대상이 아니다. 따라서 그 역할을 당신이 즐길 수 있는 대상인지와 실무와 경험을 갖고 잘 할 수 있는 대상인지를 고려하라.

다음은 비즈니스/기술 책임 지도(business/technology responsibility map)에서 경로를 그려보라. 이 장에 프로필이 기술된 CIO들은 다양한 경로를 취했다. 그 커리어 패스 중의 어느 것도 완전히 계획된 것은 없었다는 것에 주목하라. 당신은 미래를 예측할 수는 없지만, 원하는 미래를 만들 가능성을 높이기 위한 단계를 밟아 나갈 수 있다. 사람들은 자신과 회사를 위해 그 역할이 중요했기 때문에 이를 요청하거나 받아들였다. 그리고 나서 그들은

계획된 행동과 계획되지 않은 기회를 잘 조합하여 신뢰성과 선택권을 높여갔다. 그러나 그들은 모두 이전에 해왔던 것보다 더 많은 것을 하기 위한 기술 역량과 관심을 기반으로 하였다. 또한, 그들은 모두 원래 그들이 하고 있었던 것보다 더 많은 것을 하고자 선제적으로 손을 내밀었다.

표 9-1 CIO 플러스의 잠재적인 역할

CxO 역할	해당 역할로 영향력을 미칠 수 있는 것	극복해야 하는 장애 요소
CAO- 최고 행정 책임자(관련된 역할: 공유 서비스의 수장) 일반적으로 HR, 시설, 부서별로 제공되는 기타 행정 기능에 대한 책임이 있음	광범위한 행정 요소들이 CIO의 책임에 이미 포함되어 있다. 행정 기능의 성과와 비용을 개선하기 위해 인프라 서비스와 프로세스 변화를 제공하는 능력에 영향을 미칠 수 있다.	CIO 역할의 자연스러운 확장. 그러나 사일로(silo)를 공유 서비스로 합하게 되면 중대한 정치적/조직적 변화의 장애 요소가 예상된다. 필요하면 열정적인 조기 수용자(early adopters)를 찾고 나서 후기 수용자(late adopters)에게 서서히 압력을 가해 나간다.
CSO- 최고 전략 책임자 기업 및 제품 전략에 대한 책임이 있음	일반적으로 CIO는 기업 전략, 프로세스, 역량에 관해 사내에서 가장 강력한 지식을 갖고 있다. CIO는 이미 공식적 논의와 비공식적 논의를 위해 다른 경영진과 관계를 맺고 있다.	새로운 언어와 기술 역량을 포함하여 실행의 사고방식에서 전략적인 사고방식으로 초점을 조정함
CFO- 최고 재무 책임자 기업에 대한 재무 관리와 정보를 제공함	CIO의 책임 중 재무 요소: 편익 관리와 제공. 중대한 예산의 관리 감독은 P&L 경험을 보여줌으로써 검토될 수 있다.	CFO가 생각하는 유형은 CIO와 동일하다. 분석적이며 행동 지향적 경향을 보여야 한다. 적절한 교육 이수를 하거나 회계 담당자의 지원을 받아야 한다

CIO 플러스 253

COO- 최고 운영 책임자 회사의 운영 프로세스 실행과 개선에 대한 책임이 있음	기술은 조직의 운영 전반에 걸쳐 내재한다. 조직의 프로세스 관점에 영향력을 미친다. 조직을 최적화한다.	프로세스와 운영 관점으로부터 조직 전반을 보는 안목을 보여라.
CEO- 최고 경영자 기업, 조직, 또는 기관의 전체 관리에 대한 책임이 있음	전략; 혁신적인 서비스 제공, 운영 프로세스 관점	전체 패키지를 함께 모을 필요가 있다: MBA, 전략적 사고, 세일즈 및 마케팅

그러나 맹목적인 야망은 쓸모없기도 하거니와 좋게 보이지도 않는다. 우리가 인터뷰했던 CIO 플러스 인물 모두는 정치적인 권모술수를 통해서가 아니라 협력과 다른 사람의 성공을 통해 자신들의 역할을 확장해 나갔음을 알고 있다. 대부분은 그들 회사 내 최고 리더나 다른 회사의 리더로부터 확장된 역할에 대해 수용하도록 요청을 받았다.

또한, 그들이 확장된 역할을 요구할 때는 정치를 통해서가 아닌 지식과 신뢰성있는 관계로 힘든 노력을 통해 그 역할을 얻어냈다. 어떤 경영진도 역할을 얻고자 계책을 사용하는 사람과 함께 일하기를 원하지 않는다. 그러나 거의 모든 경영진은 사람이 필요한 경우, 과거에 자신을 성공하게 해준 믿음직한 동료에게 손을 내밀 것이다.

이 책에서는 그러한 믿음직한 동료- 가치를 제공하기 위해 믿을 수 있는 사람 -가 되는 경로를 설명해왔다. 우리의 마지막 장은 이 책의 주요 메시지들을 요약한 것이다.

[10]

CIO가 되기에 지금처럼 좋은 때가 없었다

역량 있는 경영진이 CIO 역할을 수용하기에 지금처럼 좋은 때가 없었다. 우리는 CEO의 길을 가는 경영진이 자신의 이력서에 CIO 역할을 으레 추가하는 것이 그리 놀랍지 않다. 이는 마치 이전 세대의 야심 찬 경영진이 상품 관리와 마케팅에서 일정 업무를 찾고자 했던 것과 다르지 않다.

우리는 이 책이 비즈니스와 당신 자신을 보다 역량 있고 효과적인 IT 관리자가 되도록 도울 수 있길 바란다. 당신이 그렇게 한다면 CIO의 역할이 이끄는 곳이 어디든지 간에 충분한 성공 그 이상의 것을 기대할 수 있다. CIO 플러스 역할은 긴 여정 끝에 받는 보상이다. 그것은 IT에 관한 것이 아니라 비즈니스 성과에 관한 것이라는 것을 오랜 시간 동안 기억함으로써 시작되며 이는 바로 비즈니스 성과가 IT 가치의 언어이기 때문이다. 비용에 합당한 가치를 보이고 IT가 어떻게 미래의 비즈니스 성과에 대한 투자가 되는지를 보이며 선순환을 구현하고 점수를 기록하라. 그리고 무슨 일이 생기는 지켜보라. 모든 것이 비즈니스에 관한 것임을 기억함으로써 자신에게 주목하도록 하라. 만약 당신이 가치를 제공할 수 있다는 것을 보여 주면, 가치가 당신에게 되돌아 올 것이다. 그리고 그 과정에서 모든 이들이 가치를 얻을 것이다.

이 책에 펼쳐진 경로를 따르는 CIO는 다른 비즈니스 부서 사람들의 IT 가치에 대한 인식을 개선하고, 자신과 IT팀 내 다른 사람들을 위한 기회를 향상시킬 것이 확실하다.

우리는 반복적으로 보아 왔기 때문에 이 사실을 알고 있다. 간단히 말해서 노력할 만한 가치가 있다는 것이다. 이제 주요 포인트에 대해 간단히 요약하며 마치고자 한다.

기억하라: 모든 것이 비즈니스 성과에 관한 것이다

- 그 어떤 것을 변화시키기 전에 당신이 생각하고 말하는 것을 변화시키고, 항상 비즈니스 성과에 대한 당신의 의견에 초점을 맞추어라.
- 과거에는 유용해 보였으나 현실적으로 가치 함정인 IT 관리의 개념과 실무들을 인식하라.
- 다른 비즈니스 부서 사람들에게 가시적이며 의미 있는 관점에서 IT 가치를 측정하고 표현함으로써 자기를 홍보하라.
- 기계 장치가 무엇을 하는지 말하지 말고 비즈니스가 무엇을 하는지 이야기하며 IT가 어떻게 그것을 더 많이, 더 잘하게 할 수 있는지를 설명하라.
- 세일즈 팀장의 법칙(the head-of-sales rule)을 사용하라: 만일 세일즈 팀장이 그런 식으로 말하지 않으면 당신도 그렇게 말하면 안 된다.

비용에 합당한 가치를 보여라

- IT 가치를 소통하기 위한 피할 수 없는 테이블 스테이크(table stake)는 IT가 적절한 가격에 적절한 품질 수준으로 적절한 서비스를 제공한다는 것을 확정적으로 보여주는 것이다.

- 다른 비즈니스 부서 사람들을 감동시키는 서비스와 연관된 관점에서 단위원가와 품질을 측정하고 소통하라.
- 선수는 점수를 알고 있다. 자신과 외부 비교 대상 그룹에 대하여 당신의 성과를 벤치마킹하라.
- 비즈니스에 있는 모든 사람이 IT 서비스에 대한 소비를 잘 관리하여 비용을 절감할 수 있도록 정보를 제공하라.

비즈니스 성과에 대한 투자로써 IT의 가치를 보여라

- 기업이 선순환의 실행을 개선하기 위해 당신이 할 수 있는 모든 것을 하라. 요구사항 식별, 투명한 투자, 비즈니스 프로세스 재설계, 조직 변화, 애플리케이션 개발 및 이익의 수확
- 비즈니스로 하여금 전략, 프로세스, 운영 성과 측정에 초점을 맞추도록 도와라. 이들 모두는 가장 중요한 기회가 무엇인지를 명확하게 해줄 것이다.
- 내부 및 외부 대상자에게 정보를 제공하고 프로세스를 최적화하여 고객과 공급자와의 상호 작용을 재형성하기 위해 IT를 활용할 기회를 고려하라.
- 가장 중요한 비즈니스 성과에 기여하기 위해 프로젝트의 잠재성을 평가하라. 금전적 편익을 측정하려면 P&L을 사용하고, 가능한 경우 비금전적 편익을 측정하기 위해 운영 지표를 사용하라.
- IT에 투자할 때, 명확한 역할과 책임이 명시된 구조화 프로세스를 사용하라.
- 애플리케이션 개발, 비즈니스 프로세스 재설계, 특히 조직 변화 관리를 개선하라. 모든 사람이 변화를 관리하는 것이 문제라는 것을 알고 있지만, 그것을 다루고자 노력하는 조직은 거의 없다.
- 과제가 완료되면 앞서 약속한 편익이 제공되었는지 확인하기 위해서 측정을 하고, 앞서 수행한 예산 산정과 투자 프로세스를 개선하려면 측정하여 배운 것을 사용하라.

표 10-1 가치 제공이 성숙해짐에 따라 관심의 초점은 변한다.

가치 함정	새로운 현실	비용에 합당한 가치	새로운 비즈니스 가치에 대한 투자로써의 IT
우리는 우리 성과에 대해 언급할 필요가 없다. 즉 그 자체가 말해 준다.	사람들은 그들에게 영향을 가장 많이 미치는 것만 보며, 그것이 일반적으로 문제이다.	비즈니스 관점에서 IT 기능의 성과에 대해 이야기하라.	IT의 개입에서 기인하는 향상된 비즈니스 성과에 대해서 이야기하라.
IT는 비즈니스를 하기 위한 비용이다.	만약 IT가 단지 비용이라면, 그것은 지속적으로 절감되어야 한다.	당신의 조직이 어떻게 적절한 비용, 적절한 품질, 적절한 서비스를 제공하는지 보여라.	각 투자로부터 발생하는 특정 유형의 비즈니스 가치의 보상에 관해 계획하고, 제공된 가치를 평가하고 보고하기 위해 훈련된 수확 프로세스를 사용하라.
IT 관리자는 기업을 위해 대단한 기술을 제공한다.	기술은 결과가 아니다. 그것은 CIO를 내세워 비용과 문제에 대한 신뢰를 얻도록 하며 가치에 대한 것은 아니다.	훌륭한 기술이 아닌, 훌륭한 IT 서비스를 제공하는 데 집중하라.	기술에 의해 가능해지는 비즈니스 변화를 제공하는 데 집중하라.
어떠한 것도 완벽한 것은 없다(특히 IT처럼 복잡한 것은).	만약 위기에 빠졌을 때 IT 부서가 실패하면 신뢰받을 수 없다. 만약 우리가 얼마만큼의 오류가 너무 많은 것이냐에 대해 논의하지 않는다면, 항상 너무 많은 것이다. 또한, 우리가 복구할 때 고객 중심을 고려하지 않으면, 오류가 있을 때마다 반감이 생길 것이다.	당신의 서비스가 어느 부분에서 훌륭하고 어느 부분에서 그렇지 않은지 알고 있다는 사실과 항상 훌륭한 것만 제공하지는 않음을 보여라. 서비스 오류로부터 복구할 때는 침착한 복구, 고객 중심의 복구를 위해 힘써라.	프로젝트 실패의 가능성과 영향을 줄이고, 효과적인 조기 경보를 주기 위해 탁월한 프로젝트 관리를 구축하라.

당신이 우리의 규칙을 따르지 않으면, 잘 된다고 보장할 수 없다.	근거 대신에 규칙에 집중하는 것은 IT 부서에 도움이 되게 하지 못한다. 만약 비즈니스 리더가 규칙에 대한 합리성을 볼 수 없다면, IT는 장애요소가 되는 것이다.	표준에 대한 이유를 설명하라. 그러나 표준에 대한 예외사항과 잠재적인 변화를 평가하려면 고객 중심적인 방법을 사용하라.	어떻게 규칙(비즈니스 프로세스를 표준화하거나 그것을 고객까지 확장시키는 것을 변화시키는 것이 비즈니스가 전개되는 방식을 개선시킬 수 있는지를 보여라.
'비즈니스 부서'는 IT 부서의 고객이다.	IT 부서는 동료여야 하며 벤더가 되어서는 안 된다.	비즈니스 전체에 걸친 사람들과의 효과적인 협력에 집중하라.	IT 리더를 만들고, 모든 주요 비즈니스 의사 결정에 필수적인 개념을 만들어라.
고객은 항상 옳다.	비즈니스 경영진들은 특정한 기술이 아니라, 비즈니스 변화를 원한다. 또한, 그들은 조직 계획에 직접적인 대가가 없는 중요한 기능에 대해 종종 지불하지 않길 원한다.	제공되는 방식의 세부사항이 아닌, 제공되는 서비스의 비용과 품질에 대해 논의의 초점을 다시 맞추어라. 논쟁을 트레이드 오프(trade-off)로 변화시킬 수 있는 정보를 사용하라.	요구되는 비즈니스 성과에 집중하고, 가능한 선택 사항을 식별하고 평가하기 위해 비즈니스 동료와 함께 일하라.

이 책 초반에서 우리는 가치 함정이 어떻게 IT 전문가와 다른 비즈니스 부서 사람을 IT가 창출하고 제공한 가치에 대해 맹목적으로 만드는지를 논의하였다. 표 10-1은 2장에서 제시된 가치 함정표를 개정한 버전이며, 비용에 합당한 가치의 관점과 비즈니스 성과에 대한 투자로써의 IT의 관점에서 가치 함정을 다루는 방법에 관해 간단한 조언들이 제시되었다. – 이는 IT 가치로 가는 경로에서 중요한 2가지 단계이다.

이 경로의 끝은 CIO 플러스 조직으로 향하며 이 조직의 IT에서 일하는 전문가의 선택권은 그 직업의 역사상 이전에 있었던 것보다 훨씬 많고 흥미가 있을 것이다. 10년 전에는 CEO가 되었던 단 한 명의 CIO를 찾는 것이 매우 어려웠을 것이다. 그러한 야망은 이제 더는 믿을 수 없다. 즉 한번 이상 그것이 달성된 것을 보았으며 그 빈도는 점차 증가하고 있다. 사실, 우리는 모든 분야에 있는 야심 찬 경영진들은 그들의 이력서에 CIO로서의 복무 기간을 추가하는 것을 점차 중요하게 여길 것이다.

IT는 모든 규모의 비즈니스에 필수 불가결한 존재가 되었다. 이에 따른 필연적인 결과는 가치를 보여주는 중요성이 커지고 있다는 것이다. 작지만 성장하는 CIO 그룹은 그들의 기업에 매우 설득력이 있는 관점에서 가치를 보여주는 방법과 증가하는 가치를 전달하는 방법을 이해하였다. 어떤 CIO도 그들의 사례를 따라가지 못할 이유가 없다. 당신이 그렇게 할 때 모두 성공하기를 소망하며 당신이 가는 길에 이 책이 유용한 가이드가 되리라 희망한다.

NOTES

1장

1 이 책 후반부에 제시한 것처럼 인텔의 IT팀은 비즈니스에 제공하는 가치를 획기적으로 개선하기 위해 이 사건을 사용하였다.

2 M. 컬리(M.Curley), "인텔의 IT 혁신(The IT Transformation at Intel)," MIS 쿼터리 이규제큐티브 (MIS Quarterly Executive) 5, no. 4 (2006년 12월): 155-168; G. 웨스터먼(G. Westerman)과 M. 컬리 (M. Curley), "인텔, IT로 혁신 역량 구축하기(Building IT-Enabled Innovation Capabilities at Intel)," MIS 쿼터리 이규제큐티브 (MIS Quarterly Executive) 7, no. 1 (2008년 3월): 33-48 조지 웨스터먼(George Westerman)이 수행한 인텔 IT 관리자와의 추가 인터뷰

3 인텔의 IT 혁신 이후에 개발된 산물이며, IT 역량 성숙도 프레임워크(IT Capability Maturity Framework)로 불리 우는 새로운 프레임워크의 일부가 되었다. IT 역량 성숙도 프레임워크는 IVI 컨소시움(Innovation Value Institute Consortium)에 의해 공동 개발되고 있다.

4 리차드 헌터(Richard Hunter)와 조지 웨스터만(George Westerman)이 수행한 카라 슈내퍼(Cara Schnaper) 인터뷰, 2009년 2월 19일

5 도나 스코트(Donna Scott), "보다 높은 수준의 가용성에 도달하기 위한 고비용(The High Cost of Achieving Higher Levels of Availability)," 가트너 리서치 노트(Gartner Research Note) SPA-13-9852, 2001년 6월 29일.

6 리차드 헌터(Richard Hunter)가 수행한 부치 레오나드슨(Butch Leonardson) 인터뷰, 2008년 6월 10일 7. 조지 웨스터먼(George Westerman)과 피터 웨일(Peter Weill)이 수행한 버드 매타이젤(Bud

Mathaisel) 인터뷰, 캠브리지(Cambridge), MA, 2005년 5월 19일. 조지 웨스터먼(George Westerman), 피터 웨일(Peter Weill), 크리스 포그리아(Chris Foglia), 닐스 폰스타드(Nils Fonstad), "신뢰성의 구축과 유지: 경험 있는 CIO의 코멘트(Building and Maintaining Credibility: Experienced CIOs Comment)," 비디오, MIT 슬론 정보시스템 연구센터(MIT Sloan Center for Information Systems Research), 2005. 에 포함됨

8 리차드 헌터(Richard Hunter)가 수행한 귀도 사키(Guido Sacchi) 인터뷰, 2006년 12월 20일

2장

1 리차드 헌터(Richard Hunter)가 수행한 켄 베너 (Ken Venner) 인터뷰, 2008년 7월 16일

2 G. 웨스터먼(G. Westerman)과 P. 웨일(P. Weill), "무엇이 CIO들을 효과적으로 만드는가: 비 IT 경영진의 관점(What Makes CIOs Effective: The Perspective of Non-IT Executives)," MIT 슬론 CISR 리서치 브리핑(MIT Sloan CISR Research Briefings) V, 2C(2005년 7월)

3 M. 스미스(M. Smith)와 K. 포터(K. Potter)" IT 지출과 인사관리 보고서(IT Spending and Staffing Report, 2009)," 가트너 리서치 노트(Gartner Research Note) G00164940, 2009년 1월 27일

4 R.헌터(R. Hunter), A.아펠(A. Apfel), K.맥지(K.Mcgee), R.핸들러(R. Handler), M.스미스(M. Smith), W.마우러(W. Maurer), "IT 편익을 비즈니스 가치 영향도로 변환하는 간단한 프레임워크(A Simple Framework to Translate IT Benefits into Business Value Impact)," 가트너 리서치 노트(Gartner Research Note) G00156986에 설명됨. 2008년 5월 16일

5	1,508명의 IT 리더를 대상으로 한 MIT 슬론 CISR 조사는 2007년에 수행되었다.
6	리차드 헌터(Richard Hunter)가 수행한 로버트 프루(Robert Proulx) 인터뷰, 2005년 3월 31일
7	리차드 헌터(Richard Hunter)가 수행한 부치 레오나드슨(Butch Leonardson) 인터뷰, 2008년 6월 10일
8	웨스터먼(Westerman)과 웨일(Weill), "CIO를 효과적으로 만드는 것은 무엇인가(What Makes CIOs Effective)."
9	리차드 헌터(Richard Hunter)와 조지 웨스터먼(George Westerman) 수행한 카라 슈내퍼(Cara Schnaper) 인터뷰, 2009년 2월 19일
10	D.플린트(D. Flint), "IT 프로젝트 실패 원인에 대한 사용자의 관점(The User's View of Why IT Projects Fail)," 가트너 리서치 노트 (Gartner Research Note) G00124846, 2005년 2월 4일
11	리차드 헌터(Richard Hunter)가 수행한 트레이 루이스(Trey Lewis) 인터뷰, 2008년 9월 9일
12	리차드 헌터(Richard Hunter)가 수행한 존 해머그렌(John Hammergren) 인터뷰, 2006년 12월 6일
13	스탠디쉬 그룹 (Standish Group), "카오스 보고서(The CHAOS Report (1994))," http://www.standishgroup.com/sample_research/chaos_1994_1.php.
14	라즈 미에리츠 (Lars Mieritz), "프로젝트 규모와 성공과의 관계 탐색(Exploring the Relationship Between Project Size and Success)," 가트너 리서치 노트(Gartner Research Note) G00155650, 2008년 3월 4일
15	"차별화하기: 2008 CIO 아젠다(Making the Difference: The 2008 CIO Agenda)," 가트너 이규제큐티브 프리미어 리포트(Gartner Executive

Programs Premier Report), 2008년 1월

16 예들 들면, 제임스 헤스킷(James Heskett), 얼 새서(Earl Sasser), 레너드 슐레진저(Leonard Schlesinger), 서비스 이익 사슬: 선도 업체가 이익과 성장을 충성심, 만족도, 가치와 연결하는 방법(The Service Profit Chain: How Leading Companies Link Profit and Growth to Loyalty, Satisfaction, and Value)(뉴욕:프리 프레스(Free Press), 1997)을 보라.

17 G. 웨스터먼(G. Westerman)과 R. 헌터 (R. Hunter), IT 위험: 비즈니스 위협을 경쟁우위로 변화 시키기(IT Risk: Turning Business Threats into Competitive Advantage) (보스턴: 하버드 비즈니스 스쿨 프레스(Harvard Business School Press), 2007), 여기서 효과적인 위험 관리가 사건의 수를 감소시키는 것 외에 더 많은 것을 한다는 사실을 보여준다. 그것은 또한 IT와 비즈니스 경영진으로 하여금 일반적인 IT 관리에 대해 보다 효과적인 대화를 갖도록 한다. IT 위험 관리 역량은 3가지 핵심 영역에 기반한다. 즉 잘 구조화되고 잘 관리된 IT 기초, 위험을 논의할 수 있고 트레이드 오프할 수 있는 위험을 인지하는 문화, 마지막으로 완전하지만, 지나치게 관료적이지 않은 위험 거버넌스 프로세스인데 이는 위험에 대한 정보를 얻고 위험이 적절하게 처리되고 있다는 것을 보장하려는 것이다.

18 조지 웨스터먼(George Westerman), 피터 웨일(Peter Weill), 닐스 폰스타드(Nils Fonstad)가 수행한 알 누어 램지(Al-Noor Ramji) 인터뷰, 캠브리지, MA, 2005년 3월 15일. 피터 웨일(Peter Weill), 조지 웨스터먼(George Westerman), 크리스 포그리아(Chris Foglia), 닐스 폰스타드(Nils Fonstad), "효과적인 IT 관리감독 달성하기: 경험있는 CIO의 코멘트(Achieving Effective IT Oversight: Experienced CIOs Comment)," 비디오, MIT 슬론 정보 시스템 연구센터(MIT Sloan Center for Information Systems Research), 2005. 에 포함됨

19 리차드 헌터(Richard Hunter)가 수행한 귀도 사키(Guido Sacchi) 인터뷰, 2006년 12월 20일

20 웨스터먼(Westerman) 과 헌터(Hunter), IT 위험, 4-5.

21 알 누어(Al-Noor) 인터뷰, 2005년.

22 리차드 헌터(Richard Hunter)가 수행한 샘 콜센(Sam Coursen)인터뷰, 2008년 7월 29일

3장

1 리차드 헌터(Richard Hunter)가 수행한 귀도 사키(Guido Sacchi)인터뷰, 2006년 12월 20일

2 신디아 비(Cynthia Beath)와 지니 로스(Jeanne Ross), "JM 패밀리 엔터프라이즈: 증가하는 비즈니스 가치를 위한 선택적인 아웃소싱(JM Family Enterprises Inc.: Selectively Outsourcing for Increased Business Value)," MIT 슬론 정보시스템 연구센터 연구 보고서(MIT Center for Information Systems Research Working Paper) #358, 2006년 4월; JM 패밀리(JM Family) 경영진과의 추가적인 논의가 조지 웨스터먼(George Westerman)과 피터 웨일(Peter Weill)에 의해 2006년, 2009년에 수행됨

3 조지 웨스터먼(George Westerman)이 수행한 칼 박스(Karl Wachs) 인터뷰, 달라스, TX, 2005년 3월 7일 피터 웨일(Peter Weill), 조지 웨스터먼(George Westerman), 크리스 포그리아(Chris Foglia), 닐스 폰스타드 (Nils Fonstad), "효과적인 IT 관리감독 달성하기: 경험 있는 CIO의 코멘트(Achieving Effective IT Oversight: Experienced CIOs Comment)," 비디오, MIT 슬론 정보 시스템 연구센터(MIT Sloan Center for Information Systems Research), 2005. 에 포함됨

4 리차드 헌터(Richard Hunter)가 수행한 케빈 바스코니 (Kevin Vasconi) 인터뷰, 2006년 12월 11일

5 리차드 헌터(Richard Hunter)가 수행한 랜디 스프래트(랜디 스프래트(Randy Spratt)) 인터뷰, 2008년 7월 25일

6 본서

7 리차드 헌터(Richard Hunter)가 수행한 다니엘 자네바(Daniel Janeba) 인터뷰, 2008년 10월 23일

8 랜디 스프래트(Randy Spratt) 인터뷰, 2008년

9 M.컬리(M. Curley), "인텔의 IT 혁신(The IT Transformation at Intel)," MIS 쿼터리 이규제큐티브(MIS Quarterly Executive) 5, no. 4 (2006년 12월): 155-168; G. 웨스터먼(G. Westerman)과 M.컬리(M. Curley), "인텔, IT로 혁신 역량 구축하기(Building IT-Enabled Innovation Capabilities at Intel)," MIS 쿼터리 이규제큐티브 (MIS Quarterly Executive) 7, no. 1 (2008년 3월): 33-48 조지 웨스터먼(George Westerman)이 수행한 인텔 IT 관리자와의 추가 인터뷰

10 리차드 헌터(Richard Hunter)가 수행한 샘 콜센(Sam Coursen)인터뷰, 2008년 7월 29일

11 리차드 헌터(Richard Hunter)가 수행한 피터 베닝턴 (Peter Bennington) 인터뷰, 2008년 10월 7일

12 샘 콜센(Sam Coursen)인터뷰, 2008. D.마천드 (D. Marchand), , W. 케팅거(W. Kettinger), J.D. 로린스 (J.D. Rollins), 정보의 지향성: 비즈니스로의 연계(Information Orientation: The Link to Business)뉴욕: 옥스퍼드 유니버시티 프레스 (Oxford University Press), 2001) 참조

13 리차드 헌터(Richard Hunter)와 조지 웨스터먼(George Westerman)이 수행한 카라 슈내퍼(Cara Schnaper) 인터뷰, 2009년 2월 19일

14 랜디 스프래트(Randy Spratt) 인터뷰, 2008.

15 신디아 비스(Cynthia Beath)와 지니 로스(Jeanne Ross), "JM 패밀리 엔터프라이즈: 증가하는 비즈니스 가치를 위한 선택적인 아웃소싱(JM Family Enterprises Inc.: Selectively Outsourcing for Increased Business Value)," MIT 슬론 정보 시스템 연구센터 연구 보고서(MIT Center for Information Systems Research Working Paper) #358, 2006년 4월; JM 패밀리(JM Family)) 경영진과의 추가적인 논의가 조지 웨스터먼(George Westerman)과 피터 웨일(Peter Weill)에 의해 2006년, 2009년에 수행됨

16 도나 스코트(Donna Scott), "보다 높은 수준의 가용성에 도달하기 위한 고비용(The High Cost of Achieving Higher Levels of Availability)," 가트너 리서치 노트(Gartner Research Note) SPA-13-9852, 2001년 6월 29일.

17 리차드 헌터(Richard Hunter)와 그러햄 왈러(Graham Waller)가 수행한 업무에 근거함, 2008년 7월 11일

18 랜디 스프래트(Randy Spratt) 인터뷰, 2008.

4장

1 비 IT 경영진들은 MIT CISR이 반복적인 연구를 통해 검증한 8개 항목의 스케일을 사용하여 IT로부터의 비즈니스 가치(BVIT)를 평가하였다. BVIT는 통계적으로 상장기업의 재무 성과에 대한 업계의 조정된 측정치와 상당한 연관성이 있다.

2 리차드 헌터(Richard Hunter)가 수행한 부치 레오나드슨(Butch Leonardson) 인터뷰, 2008년 6월 10일

3 조지 웨스터먼(George Westerman)과 피터 웨일(Peter Weill)이 수행한 Bud Mathaisel 인터뷰, Cambridge, MA, 2005년 5월 19일. 조지 웨스터먼(George Westerman), 피터 웨일(Peter Weill), 크리스

포그리아(Chris Foglia), 닐스 폰스타드(Nils Fonstad), "비즈니스 경영진과 소통하기: 경험 있는 CIO의 코멘트(Communicating with Business Executives: Experienced CIOs Comment)," 비디오, MIT 슬론 정보 시스템 연구센터(MIT Sloan Center for Information Systems Research), 2005. 에 포함됨

4   연간 보고서에 있는 코멘트들은 주의 깊게 작성되고 검토된다고 하더라도 IT 전략을 넘어서는 유용한 전략적 방향성에 대한 중요한 정보를 드러내게 된다. 예를 들면, 사라 카플란(Sarah Kaplan), 피오나 머레이 (Fiona Murray), 레베카 헨더슨(Rebecca Henderson), "최고 경영층의 단절: 바이오테크에 대한 제약회사의 응답에서 인식의 역할을 평가하기(Discontinuities in Senior Management: Assessing the Role of Recognition in Pharmaceutical Firm Response to Biotechnology),"산업과 기업 변화(Industrial and Corporate Change) 12, no. 2 (2003): 203-233.을 보라.

5   부치 레오나드슨(Butch Leonardson) 인터뷰, 2008.

6   예들 들면, M.포터(M. Porter), 경쟁력 있는 전략: 산업과 경쟁사를 분석하는 기법(Competitive Strategy: Techniques for Analyzing Industries and Competitors) (뉴욕: 프리 프레스(Free Press), 1980)과 M.포터 (M. Porter), 경쟁 우위: 월등한 성과를 창출하고 지속하기(Competitive Advantage: Creating and Sustaining Superior Performance) (뉴욕: 프리 프레스(Free Press), 1985)을 보라.

7   리차드 헌터(Richard Hunter)가 수행한 샘 콜센(Sam Coursen)인터뷰, 2008년 7월 29일

8   M.스미스(M. Smith)와 A.아펠(A. Apfel), "가트너 비즈니스 가치 모델: 비즈니스 성과를 측정하기 위한 프레임워크(The Gartner Business Value Model: A Framework for Measuring Business Performance)," 가트너 리서치 노트(Gartner Research Note) G00139413, May 31, 2006.

9   리차드 헌터(Richard Hunter)가 수행한 트레이 루이스(Trey Lewis) 인터뷰, 2008년 9월 9일

5장

1   리차드 헌터(Richard Hunter)가 수행한 COO인 꾄뽀 체링(Gonpo Tsering)과 CIO인 디터 슐로써 (Dieter Schlosser) 인터뷰, 2006년 11월 28일과 2006년 11월 15일에 각각 수행함

2   리차드 헌터(Richard Hunter)과 데이브 아론 (Dave Aron), "가치에서 이득까지: 정보를 이용하기(From Value to Advantage:Exploiting Information)," 가트너 이규제큐티브 프로그램 리포트(Gartner Executive Programs Report), 2004년 6월

3   리차드 헌터(Richard Hunter)가 수행한 귀도 사키(Guido Sacchi) 인터뷰, 2008년 6월 10일

4   리차드 헌터(Richard Hunter)가 수행한 켄 베너(Ken Venner) 인터뷰 2008년 7월 16일과 2006년 11월 20일

5   "2007 수상자: 샤프 헬스케어(Sharp HealthCare)," 볼드리지 위원회(Baldrige Committee), http://baldrige.nist.gov/PDF_files/Sharp_HealthCare_Profile.pdf.

6   리차드 헌터(Richard Hunter)가 수행한 빌 스푸터 인터뷰, 2006년 11월 17일, 2008년 6월 9일

7   LFSCo의 기술 이사과의 인터뷰 및 자료에 근거함, 2006년 10월

8   리차드 헌터(Richard Hunter)가 수행한 DKSH의 COO인 꾄뽀 체링(Gonpo Tsering)와 CIO인 디터 슐로써(Dieter Schlosser) 인터뷰 각각 2006년 11월 28일, 2006년 11월 28일,

9   우리의 책인 IT 위험: 비즈니스 위협을 경쟁우위로 변화 시키기(IT Risk: Turning Business Threats into Competitive Advantage) (Boston: Harvard Business School Press, 2007)에서 4가지 IT 위험 중에 트레이드 오프 논의에 대한 중요성에 대해 설명한다. 즉 가용성, 접근성, 정확성, 민첩성이다. 또한, 우리는 인프라와 애플리케이션이 4가지 모든 위험들을 감소시키기 위한 기반이라는 것이 어떻게 정당화되는지를 보여준다. 비 표준 방식으로 단기간에 수정을 적용하는 것은 임시적인 민첩성을 제공하지만, 지속적이지는 않다. 장기간의 회복력과 민첩성은 인프라와 애플리케이션의 기초가 잘 구조화되고 유지되었는지에 따라서 달라진다. 비즈니스 논의 위험의 트레이드 오프를 도입하는 CIO는 일반적으로 표준화된 실무를 수용하는 것과 같이 좋은 결정이라고 주장할 수 있다. 그렇지 않으면 일정 계획과 재무 보상에 근거하여 정당화하기가 어려울 수 있다.

6장

1   가치 다이얼은 샌드라 모리스(Sandra Morris)와 그녀의 팀이 개발하였고 제인 메이(Jayne Mae)과 로버트 A. 랜스포드(Robert A. Lansford)의 "중요한 지표들(It's the Metrics That Matter)," 인텔 프리미어 IT 프로페셔널(Intel Premier IT Professional), 2007년 겨울, 16(http://ipip.intel.com/go/99/its-the-metrics-that-matter/)과 함께 다수의 소스로 퍼블리싱되었다.

2   R.헌터(R. Hunter), A.아펠(A. Apfel), K.맥지(K.Mcgee), R.핸들러(R. Handler), M.스미스(M. Smith), W.마우러(W. Maurer), "IT 편익을 비즈니스 가치 영향도로 변환하는 간단한 프레임워크(A Simple Framework to Translate IT Benefits into Business Value Impact)," 가트너 리서치 노트(Gartner Research Note) G00156986. 가장 최근에 기술됨. 2008년 5월 16일

3   "Motorola의 이리듐의 가격은 예상보다 더 높다(Motorola's Iridium Tab Is Higher Than Expected)," 1999년 7월 14일. http://www.thestreet.com/

story/764251/1/motorolas-iridium-tab-is-higher-than-expected.html.

4 F. 라이할트(F. Reichheld)의 마지막 질문(he Ultimate Question (Harvard Business School Press, 2006))에서 설명된 것처럼, 넷 프로모터(net promoter_ 점수는 "친구나 동료에게 [회사 X]를 권장한다면 어떻겠는가?"라는 질문에 10점 만점에 9-10의 점수를 준 고객이 비율(promoter)에서 같은 질문에 0-6점을 준 고객이 비율(detractor)을 뺀다.

5 리차드 헌터(Richard Hunter)가 수행한 랜디 스프래트(Randy Spratt) 인터뷰, 2006년 12월 7일

6 조지 웨스터먼(George Westerman)이 수행한 칼 박스(Karl Wachs) 인터뷰, 달라스, TX, 2005년 3월 7일 피터 웨일(Peter Weill), 조지 웨스터먼(George Westerman), 크리스 포그리아(Chris Foglia), 닐스 폰스타드(Nils Fonstad), "효과적인 IT 관리감독 달성하기: 경험 있는 CIO의 코멘트(Achieving Effective IT Oversight: Experienced CIOs Comment)," 비디오, MIT 슬론 정보시스템 연구센터, 2005.

7 리차드 헌터(Richard Hunter)가 수행한 샘 콜센(Sam Coursen)인터뷰, 2008년 7월 29일

7장

1 R. 헌터(R. Hunter), T. 누노(T. Nunno), G. 왈러(G. Waller)"기업의 변화 이끌기(Leading Enterprise Change)," 가트너 이규제큐티브 프로그램 시그니쳐 리포트(Gartner Executive Programs Signature Report), 2005년 10월

2 G. 웨스터먼(G. Westerman)과 P. 웨일(P. Weill), "무엇이 CIO들을 효과적으로 만드는가:비IT경영진의 관점(What Makes CIOs Effective:

The Perspective of Non-IT Executives)," MIT 슬론 CISR 리서치 브리핑 (MIT Sloan CISR Research Briefings) V, 2C(2005년 7월).

3   이코노미스트 인텔리전스 유닛(Economist Intelligence Unit), "더 나은 것을 위한 변화: 성공적인 비즈니스 변혁을 위한 단계(A Change for the Better: Steps for Successful Business Transformation)," 2008년 5월 29일

4   2005년 봄, 바르셀로나에서 열린 조직의 포럼 회의에서 수행된 워크샵 시, 가트너 이규제큐티브 프로그램의 CIO 구성원들과 가진 논의를 통해 참석자 거의 100퍼센트가 조직의 변화는 체계적으로 관리될 수 없다는 것을 보여주었다. 이 결과는 많은 조직에게 조직의 변화 관리가 1970년, 80년대에 대부분의 조직이 프로젝트 관리라고 생각했던 것과 유사한 관점에서 상상하고 있다는 것을 암시한다. 즉 '마법(black art)'과도 같이 방법론, 기술 역량보다는 리더십의 재능과 운의 문제이며 아무리 해도 예측할 수 없는 결과를 가져오는 근본적으로 관리할 수 없는 시도이다.

5   스탠디쉬 그룹(Standish Group), "카오스 보고서(The CHAOS Report (1994))," http://www.standishgroup.com/sample_research/chaos_1994_1.php.

6   E. 볼드윈(E. Baldwin)과 M.컬리(M. Curley), 비즈니스 가치를 위한 IT 혁신 관리(Managing IT Innovation for Business Value)(산타 클라라, CA:인텔 프레스(Intel Press), 2007).

7   M. 해머(M. Hammer), "업무 리엔지니어링: 자동화하지 말고, 없애라(Reengineering Work: Don't Automate, Obliterate),"하버드 비즈니스 리뷰(Harvard Business Review) (1990년 7월-8월): 104-112; M. 해머(M. Hammer)와 J. A. 샴피 (J. A. Champy), 기업 리엔지니어링:비즈니스 혁신을 위한 선언문 (Reengineering the Corporation: A Manifesto for Business Revolution (뉴욕: 하퍼 비즈니스 북(Harper Business Books), 1993));과 T. H. 데번포트(T. H. Davenport), 프로세스 혁신: 정보기술을

통한 업무의 리엔지니어링(Process Innovation: Reengineering Work Through Information Technology (보스턴: 하버드 비즈니스 스쿨 프레스(Harvard Business School Press), 1992)).

8   조지 웨스터먼(George Westerman)과 닐스 폰스타드(Nils Fonstad)가 수행한 알 누어 램지(Al-Noor Ramji) 인터뷰, 캠브리지, MA, 2005년 3월 15일

9   조직 변화의 위험은 많은 회사에서 불편한 태도를 갖게 하는 경향이 있다. 변화에 위협받는 일부 사람들이 강하게 맞선다고 하더라도, 대부분의 사람은 기다리며, 머리를 숙이고 변화가 지나가길 소망한다. 저항은 변화가 발생하는 것이 명백해질 때까지 그 자체는 무관심하게 위장한다(애플리케이션이 코딩되고 테스트하길 준비하는 것처럼). 그다음에는 논쟁, 트집잡기, 때로는 방해행위까지도 시작되며 기술적으로 잘 설계된 솔루션을 내려버리기도 한다. 회사가 어떻게 운영되고 있는지와 과제가 그것을 어떻게 변화시킬지를 사려 깊게 검토하지 못한 관리자들은 프로젝트에 위험을 노출시킬 뿐만 아니라 자신의 경력에도 위험을 노출시킬 것이다.

10 크래프트 벨(Kraft Bell)과 다른 사람들에 의해 가트너 리서치에 기술한 것처럼 이 양식은 엘리자베스 퀴블러로스(Elisabeth Kübler-Ross)에 의해 기술된 비통의 사이클(grieving cycle) 7단계와 유사한 형태이다. R. 헌터 (R. Hunter), T. 누노 (T. Nunno), G. 왈러 (G. Waller), "기업의 변화를 이끌며 (Leading Enterprise Change)," 가트너 이큐제큐티브 프로그램 시그니처 리포트(Gartner Executive Programs Signature Report), 2005년 10월

11 MIT 슬론 경영 대학원의 행동 정책 및 과학 교수진에 의해 개발된 3렌즈 프레임워크가 다음 책으로 출판되었다. 드보라 앤코너(Deborah Ancona) 외, 미래를 위한 관리: 조직의 행동과 프로세스(Managing for the Future: Organizational Behavior and Processes) (신시내티, OH: 서던 웨스턴 컬리지 퍼블리싱 (South-Western College Publishing), 2004).

MIT 교수진, 즉 로베르토 페르난데스(Roberto Fernandez), 사이러스 깁슨(Cyrus Gibson) 등은 IT 프로젝트에 대해 조직이 변화를 가르칠 때 이것을 효과적으로 활용했다.

12 헌터(Hunter), 누노(Nunno), 왈러(Waller), "기업 변화를 이끌기(Leading Enterprise Change),"에 설명됨

13 조지 웨스터먼(George Westerman), 마크 코틸리어(Mark Cotteleer), 로버트 오스틴 (Robert Austin), 리차드 놀란(Richard Nolan), "텍트로닉스: 글로벌 ERP 구현(Tektronix, Inc: Global ERP Implementation)," Case 9-699-043(보스턴: 하버드 비즈니스 스쿨(Harvard Business School), 1999).

14 조지 웨스터먼(George Westerman)과 피터 웨일(Peter Weill)이 수행, 버드 매타이젤(버드 매타이젤(Bud Mathaisel)) 인터뷰, 캠브리지 MA, 2005년 5월 19일. 피터 웨일(Peter Weill), 조지 웨스터먼(George Westerman), 크리스 포그리아(Chris Foglia), 닐스 폰스타드(Nils Fonstad), "효과적인 IT 관리감독 달성하기: 경험 있는 CIO의 코멘트(Achieving Effective IT Oversight: Experienced CIOs Comment)," 비디오, MIT 슬론 정보시스템 연구센터 (MIT Sloan Center for Information Systems Research), 2005에 포함됨

15 4개의 A에 대해 잘 정의된 위험 거버넌스 프로세스의 중요성에 더 많은 정보가 있다. G. 웨스터먼 (G. Westerman)과 R. 헌터(R. Hunter), IT 위험: 비즈니스 위협을 경쟁우위로 변화 시키기(IT Risk: Turning Business Threats into Competitive Advantage) (보스턴: 하버드 비즈니스 스쿨 프레스(Harvard Business School Press), 2007)을 보라.

16 R. 헌터(R. Hunter)와 M. 라이트(M. Light), "방법론과 생산성 연구: 분석(Methodology and Productivity Study: The Analysis)," 가트너 리서치 노트(Gartner Research Note) SPA-480-1506, 1997년 6월 27일

17 우리의 책인 IT 위험: 비즈니스 위협을 경쟁우위로 변화 시키기(IT Risk:

Turning Business Threats into Competitive Advantage) (보스턴: 하버드 비즈니스 스쿨 프레스(Harvard Business School Press), 2007)에서 이 주제에 대한 논의를 따르면 프로젝트팀이 위험을 신속하고 정확하게 보고하도록 조성하는 위험 인식 문화에서 프로세스가 가장 효과적이 된다.

18 레베카 로즈(Rebecca Rhoads), "거버넌스 상의 RTN(RTN on Governance)," MIT CISR 여름 세션 시 프리젠테이션, 캠브리지, 메사추세츠, 2005년 6월. 피터 웨일(Peter Weill) 외. 비디오, "효과적인 IT 관리감독 달성하기(Achieving Effective IT Oversight)." 에 포함됨

8장

1 데이브 아론(Dave Aron), 척 터커(Chuck Tucker), 리차드 헌터(Richard Hunter), "가치 경영: 편익 실현을 위한 고급 실무(Show Me the Money: Advanced Practices in Benefits Realization)," 가트너 이규제큐티브 프로그램 시그니처 리포트(Gartner Executive Programs Signature Report), 2005년 12월. 에서 언급됨

2 이러한 사고방식과 관련된 다른 문제 중에는 돈이 유일하게 부족한 자원은 아니라는 사실이다. 그들을 지원하는 비즈니스 프로세스와 시스템에서의 전문 기술은 돈은 얼마든지 들어도 상관없는 빠르게 성장하는 회사에서 일반적으로 가장 부족한 자원이 된다.

3 D. 플린트 (D. Flint), "IT 프로젝트 실패 원인에 대한 사용자의 관점(The User's View of Why IT Projects Fail)," 가트너 리서치 노트(Gartner Research Note) G00124846, 2005년 2월 4일

4 리차드 헌터(Richard Hunter)가 수행한 존 해머그렌(John Hammergren) 인터뷰, 2006년 12월 6일

5 리차드 헌터(Richard Hunter)가 수행한 익명의 CIO 인터뷰, 2008년 4월

6 리차드 헌터(Richard Hunter)와 티나 누노(Tina Nunno), "신기술을 위한 가치 측정(Measuring the Value of Emerging Technologies)," 신기술 경영진을 위한 가트너 성공 사례 위원회 제출 보고서, 2006년 9월 25일

7 E. 비욘욜프슨(E. Brynjolfsson)과 L. 히트(L. Hitt), "컴퓨팅 생산성: 기업 차원의 증거(Computing Productivity: Firm-Level Evidence)," MIT 슬론 경영 대학원 연구 보고서(MIT Sloan School of Management Working Paper) 4210-01, eBusiness@MIT 연구 보고서139, 2003년 6월

8 R. 헌터 (R. Hunter), T.누노(T. Nunno)와 R. 애컬리(R. Akerley), "비즈니스 성과는 IT의 가치이다.(Business Performance Is the Value of IT)," 가트너 이규제큐티브 프로그램 CIO 시그니처 리포트(Gartner Executive Programs CIO Signature report), 2007년 4월. 원래 이 책으로 출판되었다.

9 리차드 헌터(Richard Hunter)가 수행한 밥 위트스타인(Bob Wittstein) 인터뷰, 2009년 5월 12일. 이와 같은 계층화된 거버넌스 메커니즘은 조지 웨스터먼(George Westerman)과 리차드 헌터(Richard Hunter)의 IT 위험: 비즈니스 위협을 경쟁우위로 변화 시키기(IT Risk: Turning Business Threats into Competitive Advantage) (보스턴: 하버드 비즈니스 스쿨 프레스(Harvard Business School Press), 2007)에 보다 자세히 나와 있다는 사실을 주목하라.

9장

1 리차드 헌터(Richard Hunter)가 수행한 랜디 스프래트(Randy Spratt) 인터뷰, 2008년 7월 25일

2 "CIO의 가치: 샘 콜센, 부사장 겸 CIO, 프리스케일 세미컨덕터(Freescale Semiconductor) (CIO Values: Sam Coursen, VP and CIO, Freescale Semiconductor)," 인포메이션위크), 2008년 4월 19일, http://www.informationweek.com/news/management/interviews/showArt

icle.jhtml?articleID=207400183

3   http://www.achievo.com/company/management_details.php?id=36
    http://www.infoworld.com/d/adventures-in-it/2008-infoworld-cto-25-bud-mathaisel-achievo-721

4   http://www.infoworld.com/t/business/eds-buys-feld-group-in-89m-deal-077
    http://public.cxo.com/conferences/speaker_detail.html?conferenceID=52&aid=12461&PHPSESSID=00845d8c7b23b3c99b7668acdabfcd1b
    http://www.evanta.com/details_popup.php?cmd=speaker&id=7287
    http://www.cio.com/article/108900/Charles_Feld_on_Years_of_IT_Change
    http://www.cio.com/article/101855/CIO_Hall_of_Fame_Charles_Feld

5   랜디 스프래트(Randy Spratt) 인터뷰, 2008.

6   리차드 헌터(Richard Hunter)가 수행한 부치 레오나드슨 (Butch Leonardson) 인터뷰, 2008년 6월 10일

7   넷 프로모터(Net Promoter) 충성도의 법칙: 오늘날의 리더는 지속적인 관계를 어떻게 구축하는가(Loyalty Rules: How Today's Leaders Build Lasting Relationships (보스턴: 하버드 비즈니스 스쿨 퍼블리싱(Harvard Business School Publishing), 2001))와 마지막 질문: 좋은 수익과 진정한 성장을 위하여 (The Ultimate Question: Driving Good Profits and True Growth (보스턴: 하버드 비즈니스 스쿨 퍼블리싱(Harvard Business School Publishing), 2006))의 저자인 프레드 라이켈트(Fred Reichheld)의 연구에 기반한 고객과 종업원의 충성도 프로그램이다.

8   http://www.achievo.com/company/management_details.php?id=36
    http://www.infoworld.com/d/adventures-in-it/2008-infoworld-cto-25-bud-mathaisel-achievo-721

조지 웨스터먼(George Westerman)과 피터 웨일(Peter Weill)이 수행한 버드 매타이젤(Bud Mathaisel) 인터뷰, 캠브리지,MA, 2005년 5월 19일. 조지 웨스터먼(George Westerman), 피터 웨일(Peter Weill), 크리스 포그리아(Chris Foglia), 닐스 폰스타드(Nils Fonstad), "신뢰성의 구축과 유지: 경험 있는 CIO의 코멘트(Building and Maintaining Credibility: Experienced CIOs Comment)," 비디오, MIT 슬론 정보 시스템 연구센터(MIT Sloan Center for Information Systems Research), 2005. 에 포함됨

9 리차드 헌터(Richard Hunter)가 수행한 귀도 사키(Guido Sacchi)인터뷰, 2008년 6월 10일

10 http://www.businesswire.com/portal/site/google/?ndmViewId=news_view&newsId=20071205006068&newsLang=en
http://content.members.fidelity.com/Inside_Fidelity/fullStory/1,,7521,00.html
http://advice.cio.com/meridith_levinson/marv_adams_has_left_citi_and_joined_fidelity
를 포함하여 공적 출처로부터 편찬된 비네트(vignette)임.